WANGZHEN
YU
XINJIANG

陈伍国◎著

人民出版社

· 引 子 ·

1

王震指着地图的上方说道："老中国的地图就像我们经常说的，像一片桑叶。1945年国民党和苏联谈判，同意外蒙古独立了，这片桑叶就有一大块被吃掉了。难道我们还愿意再从我们的版图上少去新疆这一块吗？那160万平方公里的土地上，驻守着我们勤劳勇敢的各族同胞，你们舍得吗？说句心里话，我是绝对舍不得的！"

在庆祝中华人民共和国成立的大会上，王震向部队宣布了毛泽东、朱德《关于向新疆进军》的命令。顿时，会场变成了欢腾的海洋，许多官兵在一片欢呼声中，把决心书、挑战书纷纷送上主席台，把庆祝大会变成了进军新疆的动员大会。

王震率领第一兵团如此迅速地进军新疆，创造了军事史上的奇迹。清朝同治年间，左宗棠率领湘军进疆，用时两年多；1943年8月，国民党军队七万人进入新疆，经过三年准备，用时两年半才到迪化、喀什、玛纳斯等地。

· 第一部　殚精竭虑谱华章 ·

为适应新疆建党建政工作的迫切需要，王震从进疆部队中抽调大批师、团、营、连、排级干部和一部分地方干部，带着地方干部培训班毕业的民族干部，参加各种社会改革的实践，互相学习，互相支持，在实践中锻炼，增长才干，表现好的则吸收入党入团。

1949年12月底，中共中央新疆分局为包尔汉、赛福鼎·艾则孜等举行了庄严的入党宣誓仪式。王震亲自领着新党员宣读了入党誓词，并讲话说："民族军现已改编为人民解放军第五军，我们要使第五军成为真正在共产党领导下的军队，成为在国际主义精神教育下的军队，成为忠于劳动人民的武装力量。"

会场安静下来后,王震继续说:"新疆和平解放,成了人民的天下。有的同志说,'我们久经疆场打天下,今天该享享清福了',不行啊!国民党给我们留下的是一个烂摊子,我们解放了新疆,还要建设新疆。新疆水土资源丰富,我们要用自己的双手,去创造幸福的未来。而且要创办现代化的国营农场,办工厂、办商业,还要为新疆各族人民造福!"

王震主持剪彩仪式,望着浪花翻滚的渠水,对站在身旁的徐立清、罗元发、张贤约、饶正锡深情地说:"广大指战员一手拿镐,一手拿枪,用他们战斗的双手,在天山脚下的准噶尔盆地边缘,打了一个大胜仗!"

由于部队实行的是供给制,指战员们除了每月领取少量的生活津贴费外,没有其他什么收入。所以,资金筹集十分困难。

在万般无奈的情形下,王震决定动员各基层单位和官兵,在完全自愿的基础上,入股集资。然后在供应标准内,分期分批扣除股金,投入合作社建设。同时发给股金证,到年终结算时,按照各人实际投入的数额实行利润分红。

由于新疆是少数民族省区,王震又仔细叮嘱说:"口岸那里是少数民族聚居的地方。你们要执行好民族政策,尊重兄弟民族的风俗习惯,遵守纪律。要组织干部认真学习党的民族政策。"

王震一听,立刻察觉到问题的严重性,只见他剑眉倒竖,沉思半晌一言不发。过了一会儿,果断地说:"无论如何,也不能让战士们的身体垮掉!"稍停片刻,咬着嘴唇又说:"你们马上派人到师部仓库,传我的命令,先提一万斤大米!"

就行。农学院培养出来的学生，能起一个棉桃的作用就行。"他还算了一笔大账，最后的结论是这样的："军区生产部队三所大学的建校经费是没问题的。"

·第二部　牧区风波离新疆·

常容易招来非议和反对。"

· 第三部　魂牵梦萦天山情 ·

　　王震严肃地说:"要认真贯彻执行党的民族政策。要大力培养少数民族的科技人才,充分尊重少数民族的风俗习惯。要旗帜鲜明地反对大汉族主义和地方民族主义。要坚持打击扰乱社会治安的打砸抢分子、流氓犯罪分子。不管是什么人,是哪一个民族的,犯了罪,就要受到法律的制裁,在法律面前人人平等,绝不容许姑息迁就。"

　　"我年纪大了,又有病,但是我还要讲新疆的历史。以前乌斯满匪帮到处流窜骚扰,给新疆各族人民带来多大危害呀!新疆解放时,各族人民之所以扶老携幼,夹道欢迎中国人民解放军,就是因为他们深受乌斯满匪帮的祸害。关于这一点,我们每年都要讲,要一年一年讲下去。"王震感慨地说。

　　1981 年 1 月王震视察新疆时,情绪非常激动,态度严肃地说:"新疆生产建设兵团是新疆军区的后备军,是保卫边疆、建设边疆的主要力量。解散生产建设兵团就是完全错误的⋯⋯什么抢了'饭碗'、占了'资源',这是完全错误的!有人还要追什么'后台',我就是'后台',我就是农垦的'后台'!"义正词严的讲话,对当时非常猖獗的民族分裂主义分子是有力的回击,鼓舞了新疆各族人民尤其是兵团广大军垦战士。

　　王震接过去一看,立刻又大声喊起来:"为什么和我说的不一样啊!"说着又拿起笔,在纸上补写了一句:"争取赶上石河子农科所地膜植棉亩产 270 斤的好成绩。"随后有力地签上了自己的名字:王震。

　　王震赞许地点点头后,问殷延福:"这块棉花几月几日播种的?行距多大?施肥多少?保苗多少?"殷延福都一一作了确切的回答。

　　王震接着说:"你们要科学种田,把地膜棉花种好、管好,提高单产,增加利润，这样农场就会发展起来，职工就富裕了。"

王震语重心长地说："国营农场要搞科学种田，办家庭农场，同时要认真研究农副产品的深加工问题，重视发展第三产业。地膜植棉就是我带人从日本学来的，在你们新湖农场推广了。现在你们又用地膜种西瓜、甜瓜，这很好，还要进一步研究利用。"

王震说："现在有一些人，一讲放宽政策，就只想个人发大财，其他的就什么也不顾了。土地承包给个人，但土地还是国家的，而不是私有的；拖拉机可以承包给个人，但拖拉机也还是国有的。农忙季节要服从调动，不能坑害农工。你们还要好好研究，怎样才能更好地为承包户服务。"

徐文芝如数家珍，把党的农村经济政策放宽之后，自己在植树、种菜、养猪、养牛方面每年收入达上万元的情况向王震说了一遍。

王震听到这里，连连用手杖点着地，高兴地笑着说："你们放心，党的政策是铁打的，党的富民政策是不会变的。"

· 尾　声 ·

在离开乌鲁木齐时，王震特地穿上维吾尔族传统的绿白相间的彩条袷，戴上维吾尔族花帽，在机舱门口，久久地挥手向送行的人们致意。

在机舱门即将关闭时，王震慢慢地弯下腰来深深地鞠了一躬，向新疆大地、向新疆各族人民告别。谁知这一别，竟成永诀。

引　子

———✦————✦———

　　为了祖国领土完整，使新疆各族人民早日获得解放，早在 1949 年 3 月中共中央七届二中全会上，王震就向中共中央和毛泽东主动请缨率部进军新疆。当时，王震充满豪情地说："新疆是我们的国土，我们不去，还要我们手中的枪杆干什么，我们还叫什么革命者？"

　　5 月，在兄弟部队配合下，王震率部解放咸阳、武功、扶风、岐山、蔡家坡等地，并击退胡宗南、马步芳、马洪逵部的联合反扑。6 月，任中国人民解放军第一野战军第一兵团司令员兼政治委员。7 月，参与指挥扶眉战役，同兄弟部队一起，歼灭胡宗南主力四个军 43000 余人，为解放兰州创造了条件。后克宝鸡、天水后，挥戈甘南，强渡洮河、黄河，沿途"扫荡"阻击之国民党军，于 9 月 5 日解放西宁。此时，甘肃、青海等省的残余国民党军队，只有新疆这一条退路，便潮水般沿河西走廊向西溃逃。为全歼胡、马残部于甘肃境内，完成中共中央确定的解放新疆的战略部署，王震率第二军指战员由西宁挥师北上，翻越祁连雪山，直插张掖。次日，第一、第二兵团在张掖会师，并以日进数百里的速度，继续向酒泉挺进，兵临玉门关直逼新疆大门。

  1949 年 9 月，以陶峙岳、包尔汉为首的国民党新疆军政当局，审时度势，弃暗投明，先后通电起义，新疆实现了和平解放。但是，新疆社会情况异常复杂，反动势力依然存有相当力量和影响，要巩固新疆和平解放的胜利成果并使新疆获得真正解放，在人民解放军进入新疆前是不可能的。对于新疆和平解放和我军进军新疆，国民党反动势力极力破坏和阻挠，一小撮不甘心失败的特务分子和少数反动军官、反动封建头目，坚持反共反人民的立场，顽固反对和平起义，妄图策动叛乱。为尽快安定新疆局势，王震遵照中共中央和中央军委命令，于 1949 年 10 月 12 日，率领第二军、第六军部队向新疆开始了气势磅礴的大进军，历时两个多月，行程 3000 余公里，圆满完成进军新疆的任务，终于把红旗插到天山、阿尔泰山和帕米尔高原，开创了新疆历史的新纪元。

·第一章·

　　◎ 毛泽东扶着王震的肩膀一起坐下，望着他手里翻弄的文件和一本介绍张骞出使西域的书，打趣地说："今晚俱乐部里上演的是《红娘》，是一出精彩的戏，机会难得，你应该去看。对里的红娘是全心全意给人家做好事的人。这出戏里，红娘是主角，你到新疆就是要像红娘一样，到新疆去唱主角，去给新疆各族人民做好事啊。"

　　1949 年 3 月初，华北大地的春天比往年来得更早，河北省平山县西柏坡村已泛起撩人的新绿，沁人肺腑的春意已涌入前来参加中国共产党第七届中央委员会第二次全体会议代表们的心田。

　　在中国人民解放战争即将取得全国胜利前夕，王震与中国人民解放军副总司令、第一野战军司令员兼政治委员彭德怀，西北军区司令员贺龙一行于 2 月 17 日由西北前线长途跋涉，辗转来到西柏坡出席 3 月 5—13 日召开的中国共产党七届二中全会。到会的有中共中央委员 34 人，候补中共中央委员 19 人，列席会议的有关人员 12 人。这是中国民主革命在全国范围内取得胜利的前夕，中国共产党召开的一次极其重要的会议。

　　正值风华之年、刚好 41 岁的王震以中共中央候补委员身份正式出席这次具有伟大历史意义的会议。这次会议是在中国革命的关键时刻，党为夺取全国胜利和建设新中国做政治上和思想上的准备。

　　王震来到西柏坡的当天，就受到毛泽东的单独接见。

　　走进毛泽东简陋的卧室，毛泽东满面笑容地向王震迎过来，握住他的

1949 年 2 月，王震在第二届第五师英模会上讲话

手端详许久才说："王胡子，你的胡子刮得真光啊！"

王震异常兴奋地说："主席，来见您高兴啊！"

毛泽东拉王震坐定后，王震刚准备说点儿什么，毛泽东就把桌上早已准备好的两听三炮台香烟放到他面前，微笑着说："王胡子，你辛苦了，慰劳慰劳你呀！"

毛泽东知道王震酷爱抽烟，特意准备了这份特殊的礼物。王震兴奋地拿过一听闻了闻："好香啊！这样好的香烟，真是难得抽到啊！"

毛泽东看着王震满足的样子，笑着点头。

两人坐下来吸着烟喝着茶，尽兴地畅谈起来，谈了华北谈西北，说了今天说未来，谈得非常随便、自然。

毛泽东望着王震问道："你对今后的革命任务有什么想法？"

王震不假思索地回答："解放全中国，建立革命政权！"

毛泽东起身略加思索地说："仗不要打多久了，现在要把重点放在胜利后的生产建设上来。"毛泽东的一席话，顿时把王震原本要说的一个请求给引了出来。王震拿出自己亲手起草的一份报告，递到毛泽东手里，语气铿锵地说："主席，我们的想法全在这里。我们要求到最艰苦的地方去。新疆的各族人民需要我们去解放，祖国的边疆需要我们去开发建设、发展经济。"

为少数民族服务的想法，王震在长征时期就了然于胸。早在 1935 年他率领红六军团参加长征，路经云贵两省山区，便有意识地接触黎族、白族、哈尼族等少数民族同胞。由于历史和地理的原因，致使这些省区的少数民族群众的生存环境十分恶劣，生活非常贫苦。特别是在云南省，为建立新的革命根据地，王震在战斗的间隙走访许多寨子，亲眼目睹许多群众靠吃鸡爪草为生，却把仅有的一点儿粮食送给红军战士，还宰杀犁田的水牛养护红军伤病员，目睹这一切，王震感动得热泪盈眶。此后，王震就暗下决心，等有一天革命胜利后，一定要改变落后地区的面貌，让这里的人民都能够过上幸福安宁的日子。

随着革命形势的不断发展，离自己实现当年愿望的距离愈来愈近。王震曾和第一兵团领导谈起这支曾经开发南泥湾、保卫党中央的英雄部队，胜利后的攻坚战阵地在何处的问题时，就坚定而果敢地提出："我们要到最艰苦的新疆去，开发新疆、建设新疆，使新疆各族人民过上幸福生活。"就这样，一份代表第一野战军第一兵团全体指战员的请战报告书就初步形成。

毛泽东对王震的想法非常赞赏，说："那你就不能去环境优越的南方了！我就知道你会提出这样的要求，这样才是你'王胡子'啊！同时，你还可以把自己的想法拿到全会上去好好讲！"

毛泽东深知，在中国革命的每个关键时刻，王震总是冲锋在前。

当年，抗战进入相持阶段，由于日军作战重点逐步转向敌后战场和国民党采取消极抗日、积极反共的政策，陕甘宁边区和敌后各抗日根据地财政经济日益困难，王震与郭鹏、王恩茂等遵照中共中央的指示，率领第三五九旅进驻荒无人烟的南泥湾地区，一面保卫边区的南大门不受国民党军的进犯，一面率领部队指战员开展大生产运动。当年就向边区交公粮150万公斤，在边区树起了第一面"自力更生，丰衣足食"的旗帜。1944年，中国抗日战争进入第七个年头，世界反法西斯战争形势发生重大变化。当中共中央需要一批干部到华南去开辟新的抗日根据地，增强华南人民武装力量，扩大对日军战略反攻的阵地时，王震又主动请缨率领八路军南下支队，冲破国民党几十万大军的围追堵截，创造了人民解放军历史上的"第二次长征"的伟大胜利。而今，在解放战争取得决定性胜利的时刻，王震又毅然提出解放新疆、开发建设新疆的请求，可见毛泽东的预料并非空穴来风。

这天晚上，参加七届二中全会的代表都陆续聚集到西柏坡。

　　作为会场的简易小俱乐部里，精彩的晚会正在热烈地进行，这天上演的是京剧《红娘》。与会代表们大都相继到俱乐部去看戏，只有彭德怀、古大存、王震等人坐在任弼时屋里聊天。见大家谈兴很浓，王震惦念自己在全会上的发言，就独自躲进一个僻静的角落里，去准备自己在全会上的发言。

　　这时，毛泽东慢慢地走进屋来，轻轻地走过去，站在王震的身后，默默地看了许久才关切地问道："王震啊，你怎么不去看戏呀！那里非常热闹！"

　　王震立即站起来回答道："主席，我没有艺术细胞啊！"

　　毛泽东打趣地说："今晚俱乐部上演的是《红娘》，是一出精彩的戏，机会难得，你应该去。戏里的红娘是一个全心全意给人家做好事的人。在这出戏里，红娘是主角，你到新疆去就是要像红娘一样，到新疆去唱主角，去给新疆的各族人民做好事啊！"

　　毛泽东说完这番话后，王震非常感动，眼睛一亮，立即回答道："是！"

　　"要演好红娘需要有很高的艺术技巧，她在台中央，周围的人都围着她转，不像演崔夫人，只在台子上转几下就了事。"毛泽东针对性格粗犷而倔强的王震幽默地说。

　　毛泽东轻松愉快的谈话，像在开玩笑，实际上却意味着不仅对王震"到最艰苦的新疆去"的要求已非正式地确定，还具体地透露出要王震到新疆去唱主角的意图。

　　会议期间，毛泽东、朱德、周恩来和任弼时、彭德怀、贺龙及其他中共中央领导就解放新疆问题先后同王震进行过详细的交谈。任弼时向王震介绍了左宗棠收复新疆、建设新疆的伟大历程；第二野战军司令员刘伯承、政治委员邓小平与王震谈张骞、班超出使西域以及历代屯田戍边的艰苦之旅。在此基础上，毛泽东还向王震说明进军新疆的战略意义，鼓励部队要发扬红军不怕远征难的革命精神，英勇奋战，克服任何艰难险阻，解放新疆，完成统一祖国的大业。[1]

---

[1] 《新疆和平解放》，新疆人民出版社 1990 年版，第 328 页。

王震与中原野战军第四纵队司令员陈赓同住在一个院子。会议间隙，两人聊天时互相询问新中国成立后去干什么？

陈赓调侃而幽默地说道："革命胜利后，我敲榔头去！"

而王震则风趣地说："我扛锄头去！"

"王胡子，你到新疆后，可不要忘记给我捎几个哈密瓜！"会议结束临别时，陈赓还幽默地说。

3月13日，具有重大历史意义的中国共产党七届二中全会，在全国各战场捷报频传的形势下胜利闭幕。

中央军委决定由彭德怀接替因身体有病的太原前线司令部司令员兼政治委员徐向前，指挥攻打太原的攻坚战役。决定由王震负责向西北第一野战军部队传达贯彻中国共产党七届二中全会决议和毛泽东的总结讲话精神。

身负重任的王震同西北军区政治委员习仲勋等一起绕道太原前线，返回关中。刚一下车，就向郭鹏、王恩茂、顿星云、张希钦、左齐等报告好消息："党中央、毛主席已经批准我们进军新疆啦！"

接着，就在陕西澄城县北元平城村，召开第一野战军第一兵团前委扩大会议。政治部主任左齐主持会议，由王震传达中国共产党七届二中全会精神，王恩茂副政委做报告，宣读《关于接受二中全会的决议精神决定》草稿以及毛泽东的报告和会议精神，号召全军官兵"以高度的战斗热情与艰苦精神，准备接受到任何边疆——青海、新疆、西康、西藏去肃清反动残余匪军，推翻一切反动统治，解放和守卫每一寸国土的神圣任务"，全军上下，一片欢腾。

在王震的亲自主持下，"打到新疆去，把革命进行到底"的战略计划被正式列入第一兵团贯彻执行中国共产党七届二中全会的决议令。

4月29日，王震将第二军党委活动分子会议传达、讨论中国共产党七届二中全会决议的情况以及通过的《关于接受二中全会的决议精神的决定》内容，及时报告第一野战军前委和中央军委，并将《决定》向全军官兵传达。到祖国边疆去，到最艰苦的地方去的思想，已深深地镌刻在全体官兵的心里。

·第二章·

◎ 王震目光炯炯有神地扫视着眼前的精兵强将，继续说："进军新疆、建设新疆，大有可为！我们要听毛主席的话，为新疆各族人民多办事，办好事，既要保卫边防、巩固治安，又要改造起义部队，建立新政权，尤其重要的是率领各族人民，并肩战斗，大搞建设！"

1949 年 6 月，王震任第一兵团司令员兼政治委员。

兰州战役前夕，毛泽东致电彭德怀、张宗逊并告贺龙、习仲勋，部署集中三个兵团主力攻取兰州时，要求："王震兵团从（黄河）上游渡河后，似宜迂回于兰州后方，即切断兰州通青海及通新疆的路并参加攻击，而主要是切断通新疆的路，务不使马步芳退至新疆危害无穷。"① 西宁解放后，中央军委和第一野战军前委已经最后决定第一兵团率领第二军和第二兵团的第六军进军新疆。第二军在西宁进行解放河西、准备进军新疆的政治动员。

1949 年下半年，中国共产党领导的人民革命战争已经进入最后的胜利阶段——东北、华北、中原、华东等地区已经牢牢控制在人民手中；人民解放军正以排山倒海之势向华南、西南迅猛挺进；西北战场也不断传出胜利捷报：西安解放、扶眉大捷，攻克兰州、西宁，直捣河西走廊。这年深秋，正值树黄草枯的季节，根据毛泽东关于"极盼早占新疆"的指

---

① 《中国人民解放军第一野战军文献选编》（二），解放军出版社 2000 年版，第 534 页。

示，王震率第一野战军第一兵团第二军铁骑由西宁地区出发，翻祁连皑皑雪山，穿过河西茫茫戈壁，战民乐，克张掖，进击玉门、敦煌；第二兵团司令员许光达率领兵团部和第三、第四、第六军沿兰（州）新（疆）公路，经永登，占武威。于 9 月 21 日会师张掖。第一、第二兵团以秋风扫落叶之势昼夜追击，席卷整个河西，乘胜前进，十万雄师集结酒泉、安西一线，直叩新疆大门。

9 月 25 日拂晓，王震早早地走到室外，尽情地呼吸着清新的空气，伸开双臂做几个扩胸运动后，感到浑身上下有股使不完的劲。

得到陶峙岳将军率领驻疆官兵通电起义的消息，王震兴奋不已，心想：咋天是酒泉通电起义，今天又是新疆起义，看来全国解放的大局已经基本确定。

秋夜，风寒月冷，可是欢乐的人潮、温暖的灯海，把萧瑟的秋风驱散得荡然殆尽。大街小巷灯火通明。操场内外，人山人海。唱戏的、扭秧歌的，吸引着一大群一大群的人，各种照明弹如仙女从空中散下的礼花，绚丽灿烂。面对此情此景，王震兴奋无比，他让兵团后勤部门通知各团炊事

1949 年 6 月，王震在甘肃省清水县军人大会上做战前动员讲话

班，晚餐为战士们加两个菜，每个人享受二两喜酒。整个军营洋溢着节日的喜庆气息……

夜已经很深了，而王震办公室的灯光依然亮着。他在为新中国的诞生，为大部队进军新疆而辛勤地忙碌着。从中共中央发来的一份份电报和简报，堆积在案头，让他感到既兴奋而又任务艰巨。

10月1日，这个举国上下激动人心的日子，酒泉城再次成为欢乐的海洋！在庆祝新中国诞生的欢呼声中，毛泽东、朱德总司令"向新疆进军"的命令传到了酒泉。

这天，精神抖擞、神采奕奕的王震，被激昂振奋的官兵们的情绪所感染。他习惯地扬起右手，不停地在空中做着劈砍的动作，亮着嗓门说道："同志们！我们的目标很明确，下一步就是进军新疆！"王震来回地走动着，突然猛一回头，转身挥一下手："展开地图，大家过来瞧一下！"

还没有等别人插话，王震就指着天山以南的大盆地，说："新疆这个地方，是不是牛和虱子的比例关系？不是大几十倍、几百倍，而是几千倍、几万倍呀！这地方就等着我们去开发，你们放开手脚大干，会种什么就种什么，把这块盆地种成一个大花园！"这时，有一名营长见王震是自己的老上级，同时由于高兴，说话就比较随便："这是一枚甜果子，可皮儿太厚，而且是苦的！"

话一出口，立即如水滴溅在油锅里，官兵们就七嘴八舌地议论开来："党中央、毛主席已经下令进军新疆，我们一定要到新疆去，去解放新疆，建设新疆，去吃自己亲手栽种的哈密瓜。不过，人们都说，一出嘉峪关，两眼泪不干。进新疆的路都是戈壁滩，到处白骨累累，大风刮起来，能把汽车吹翻。"还有的官兵接着说："我也听人说过，据说在嘉峪关界有块石碑，上边写着'出十还一'四个字，意思是出塞十人只能回来一人。你用石头瞄准那个'还'字，只要能够投中，就准能等到回来的那一天，非常灵验，不然的话，你就只能做戈壁滩上的孤魂野鬼……"

王震静静地听着这些议论，等官兵们说得差不多时，才挥挥手说道："你们都已经讲得差不多了，也该让我王胡子给大伙们讲一句话！我的话不多，对大伙儿听到的这些关外奇谈只讲两个字：扯淡！我也见到不少到过新疆的同志，他们对我讲，新疆的气候确确实实与关内有些差别，主要是由于温差较大。但并没有那么吓人！你们自己想想，老百姓有句老话，叫夏天不热，冬天不冷，五谷不长。照这话来讲，新疆是个美丽富饶的好地方。大伙儿肯定比我王胡子听得多，吐鲁番的葡萄哈密的瓜、库尔勒的香梨不带渣，龟兹的姑娘一朵花。不冷不热，能出产这么好的东西吗?!"

话音刚落，大家就开怀大笑起来。

而王震却一脸严肃，习惯地用手摸摸下巴说："刚才你们讲的那块石碑，还真竖立在嘉峪关界。不过，这'出十还一'的说法，如果你们认真考证一下，并不过分，而且是大大夸张了的数字。张骞出使西域，行前随从逾百，东归之时，张骞几乎是单枪匹马。你们算一算，这是个什么比例?!"

官兵们都非常清楚王震的性格，知道接下来就是相当精彩浪漫的高论，都聚精会神，屏声静气地等候。

王震剑眉一扬，转入正题："同志们！我们解放大西北是为什么？党中央号召我们进军新疆又是去干啥？是去享福，是去游山玩水，是去做国

1949年8月，王震率部解放了甘肃省临夏县，组织宗教上层人士、社会名流及马部官兵参加的"劝降团"到前线劝降

民党政府那样的接收大员?！不是，全都不是！我们去干什么，毛主席在两天前指示我说，'你们到新疆的主要任务是为各族人民多办好事，你们要以替历史上压迫少数民族的反动统治者还债的精神去那里工作。'同志们！这可是毛主席的原话，一字不差，我王胡子装在脑子里，记得清楚明白。你们大伙儿对照一下，看看差距有多大。"

王震继续说道："进军新疆、建设新疆，大有可为！我们要听毛主席的话，为新疆各族人民多办事，办好事，既要保卫边防、巩固治安，又要改造起义部队，建立新政权，尤其重要的是率领各族人民，并肩战斗，大搞建设！"

话音刚落，官兵们一阵喝彩。

准备工作基本就绪后，彭德怀和王震向国民党新疆警备总司令陶峙岳发出邀请。邀请陶峙岳速赴酒泉，共同商谈人民解放军进军新疆的具体事宜。

10月7日，陶峙岳风尘仆仆抵达酒泉城。一下车，早早在城门外等候的彭德怀和王震大步迎上去。彭德怀乐呵呵地说："陶总司令，我们可把你盼来了啊！"

"我代表新疆十万起义官兵，向彭总司令致意！"陶峙岳脱下洁白的手套，举手敬礼。

"陶司令率部起义，投向光明，功不可没。我全体官兵日日期盼，盼将军早日给他们带路，开赴新疆！"彭德怀郑重地还礼。

"我做梦都在想解放军早日进疆啊！"陶峙岳感叹地说："新疆人民在等着你们，十万起义官兵在等着你们，只要你们早一天开进，我就早一天安心了！只是那里的地理环境和气候条件太差。"

在一旁的王震兴致很高，精神抖擞地说："我可以告诉陶总司令，人民解放军已经做好进军新疆一切准备，不管条件多么恶劣，环境如何艰苦，都阻挡不住我们的脚步！请陶总司令放心，只要你一过来，我们人民解放军就马上跟着你的脚后跟进疆。"

陶峙岳赞叹道："南泥湾的英雄是无事不可为呀！彭总司令、王震将军，我是以回家的心情来酒泉，对家里人，我就有什么讲什么，讲盼望，也讲担忧，一句话，我请求解放军火速进疆……"

下车后，彭德怀、王震把陶峙岳迎进司令部。

王震握住陶峙岳的手，感慨地说："陶总司令，你是宁乡的，我是济阳的，彭总是湘潭人，我们三个都是湖南老乡哩！"

"晓得！晓得！我已是久闻两位将军的大名啊！"陶峙岳频频点头。

王震给陶峙岳点燃一支烟，问道："陶总司令，来到酒泉，也就是回到了家。用我们湖南人的习惯说法，回到家就要拉拉家常，聊聊家里话哟！家里情况好吗？"

"见到你们，我是既高兴又放心。有了人民解放军，新疆就会有个好的局面！"陶峙岳答道。

"家属还在重庆吧？来信没有？情况如何？"彭德怀关切地问道。

"已经来信。还好，谢谢彭总关照，陶峙岳感谢您啦！"

"别这么说，这都是应该的！"彭总笑着说，"陶公为新疆和平解放立了大功，这点儿忙是帮得到的，就帮呗！何况咱们还是老乡嘛！"

陶峙岳感激得一时不知说什么才好，眼里闪动着泪花。直到晚年，他还在回忆中叙述道："与解放军高级将领的初次接触，给了我极其良好而深刻的印象。特令我惊异而感激的是，在我通电起义之前，彭总不知从哪里得知我的家属寄寓重庆的情况，即指示入川部队注意保护，那时，我的家属子女因战争迫近，已匿居到乡下去。但解放军有关部门仍然把我一家找到。事隔三十五年，彭总虽遭受'四人帮'和极左路线的迫害而过早地离开了人间，但他崇高的品德却令人永远不能忘怀。"

三位湖南老乡在一起，乡音不改。既谈家乡风土人情，又谈军旅生活的艰难，像老朋友一样亲密无间。

彭德怀、王震分别向陶峙岳详细地介绍了全国革命形势的迅速发展和新中国无限美好的前景，陶峙岳不停地点头。许多内容都是自己第一次听到，有的甚至连想也没想过，这次推心置腹的长谈，他感到不仅对共产党的高级将领有了新的了解，也增长了许多见识，油然产生一种"回家"的温暖和亲切的感觉。

在彭德怀、王震将军的安排下，陶峙岳参加专门研究进军新疆问题的第一兵团党委扩大会议。会上，王震做《关于西北斗争形势，解放新疆的斗争特点和任务》的报告，传达毛主席关于"你们到新疆的主要任务是为各族人民多办好事"的指示，并详细介绍当时的形势和进军部署后，指出：这次进军具有重要意义，直接关系着新疆各族人民的翻身解放和祖国统一，我们一定要胜利完成这项光荣任务。接着，代表兵团党委向部队发出"不怕一切牺牲，不怕一切困难，奋勇前进，把红旗插上帕米尔高原"的号召。

彭德怀向陶峙岳将军及全体与会同志，再一次讲述人民解放军进军新疆的意义和目的时，指出："人民解放军进军新疆，完全是国防的需要和建设新疆的需要，不是去解决任何部队，对起义部队，我们只有合作，绝无其他恶意。"

会后，彭德怀语气和蔼且充满信任地对陶峙岳说："陶将军，今后我们就在一起共事，不要有什么顾虑，继续大胆工作，把部队带好。"陶峙岳点点头。

彭德怀谈到党中央、毛泽东对起义部队进行集中改编、成立第二十二兵团的一些初步设想；王震向陶峙岳介绍改编部队实行"四个统一"① 的一些基本要求，并强调指出，部队实行合理编并、人事做公正合理调整、政治工作制度要确定建立、劳动生产要尽力做到。同时，对解放军大规模进疆的具体路线和大体时间征求陶峙岳的意见。

陶峙岳一时不知说什么才好，只是两眼紧紧盯着眼前精神抖擞的王震。王震见陶峙岳一时无言，陡然来了兴致。他拍拍陶峙岳的肩膀，说："我早知陶公是闻名军界的儒将，今日高兴，也胡乱凑上几句，请你指教指教。"

王震双手一背，大声念道："白雪罩祁连，乌云盖山巅；草原秋风狂，凯歌进新疆。"

"大将风范，气吞山河。"陶峙岳紧紧地握住王震的手说，"陶某断断不可得此磅礴豪放之绝句。早闻毛主席陈老总诗才盖世，没想到解放军的将领们个个都是才华横溢！"

"我只是个凑数，"王震摆摆手，说："而毛主席、陈老总的诗才是神来之笔。不过，我王震绝不讲一句空话。我们进军新疆的部署你刚才已经

---

① 即统一指挥、统一制度、统一编制、统一纪律。

看过，年关之前，一定要把红旗插上帕米尔高原！"

很快，王震的这四句诗，被第一兵团宣传部副部长王洛宾谱成曲，一时间《凯歌进新疆》的雄壮歌曲，飘散在军营内外，回荡在天山南北，成为全军将士进军新疆的号角。

进城之前，王震穿上整洁合体的军装，显得神采奕奕。他把陶峙岳、包尔汉的电报认真看了一遍，即将驱车奔向机场，飞赴迪化①。因为迪化各界约两三万人至数十里外欢迎解放军已是第三天。

迪化地窝堡机场，微风拂动，红柳摇曳。陶峙岳率领"欢迎解放军入疆代表团"早早在这里等候。一下飞机，王震就与陶峙岳、包尔汉紧紧拥抱。

"我说过，陶总司令，咱们迪化城里说解放，我王胡子说话算话，信守诺言。"王震像老朋友似地笑着说，他讲的是在"酒泉会谈"中，已经向陶将军许诺，在迪化城里相约谈论部队改编之事。

"王司令员说到做到，真是叫人佩服呀！"陶峙岳感慨地说。在旁的包尔汉拉住王震的手插话说："王司令，新疆人民盼望解放军进疆。两眼都

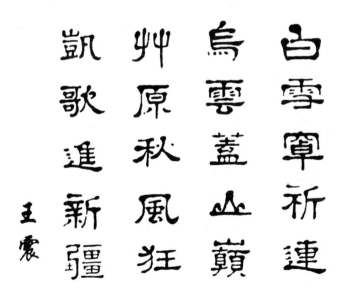

王震的诗作

———————————

① 今乌鲁木齐。

已经盼出泪花来。你看，迪化城街道上那一面面彩旗和标语，都是新疆各族人民一颗颗滚烫的心啊！"包尔汉是个汉语通，说起话来文采飞扬。

"没有新疆各族人民的鼎力支持，没有新疆各界朋友做工作，我王胡子也绝不会这样潇洒！"王震满面春风地频频点头，高兴地回答道。

举目四望，尽是红旗招展，欢歌笑语，群情振奋的各族人民仿佛看到新疆希望的春天。置身于欢乐的海洋之中，陶峙岳激动不已。他从衣兜里掏出一张折叠得整整齐齐的纸，上面是夜里拟就的一首《七绝·迎王震将军入疆》：将军谈笑指天山，便引春风渡玉关；绝漠红旗招展处，壶浆相迎尽开颜。

王震双手接过诗稿，细细地读了一遍，随即拍手称赞："好诗，好诗！陶将军为军中儒将，果然名不虚传呀！"

为不增加新疆各族人民的负担，王震致电国民党新疆警备总司令陶峙岳、国民党新疆省政府主席包尔汉，谨请婉为辞谢物质慰劳，电报称："敝部进入新疆，承蒙各界热烈关顾，全军深为感奋，今后将竭诚推进和平事业，奉行人民政治协商会议纲领，以报效中华人民共和国，回答新疆各界人民之盛情。唯念新疆部队增多，人民负担过重，谨请婉为辞谢物质慰劳。敬希各界贤达介绍各族人民、民众情形和生产知识，指教敝部全体同志为盼。"①

很快，王震和陶峙岳坐进雪佛莱卧车，随之同座还有国民党新疆省政府最后一任主席包尔汉。

一坐定，陶峙岳长长地舒一口气，怅然地说："王司令员一到，我这颗悬着的心就安稳下来了。不瞒王将军，峙岳东奔西走，读了四十载的《楚辞》，我最欣赏屈原的《桔颂》，光修剪橘树的剪刀就收集百多把。可是，人在江湖，身不由己，一直未能圆我橘园荷锄的美梦。我曾经在南疆的焉耆与赵锡光司令相约，其中一条就是，到全国解放，新疆和平之时，就把部队全部完好地移交给解放军，我就解甲归田，橘园行吟去了！"

王震非常感激陶将军对自己的信任，诚恳地说："陶将军之义举，功盖天山，自不待言。为保新疆之和平，国土之完整，将军苦撑全局，其间

① 《人民军队在新疆》，新疆人民出版社1987年版，第14页。

艰辛，更自不待言，按理说也该休养休养。可是，解甲归田，万万不行。故乡虽美，祖国更大，橘园有诗，毕竟太小。要经营，就经营更大的，种新疆这块大田，怎么样?!"

陶峙岳顿时无言以对，只是静静地打量着眼前的王震。

王震在陶峙岳肩膀上轻轻拍了两下，说:"我是一个粗人。在北京中南海，我已经向毛主席、周总理保证，我要叫新疆变成第二个南泥湾，这靠我王胡子一个人的力量可干不成。我们是朋友，现在朋友有难，你们是应该两肋插刀的，怎么可以走人呢?"三个人互相对视一下后，都禁不住会心地笑了起来。

数日后，各界准备工作基本就绪，彭德怀动身亲赴迪化。

这天，王震、陶峙岳、包尔汉、邓力群、张希钦、屈武、罗元发、陶晋初等早早在机场上迎候。当飞机徐徐降落时，彭德怀副总司令敦厚的身材首先出现在舱口，紧随其后出现的是张治中将军。

刚刚被中央人民政府任命为西北军政委员会主席的彭德怀和副主席张治中，从机舱中走出来，与在场迎候的王震、陶峙岳、包尔汉等一一握手。

在机场，彭德怀发表热情洋溢的即兴讲话:"新疆和平解放，是国家之幸，新疆各族人民之福。这是一件绝大的好事! 好事得成，陶将军、包主席以及其部属功不可没，党中央、毛主席和周副主席对各位的义举十分赞赏，评价很高! 并委托我向大家问好! 同时，诚邀诸位加入联合政府的工作，共谋国家兴旺昌盛之大事。"

车子徐徐启动。远处，洁白、雄伟的博格达雪峰闪着耀眼的银光，眼前，兀立的红山宝塔周围彩旗招展。小鸟在阳光下发出欢畅的叫声，一湾清水穿行在白杨林之中，欢快地翻滚着雪白的浪花。

彭德怀兴奋地对坐在身旁的陶峙岳说:"好一座塞外名城，远远超出人们的想象。只是迪化这个名字不太好听，有那么一点儿教训人的味道，不符合民族平等的原则嘛!"

"是的!"陶峙岳接过话题:"早先有一个名字，叫乌鲁木齐，意思是'优美的牧场'。"彭德怀说道:"我看这个名字挺漂亮，很有点儿民族特色。我们讲尊重少数民族的风俗习惯，不能光喊在嘴上，要从一点一滴的小事情上做起，让各族人民心悦诚服。"陶峙岳含笑点了点头。

"有件事，我要先给陶司令通个气。中央军委决定，把新疆起义部队改编为中国人民解放军第二十二兵团，陶将军以为如何?"彭德怀侧过身对陶峙岳说。

"完全拥护中央军委的决定!"陶峙岳坚定地说。

·第三章·

◎ 国民党反动派的阴谋被挫败后，叶成、马呈祥等军政反动头目仍然在做最后的垂死挣扎，妄想把新疆从中国分裂出去。新疆宣布和平解放后，他们的反革命活动仍在紧锣密鼓地进行，企图趁人民解放军还没有进军新疆的时机，发动反革命叛乱，破坏和平解放的成果。

早在 1949 年年初，当全国解放战争即将取得决定性胜利的时刻，中共中央和毛泽东就充分考虑到地处西北塞外的新疆的历史和现状，为使新疆各族人民免受战争创伤和损失，就果断地作出"争取和平解放新疆"的战略决策。

4 月 21 日，毛泽东、朱德向人民解放军发出《向全国进军的命令》。同日，早已严阵以待的中国人民解放军第二、第三野战军，在东起江阴、西至湖口的 500 多公里江防线上千帆竞发，百万雄师过大江，彻底摧毁国民党苦心经营三个半月的长江防线。28 日，南京解放不久，毛泽东就致电彭德怀"来中央一谈关于用和平方法解决西北的问题"，并指出："看样子，此种可能性是存在的。"①

5 月下旬，时任中国人民解放副总司令、第一野战军司令员兼政治委员彭德怀率领的中国人民解放军第一野战军捷报频传，攻占西安及关中广

_____
① 《中国人民解放军第一野战军文献选编》（二），解放出版社 2000 年版，第 301 页。

大地区后，会同华北第十八、第十九两兵团兄弟部队继续西进。第一兵团在关中成立，王震任司令员兼政治委员，接着率领部队于 7 月 11—14 日，发动扶（凤）眉（县）战役，第一野战军以排山倒海之势，一举歼灭胡宗南主力四个军，共 4.3 万余人，解放县城 9 座。第一野战军兵力由相对优势变为绝对优势，为歼灭青海、宁夏马家军的武装力量，实现西北完全解放，奠定了胜利基础。此时，胡宗南主力基本已经被消灭，但其残部仓皇溃逃到甘肃境内，再无还手之力。而长期盘踞在青海、宁夏的马步芳、马鸿逵等部依然妄想退守甘（肃）、青（海）、宁（夏），以此做最后的负隅顽抗。

于是，彭德怀遵照中共中央、中央军委的指示，不给仓皇溃逃的国民党军以喘息机会，迅速作出攻克兰州、解放西宁的又一战役部署，兵分两路，乘胜西进。右路翻越六盘山，过华家岭，沿西兰公路进逼国民党西北军政长官公署所在地兰州；左路第一兵团第一、第二、第六军，在时任中国人民解放军第一兵团司令员兼政治委员王震的率领下攻克宝鸡、天水后，第一、第二军经甘南，强渡洮河、黄河，沿途歼灭试图阻止中国人民解放军的国民党军，于 9 月 6 日直捣马步芳的老窝青海省会西宁。

右路部队经过五天激战，于 8 月 26 日，胜利攻克金城——兰州，马部主力的覆没，大大加快了解放全西北的进程。

在王震部的有力打击下，甘肃、青海等省的国民党军残余的东向退路全被截断，只剩下新疆这一条退路。于是，国民党军残余便潮水般地沿河西走廊向西溃逃。

为全歼胡、马残部于甘肃境内，完成解放新疆的战略部署，王震率第二军跋涉长达 100 多公里的泥泞草地，翻越终年积雪、空气稀薄、海拔 4000 多米的祁连山，经过 28 小时的连续行军，以牺牲 130 人，数百人冻伤的代价，以迅雷不及掩耳之势，于 9 月 19 日直插张掖，进逼河西走廊的军事重镇——酒泉，迎头堵截了国民党周嘉彬的第一二〇军、黄祖勋的第九十一军和兰州溃军西逃的退路，占领河西走廊咽喉之地，迫使国民党西北军政长官公署、第八补给区、河西警备司令部等四万余人起义和投诚，西北军事重镇酒泉宣告解放。至此，西北五省已相继解放陕、甘、宁、青四省，胡、马主力已经被聚歼于嘉峪关内，河西走廊雄师云集，星星峡前重兵压境，新疆孤悬塞外，将士西望天山，直叩西北边陲的新疆大门。

在新疆境内，以阿合买提江·哈斯木、伊斯哈克·拜克、阿不都克里木·阿巴索夫为领导的伊犁、塔城、阿尔泰三区革命[1]力量，同国民党新疆驻军进行着顽强的斗争。民族军在占领上述三个专区之后，直逼距迪化100余公里的玛纳斯河流域，与国民党驻军隔河对峙，同解放大军遥相配合，对国民党军队形成夹击之势。

此时，新疆各族人民获得解放的日子已经指日可待。

国民党在新疆驻军号称10万大军，实际只有7万余人。东有人民解放军的重兵压境，西有"三区"革命的民族军隔河对峙，南有连绵的昆仑山雪峰，北有巍峨的阿尔泰山横亘，新疆国民党军政当局处于东西夹击、腹背威胁、孤立无援，进退维谷，内部发生剧烈分化。以时任国民党西北军政长官公署副长官兼新疆警备总司令陶峙岳为代表的诸将领和广大士兵及中下层军官，在统一战线政策的巨大感召下，向往和平，希望投向人民的怀抱，急切关注着中国共产党的一切动态。

为加速和平解放新疆、统一祖国的进程，中共中央、毛泽东针对当时的形势明确指出：既发扬英勇奋战的精神，又要力争新疆和平解放。

当时，毛泽东、周恩来亲自同正在北京的张治中将军谈话，要其致电陶峙岳和国民党新疆省主席包尔汉等国民党新疆军政领导认清形势，当机立断，率部起义。

正当全国解放战争取得节节胜利，人民解放军开始向大西北进军的时候，以刘少奇为团长的中共访苏代表团从苏联方面获悉，美帝国主义为保持自己的势力范围，企图策动马步芳、马鸿逵等西北五马[2]退守新疆，与新疆的反动势力勾结，在新疆建立一个独立的"伊斯兰共和国"，宣布脱

---

① 指新疆北部的伊犁、塔城、阿勒泰三个地区。1944年9月，维吾尔族和哈萨克族人民，为了反抗国民党的反动统治，在尼勒克和伊宁先后发动了武装起义。同年冬，成立三区革命临时政府并建立了自己的民族军。1945年9月，民族军解放了伊犁、塔城和阿山地区。其后，三区革命力量配合全国人民解放战争，有力地打击和钳制了新疆国民党军队，动摇了国民党在新疆的反动统治。

② 另有马步青、马鸿宾、马继援。

离中国。如果阴谋得逞，解放军进军新疆就会有意想不到的麻烦，对苏联也非常不利。因此，苏联建议提前解放新疆。同时，还主动提出中共可先派人与三区革命力量联络，他们可以给予协助。在此基础上，毛泽东电告在莫斯科的刘少奇从访问苏联代表团中抽调人员直接进入新疆，建立与三区的联系。于是，刘少奇委派中共访苏代表团政治秘书邓力群以中共中央联络员的身份，同3名工作人员并带电台一部取道莫斯科秘密到达伊宁，然后，携带张治中致陶峙岳和包尔汉的电报，秘密前往新疆省城——迪化，向陶峙岳等进一步阐明中国共产党和平解放新疆问题的主张和政策。

通过一系列细致周密的工作，陶峙岳、包尔汉先后接受中国共产党的和谈条件，迅速委派曾震五作为代表到酒泉、张掖，同彭德怀、许光达和王震见面，具体商谈有关和平起义的事宜。曾震五是湖南人，是曾国藩的后代，并和陶峙岳是保定军校同学，与张治中的关系密切。见面之后，双方很快就谈妥有关和平解放新疆的相关事宜，随后解放大军向新疆进发。

人民解放军进驻酒泉后，曾震五便向王震建议说："必须马上派人去保护敦煌千拂洞的文物和石窟。听说国民党特务头子陈立夫要派人抢劫那里的文物，破坏古迹，那可都是国宝啊！"

"国家和民族的遗产岂容他们破坏！"王震采纳了曾震五的建议。

于是，王震迅速派骑兵团团长王胜荣带部队火速赶往敦煌去保护，国民党军的一个连投降，文物完好无损。

人民解放军完整地保护了敦煌石窟，曾震五非常感动，他劝王震一定前去敦煌看看。

于是，王震"忙里偷闲"前往敦煌查看石窟，并亲切接见研究敦煌壁画的专家。

西北军政长官公署副长官兼新疆警备总司令陶峙岳和国民党新疆省主席兼保安司令包尔汉，分别于1949年9月25日、26日先后分别通电宣布和国民党广州政府脱离关系，率领部众和平起义。

9月28日，毛泽东、朱德复电慰勉陶峙岳、包尔汉及所部全体将士和政府人员："我们认为你们的立场是正确的。你们声明脱离广州反动残余政府，归向人民政治协商会议的领导，听候中央人民政府及人民革命军事委员会的命令处置。此种态度符合全国人民的愿望，我们极为欣慰。希望你们团结军政人员，维持民族团结和地方秩序，并和现在准备出关的人民解放合作，废除旧制度，实行新制度，为建立新新疆而奋斗！"①

当时，正在酝酿和进行和平解放新疆的谈判过程中，而新疆内部的各种反动势力迅速加紧勾结，阴谋做困兽之斗。

对于新疆和平解放和人民解放军进军新疆，国民党中央统治阶层中的反动势力也不甘心于在新疆的彻底失败，极力破坏和阻挠。蒋介石、白崇禧电令其在新疆的亲信要其"各方设法，保住新疆"，声称"和平运动，万万不可做"，梦想驱使新疆的国民党军队继续为其摇摇欲坠的政府卖命。新疆军政当局中的一些反动顽固分子，也主张与解放军打到底，打不赢则实行抢烧杀三光政策，不让解放军不战而得到新疆，不让新疆毫无破坏地落入解放军之手。在这些人的罪恶阴谋遭到失败后，新疆境内的帝国主义分子和反动封建头目仍然在做最后的挣扎，妄图把新疆从祖国的怀抱分裂出去，趁人民解放军还没有进军新疆的时机，策动叛乱，继续进行破坏和平解放的成果。其中，以国民党整编第七十八师师长叶成、国民党整编骑兵第一师师长马呈祥、国民党第七十八师第一七九旅旅长罗恕人及国民党新疆省副主席穆罕默德·伊敏为首的一小撮反动顽固分子，阴谋将所部拉到新疆、甘肃交界的星星峡一线设防，妄图阻挡人民解放军入疆；如此计不成，就损毁新疆东部公路沿线的城镇和乡村，把这块地方变成"无人区"，然后退踞南疆，依托天山、昆仑山，背靠国外势力，与中共长期周旋。

面对这种危局，为保卫和平解放的成果，稳定新疆局势，使各族人民免遭涂炭，中共中央、中央军委和中国人民解放军第一野战军首长令王震率第一兵团第二军、第六军火速进军新疆。

---

① 《中国人民解放军第一野战军文献选编》（二），解放出版社2000年版，第633页。

·第四章·

◎ 王震指着地图的上方说道："老中国的地图就像我们经常说的，像一片桑叶。1945年国民党和苏联谈判，同意外蒙古独立了，这片桑叶就有一大块被吃掉了。难道我们还愿意再从我们的版图上少去新疆这一块吗？那160万平方公里的土地上，驻守着我们勤劳勇敢的各族同胞，你们舍得吗？说句心里话，我是绝对舍不得的！"

10月初，王震来到酒泉部队驻地，立即把会见陶峙岳等人的情况告诉徐立清、郭鹏、王恩茂、曾涤、张希钦等，并鼓励说："新疆自古以来就是我们的神圣领土，我要把部队拉到那里去。我们不但要彻底消灭残存在那里的敌人，解放祖国大西北的最后一寸土地，我们还要在那里大规模地进行开发和建设事业。"他接着又说："和全国相比，新疆是个经济和文化都非常落后的偏远地区。但是新疆有着得天独厚的自然资源，土地肥沃辽阔，矿藏丰富，大有发展前途。另外，特别是有十几个民族的人民群众需要我们帮助。我们要响应党中央、毛主席的号召，中国人民解放军不但是战斗队、工作队，还是生产队。毛主席要求我们从接管城市的第一天起，眼睛就要盯在这个城市的生产事业的恢复和发展上。"

说着，王震就让作战参谋打开新疆地图，指着天山以南的大盆地，幽默而风趣地说："同志们，你们看，这块地方比南泥湾怎么样？大几百倍吧！这下我们可大有用武之地了！"说完便爽朗地笑了。

经过长期的思索，在王震的头脑中早已经构成进军新疆的蓝图。但当此刻将它付诸实施的时候，却有很多让人意想不到的重重困难。主要是由于进军新疆的路线长，沿途地形复杂，气候恶劣。从酒泉到迪化1253公里，迪化到伊宁698公里；从酒泉到喀什2547公里，喀什到和田514公里。同时，沿途要经过茫茫的戈壁瀚海，翻越高耸入云的雪山峻岭。同时，由于新疆地处塞外边陲，既没有铁路，公路的路况也非常差，接收起义投诚部队的汽车大都是破烂不堪，进疆部队大部分只能依靠双脚徒步开进。此时，又时值10月深秋，西北边陲已渐入冬季，大部分部队的御寒物资还没有准备完备。何况新疆又是一个少数民族聚集地区，语言各异，风俗不同，这给部队进驻新疆带来意想不到的困难。

为此，王震迅速指示全军抓紧进行组织准备，以圆满完成进军新疆、统一西北的大业。同时，王震利用一切空隙时间仔细翻阅大量有关新疆的历史资料，对当年张骞出使西域，班超驻守重镇，唐玄奘去西土取经，左宗棠率领部队进疆的路线，逐一进行认真细致的研究。

早在解放西安的时候，王震就开始注重收集关于边疆政治、军事、地理、历史、宗教、民族、农业、水利等各种书籍和历史资料，在进军途中的间隙反复阅读。在酒泉住的房子里，床上、桌子上等都塞满各种书籍。他在《新疆私议》中获益匪浅，因为这本书列举汉以来经营西域的史例，以此论证新疆安定对我国国防和领土统一的重大意义。作者在书中针对道光七年清朝政府平定新疆叛乱后的局势，提出加强军政建设、慎重处理民族关系以及探明其地水道、开发水利、实行屯田、发展边疆经济和巩固国防等主张。王震从书中吸取了许多宝贵的历史经验，进一步肯定和完善了他开发新疆、建设新疆的战略构想和基本方针。

在广泛涉猎书本知识的基础上，王震还非常注重深入基层对新疆现实情况的调查研究。一方面亲自访问各族群众，另一方面还积极鼓动各级干部深入到群众中去调查访问。一到酒泉，王震就把兵团政治部宣传部副部长马寒冰找来说："现在给你一个任务，去找一些了解新疆情况的人来。凡是到过新疆的，刚从新疆回来的商人、学者、司机、拉骆驼的都可以，我们要向他们请教。"

从酒泉西行70里就到嘉峪关，这里是万里长城西端的尽头。一出嘉峪关，就进入浩瀚无垠的沙海。这里黄沙弥漫，风凉刺骨，放眼望去，满目苍凉。

当时，进军新疆的大军已经在嘉峪关外的玉门、安西、敦煌一线摆开。长期以来，人们对出关无不都怀着异常无限恐惧的心理。历代知识分子也多将离乡背井视为畏途，流传至今的咏唱边关的诗词，虽然气势豪壮，但大都是苦边怀乡之作，洋溢和蕴含着悲观和哀愁。因此，部队到达酒泉后，部分官兵认为战争已经基本结束，革命已经到头，应该回家乡享受幸福。特别是一些年龄比较大的官兵，他们常年忙于行军打仗，没有时间考虑个人婚姻问题，现在革命已经基本胜利，婚姻问题已经成为他们不得不思虑的问题。

部分官兵还无不忧虑地说："我们部队在延安时期就是保卫党中央、毛主席的警备部队，王胡子是延安警备司令。现在党中央、毛主席进了北平，我们进驻北平作中央警卫部队是理所当然的事。可如今连西安也去不了，兰州也不可能，要去西北最偏远、最贫穷、最荒凉的地方。跟着王胡子，一辈子吃了大苦，没有好日子过。"一些富有创造性的官兵还说什么"抗日战争打硬仗，南下北返饿肚肠，烂（南）泥湾里去开荒，胜利以后去新疆，成了光棍，丢了爹娘。"

听到官兵中存在的这些问题和思想反映以后，王震非常气恼。但作为兵团司令员、党委书记的他，决定亲自动手解决这些思想问题，坚定部队指战员进军新疆的决心和信心。于是，他陆续找部分有思想情绪的干部谈心，并组织召开团以上干部大会。

针对部队指战员中存在的混乱思想，联系历代战略家都非常重视新疆屯垦戍边的史实，王震在详尽阐述进军新疆的战略意义时，强调指出："历史上的班超、林则徐、左宗棠都能为祖国统一，不怕千辛万苦出师西域，难道我们今天的共产党人还不如他们？说路途遥远，那时候他们只能骑马坐轿，我们今天还有汽车，苏联老大哥还要给我们派飞机。他们都不怕路途遥远，我们就怕吗？有那么一些人，怕到了少数民族地区讨不到老婆，断子绝孙。今天，我王震当着大家的面保证，我绝不会让我们的部队里出一个和尚！"

说着，王震举起爬山用的木棍敲着那幅地图，凝视着干部们问道："你们自己说，这地图是用什么绘成的？"台下的干部们都瞪圆眼睛，不知道如何回答。

"这是我们中华民族的无数先烈用鲜血和忠诚绘成的!"王震指着地图的上方,表情严肃地继续说道:"老中国的地图就像我们经常说的,像一片桑叶。1945 年国民党和苏联谈判,国民党同意外蒙古独立,这片桑叶的一大块被吃掉。大家看,这里就是从中国完整的地图上划出去的一大块。难道我们还愿意再从我们的版图上少去新疆这一块吗?那 160 万平方公里的土地上,生活着我们勤劳勇敢的各族同胞,你们舍得吗?说句心里话,我是绝对舍不得的!"

说到这里,王震情绪更加激动:"新疆是我们的国土,我们不去,还要我们手中的枪杆干什么,我们还叫什么革命者!"

王震的话深深地感染着台下的每一位官兵。顿时,会场淹没在台下群情激昂的"我们坚决到新疆去!""保卫新疆! 建设新疆!"的呼喊声中。

会场稍微平静后,王震部署了进军新疆的任务:团结各民族,帮助起义部队改编,建立革命政权,改变军民关系,进行大生产运动。

随后,王震慷慨激昂地说:"新疆各族人民一向反对内外反动派的残酷压迫和剥削,他们曾发起无数次反抗反动派压迫的斗争。我们去新疆,是为了正确执行党中央和毛主席的民族政策,也就是全国政协共同纲领中所规定的民族政策的全部精神,必须研究马、恩、列、斯关于民族问题与宗教问题的理论和策略,学习苏联老大哥的经验,应该充分估计新疆自治区 ①、军区和干部英勇、坚决、顽强的斗争功绩,及其与中国人民革命遥相配合的贡献。我们进军新疆是关内外革命力量的会合,应该表示热诚的革命友爱精神,学习他们各民族反压迫的经验教训,把新疆 14 个民族 ② 的 400 余万各族人民团结到中华人民共和国友爱合作的大家庭中来。"同时,针对部队中存在的一些混乱思想,王震郑重地说:"你们回去以后告诉指战员同志们,不要听信敌人故意散布的那些谣言。我请来了历史学家、新疆的商人,还有跑遍了新疆的汽车司机和其他很多各民族的朋友,

---

①　指 1944 年 8 月以后新疆伊犁、塔城、阿山三个民族民主革命斗争的地区。

②　解放前新疆有 14 个民族,其中有塔兰奇族。塔兰奇族是北疆地区对清朝乾隆时期从南疆到伊犁地区耕种的维吾尔人的称呼,实为维吾尔族。因此,新疆世居应实为 13 个民族。

分给大家当老师。请他们给大家讲真正的新疆风土人情、地理、气候、生活方式和历史演变。他们都是我们的朋友，他们讲出来的话才是真话。你们听了尽管提问题，请他们回答，把部队思想上的疑问都解决掉，现在我们热烈欢迎老师们进来！"①

在一阵热烈的掌声中，第一兵团宣传部副部长马寒冰领进一队人来这队人中有维吾尔族、哈萨克族、汉族，有老年人，也有中年人。

王震扬扬手说道："各部队可以把这些老师们请去，召集部队听他们讲课。"会议结束后，各部队负责人都蜂拥而至，争先恐后地邀请"老师"到自己的部队去讲课。

几天后，第六军军长罗元发高兴地对王震说："你请来的那些老师作用很大，许多问题都得到解答。现在各级党委和支部，都让战士们的请战书、决心书给埋了！"

官兵的思想问题解决后，第一兵团进军新疆誓师大会在酒泉召开，王震在会上郑重地宣布：10 月 10 日向新疆进军。

----

① 《王震传》(上)，当代中国出版社 1999 年版，第 440 页。

·第五章·

◎ 在庆祝中华人民共和国成立的大会上，王震向部队宣布了毛泽东、朱德《关于向新疆进军》的命令。顿时，会场变成了欢腾的海洋，许多官兵在一片欢呼声中，把决心书、挑战书纷纷送上主席台，把庆祝大会变成了进军新疆的动员大会。

10月6—8日，彭德怀、王震、第二兵团司令员许光达、第一野战军政治部主任甘泗淇在酒泉同陶峙岳、郝家骏、彭铭鼎、曾震五举行了亲切友好的会谈。

陶峙岳详细地汇报了新疆的政治、军事、经济情况后，彭德怀深刻阐明中共中央、中央军委对国民党起义部队改编的方针、政策，提出对改编中的官兵安置、教育改造等问题的设想。随后，共同商讨人民解放军进军新疆，起义部队改编等事宜以及中共新疆省委、省人民政府、新疆军区等机构的组建问题。

对于起义部队的改编，王震与陶峙岳商定了具体的改编方案。这一改编方案是依据现有人员、武器装备的实际数目，按照人民解放军统一编制制定的，所有待遇与人民解放军没有差异。陶峙岳听后非常感动。王震向陶峙岳谈到屯垦戍边的设想时坦诚道："当兵历来都叫'吃粮'，已经是天经地义的事。现在要当兵的拿起锄头去种粮，这是一种历史的颠倒。这对于人民解放军部队不是很大的问题，因为我们在南泥湾就进行过'自力更生'的大生产运动。可是，要在你领导下的部队里就是一场大革命，特别

1949 年 10 月 10 日，王震（左一）在第二军党委扩大会议上作进军新疆的动员讲话

是对那些军官们可就更难了。这可是陶将军工作上的又一难题啊！"

　　会谈结束后，第一兵团在酒泉城内一家工厂里由王震主持召开了营以上干部大会，热烈欢迎起义将领和代表。彭德怀和陶峙岳分别在会上进行了热情洋溢的讲话，彭德怀对新疆和平起义给予非常高的评价，勉励起义部队将士和旧政府工作人员为建设新新疆作出自己的贡献。

　　此时，"欢迎解放军入疆代表团"由国民党新疆省委政府委员、迪化市市长屈武和哈生木江率领，从迪化到酒泉晋褐王震，表示热烈欢迎人民解放军早日进军新疆。

　　10 月 25 日，在北京参加完全国第一届政协会议后，三区革命领导人赛福鼎·艾则孜乘飞机从北京西郊机场起飞，辗转两天，飞抵酒泉，王震、徐立清等亲自到机场迎接。

　　王震为了解新疆的详细情况，从机场到招待所不到一个小时的路程中，王震向赛福鼎·艾则孜详尽地询问有关新疆的一系列问题，包括山川、河流、物产、民情、宗教习俗、历史典故，王震说："新疆是一个多民族聚集区，在这里工作，对我来说是一个崭新的课题，我要重新学习，做好各族人民的工作，今后希望你在工作上多帮助我。"

10 月 26 日，赛福鼎·艾则孜被邀请到彭德怀的住处开会。王震、徐立清、涂治、阿里木江等 10 余人参加。赛福鼎·艾则孜会上传达毛泽东、刘少奇、周恩来、朱德关于新疆工作的指示后，又详细介绍新疆的历史、民族、社会、宗教、物产和习俗。下午的会议刚开始，话题就转入讨论新疆当前工作的重点。王震首先发言，他在扼要地分析新疆的军事态势和周边国家的政治动向后，建议新疆当前的工作要点时说："我们进军新疆以后，最紧迫的任务就是进行政权建设、恢复经济、剿灭残匪和稳定局势的工作。同时，要认真贯彻党的宗教政策，搞好统战工作。但考虑到新疆特殊的地理环境和社会环境，目前最关键的是尽快完成天山南北的军事部署。我军的先头部队已经进驻迪化，郭鹏军长和王恩茂政治委员正在率领第二军的部分指战员向阿克苏、喀什、和田挺进。根据毛主席、党中央认可的赛福鼎·艾则孜同志的建议，我们已经电令民族军派步骑兵各一个团进驻迪化、阿克苏和喀什。"①

进军新疆，是一项艰苦而光荣的任务，由于新疆幅员辽阔，人烟稀少，交通不便，部队粮秣补给又十分困难。于是，遵照第一野战军前委的指示，王震率领部队做好两手准备：（一）力争和平进军新疆；（二）不能放松战斗的准备，必须做好战斗的准备，才能保证和平进军新疆的胜利。第一野战军前委于 9 月 28 日下达进军新疆的部署："二军将要解放北疆之哈密、奇台、迪化与伊宁自治区，与苏联领土连成一片。六军将进军南疆之吐鲁番、焉耆、库尔勒、阿克苏、和阗、于阗。"②

遇事照顾大局、注重团结是王震一贯的工作作风。在进军新疆前夕，王震考虑到苏联政府已经决定支持 40 架"伊尔"型运输机帮助运输进军北疆的部队，于是便向彭德怀建议，将原先的部署加以改变。彭德怀同意和批准：第二军改为进军南疆，第六军改为进军北疆。

---

① 《王震传》（上），当代中国出版社 1999 年版，第 434—435 页。

② 《中国人民解放军第一野战军文献选编》（二），第 631 页。在进军新疆的实施过程中，第一野战军前委批准王震的建议，第二、第六军任务互相调换。

　　时值隆冬 10 月，塞外边陲大雪纷飞，而部队冬装尚未齐备，由于车辆严重不足，公路年久失修。多数部队战士只得依靠双脚徒步行军，沿途要经过渺无人烟的戈壁瀚海，翻越高耸入云的雪山峻岭。

　　面对这种困境，彭德怀对王震说："新疆的特殊条件，可能给进军部队带来极大的困难，但我相信，你们这支久经战斗考验的英勇劲旅，一定会发扬英勇顽强的战斗作风，为党为人民再立新功。"

　　在庆祝中华人民共和国成立的大会上，王震向部队宣布毛泽东、朱德《关于向新疆进军》的命令。顿时，会场顿时变成欢腾的海洋，官兵们在一片欢呼声中，纷纷把决心书、挑战书纷纷送上主席台，把庆祝大会变成进军新疆的动员大会，指战员们一致表示：一定要把革命进行到底，解放祖国的每一寸土地。

　　10 月 10 日，在王震的率领下，第一兵团将士离开古城酒泉，西出玉门关，北穿星星峡，从空中到陆地，数路大军，齐头并发，向地处西北边陲的新疆展开了气势磅礴的大进军。

　　久经锻炼的指战员，顶风雪、冒严寒、跋山涉水，穿越戈壁荒漠，日夜兼程前进。没有车辆运给养，就自己背上粮、柴、水；没有帐篷，更无房子，就在戈壁滩上露营。由于连续行军，许多战士的脚磨破，腿走肿，但没有一个人叫苦。战士们豪迈地说："我们这支部队具有光荣传统的部队，从井冈山斗争到二万五千里长征，从五台山抗日到参加百团大战，从进占绥、米、葭、吴、青到南泥湾大生产，从南下北返到保卫延安，南征北战，久经考验，冲出了敌人的围追堵截，冲破了重重困难，无论什么艰难险阻，都挡不住我们的脚掌，天山高，高不过我们的鞋底。"

　　为提前进驻时间，平息正在酝酿的反革命叛乱，王震指示王恩茂、郭鹏率领第二军第五师第十五团毅然以急行军速度，横穿"死亡之海"塔克拉玛干大沙漠，解放和田。官兵们身背全部武器装备，迎着刺骨的寒风，在黄沙漫漫的瀚海里，艰难地一步一步顽强前进。进入沙漠腹地后，大风暴突然袭来，狂风卷着飞沙，搅得天昏地暗，使人睁不开眼，站不稳脚，辩不清方向。战士们借着指南针指引的方向，手挽手在风暴中继续前进。在干旱的沙漠里，部队往往整天喝不到一口水，指战员们嘴唇干裂，病号一天天增加，但官兵们发扬阶级友爱精神，互相关心，互相帮助，从战友肩上抢下武器，搀扶着病号，不使一人掉队。就这样，指战员们以每天50 多公里的惊人速度，徒步急行军 15 天，行程 750 多公里，终于胜利到达和阗，粉碎了国民党军的反革命叛乱计划。

正当王震率领大军奋勇西进的时候，隐藏在起义部队中的美蒋特务分子策动驻防哈密、鄯善、吐鲁番、库车、轮台等地部队暴乱，烧杀抢掠，奸淫妇女，残害各族人民，人民解放军闻讯后立即加速前进，赶往出事地点，以迅速果断的行动，平息了叛乱。同时，派部队救灾安民，扶危济困，帮助各族群众重建家园，宣传共产党和人民解放军的政策，揭露反动分子的罪恶阴谋。

·第六章·

◎ 王震率领第一兵团如此迅速地进军新疆，创造了军事史上的奇迹。清朝同治年间，左宗棠率领湘军进疆，用时两年多；1943年8月，国民党军队七万人进入新疆，经过三年准备，用时两年半才进军到迪化、喀什、玛纳斯等地。

11月7日，王震率领第一兵团指挥部从酒泉飞抵迪化，同机的还有第一兵团副政治委员徐立清、参谋长张希钦，第六军军长罗元发、政治委员饶正锡等一行40余人。

早上，王震等在酒泉机场先送走彭德怀前往西安的飞机，转过身来面对其他同志说："同志们，我们也站个队，点个名啊！"随着立正、稍息、报数的口令声后，王震兴奋地看着同自己出生入死的战友们熟悉的面孔，微笑着一个一个地指点着过数后，就挥手让大家登上飞机，随即向迪化飞去。

当天下午，王震一行到达西北边城——迪化，受到国民党新疆警备总司令陶峙岳、国民党新疆省主席包尔汉以及新疆各族人民的盛情迎接。

迪化城如同过年一般，大街小巷张贴满五彩缤纷的欢迎解放军的横幅和标语，各族人民列队在街道两旁，兴奋地挥舞着彩旗欢呼，一些少数民族群众欢快地跳着舞蹈，青年歌手演奏着悦耳的乐曲。王震，愉快地向人群频频招手。

11月8日，迪化军政各界举行盛大欢迎大会。王震在讲话中宣布中共中央新疆分局成立，并代表中共中央新疆分局和进疆人民解放军全体指战员向新疆各族各界人士对解放军的热烈欢迎和爱护表示诚挚的谢意。此前，10月12日，中共中央就已致电彭德怀、甘泗淇和西北局，指示成立新疆党的领导机关——中共中央新疆分局，由王震任书记。

至此，新疆各项工作开始在中共中央新疆分局的领导下有序展开。

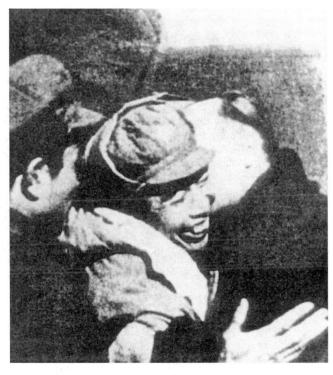

1949 年 11 月 7 日，王震率部抵达迪化后，在机场和前来迎接的新疆省主席包尔汉热烈拥抱

11 月 12 日，为感谢三区各族人民对人民解放军的支持和慰劳，王震乘飞机抵达被誉为"塞外江南"的伊宁慰问民族军官兵，访问各族人民。王震参加了三区革命五周年纪念大会，向三区军民转达中央人民政府和驻新疆全体人民解放军的亲切慰问，对三区官兵在新疆和平解放中所起的作用给予充分的肯定，并号召三区军民在中国共产党和毛泽东的领导下，为建设新新疆而奋斗。王震在民族军总部接见三区民族军派赴南疆工作的干部时，勉励他们与解放军紧密团结合作建设新新疆。他还亲自前往阿合买提江。哈斯木等五位烈士家中吊唁，向烈士家属致以亲切的慰问。王震还深入各族群众中做调查研究。伊宁市各族各界干部群众见王震只带几个人来，也没有特别的护卫，非常惊讶。11 月 19 日，毛泽东电告王震："你们赴伊犁及所采取的态度是正确的。"

迪化是新疆的省会，喀什、伊宁是南疆和北疆的重镇，人民解放军进

1949 年 11 月 12 日，王震飞抵伊犁会见三区民族军干部

驻迪化、伊宁、喀什等地，标志着新疆全境的解放。

王震率领第一兵团如此迅速地进军新疆，创造了中国人民解放军军事史上的奇迹。在漫长的中国革命战争中，王震曾多次带领部队进行创纪录

1949 年 11 月，王震率部到新疆，在迪化机场受到各族群众的热烈欢迎

的"长征"。

王震率领的第一兵团第二军、第六军的七万大军，在严寒的冬季和连续作战没有得到休整的情况下，只用两个多月的时间，行程六千余里，就进驻天山南北的各个重要城市和军事要地，圆满完成了进军新疆的任务，把红旗插上了天山、阿尔泰山和帕米尔高原。在珀纳斯河岸上，人民解放军与坚持向国民党反动派斗争的民族军①胜利会师。两万兄弟部队如久别重逢的亲人，拥抱欢呼。接着，又遵照毛泽东关于"你们的进军任务，包括出兵西藏，解放藏北"的指示，王震指挥驻南疆部队，一面修路，一面进军，翻越喀喇昆仑山，进军藏北，解放阿里地区，把红旗插上昆仑山。从而巩固了和平起义的成果，实现了新疆的和平解放，揭开了新疆社会主义革命和建设的新篇章。

---

① 民族军于 1950 年 1 月 10 日改编为中国人民解放军第五军。

王震与新疆

第一部

殚精竭虑谱华章

---◆◇◆---

　　新中国成立后，王震任中共中央新疆分局书记、新疆军区第一副司令员兼第二十二兵团政治委员、代司令员兼政治委员。当时，新疆经济凋敝，物价飞涨，财政十分困难，各族人民生活极端困苦。解决进新疆部队、起义部队、民族军和旧政府人员的吃饭问题，是摆在王震面前急待解决的问题。

　　于是，王震创造性地执行毛泽东提出的人民解放军既是战斗队、又是工作队和生产队的任务，剿灭土匪，整编起义部队，建立地方各级政权和党的组织，大量培养民族干部，完成全疆的减租反霸和土地改革，积极恢复和发展民族地区的经济、文化等各项事业，做了大量卓有成效的工作。

　　王震从长远的观点出发，把军队屯垦看作是建设边疆，减轻新疆各族人民负担，加强民族团结、巩固西北边防的战略措施。为此，他率领人民解放军驻新疆部队，发扬"南泥湾精神"开展大生产运动。全体指战员风餐露宿，战天斗地，艰苦创业，在两年多的时间里，开荒百万亩，兴建了一批水利工程，在北疆首次种植棉花和甜菜成功，并获得高产，结束了"自古北疆不种棉"的历史。水是制约新疆农业发展的重要因素，王震组织了很大力量投入水利建设，修建了一大批水利工程，农业生产的发展减轻了各族人民的负担。对此，毛泽东在 1952 年签署的《关于西藏工作方针的指示》中指出："我王震部入疆，尚且先用全力注意精打细算，自力更生，生产自给。现在他们已站稳脚跟，取得少数民族热烈拥护。"

在军队大规模垦荒的同时，由于新疆解放前几乎没有现代意义上的工业，王震高瞻远瞩，明确提出要在新疆兴办现代化的企业，培养新疆的工人阶级，发展壮大少数民族中党的组织，号召和动员广大指战员节衣缩食，艰苦奋斗。到 1952 年先后兴建了七一棉纺织厂、八一钢铁厂、十月汽车修配厂、六道湾露天煤矿、八一面粉厂、新疆水泥厂、苇湖梁火力发电厂等现代化的钢铁、纺织、发电、农机、水泥、煤矿工矿企业，不仅为新疆的现代工业奠定了基础，还培养和造就了新疆各民族第一代产业工人队伍。尊重知识，尊重人才，是王震一贯的思想作风。他先是集中力量办好新疆学院（今新疆大学）后，又创办了新疆八一农学院（今新疆农业大学）、新疆军区工业学校等，而后又倡议创办了塔里木农垦大学、石河子农学院、医学院（今合并为石河子大学）等，使新疆的教育事业得到全面振兴。

为确保新疆的长治久安和经济发展，王震坚决贯彻毛泽东屯垦戍边的战略思想。根据他的建议，1954 年中共中央批准驻新疆的 8 个师集体转业成立新疆军区生产建设兵团——这标志着新中国大规模屯垦戍边事业的开端。

·第一章·

◎ 为适应新疆建党建政工作的迫切需要，王震从进疆部队中抽调大批师、团、营、连、排级干部和一部分地方干部，带着地方干部培训班毕业的民族干部，参加各种社会改革的实践，互相学习，互相支持，在实践中锻炼，增长才干，表现好的则吸收入党入团。

新疆和平解放后，新疆境内 13 个世居民族 400 多万人口中，汉族只有 20 多万，民族情况尤为复杂。和平解放前，反动统治阶级长期实行大汉族主义的统治，造成各族人民间的隔阂，民族矛盾异常尖锐，彼此戒备，互相仇恨，以致械斗和仇杀的惨剧时有发生。

妥善处理好历史遗留下来的问题，搞好各民族团结，成为摆在中共中央新疆分局书记王震面前极其重要而又迫切需要解决的课题。因此，王震遵循中共中央、毛泽东制定的民族政策，在率领第一兵团向大西北进军的路途中，以及在进入甘肃、青海等省回民集中地区时，就一直注重教育部队官兵严格遵守和执行党的民族政策。

1949 年 10 月 10 日，部队集结酒泉地区进疆前夕，王震在第二军、第六军党委扩大会上讲话时，语调铿锵地说："历来出关的反动统治者的汉人军队和军吏，都是对新疆各民族实行征服和掠夺的残酷压迫政策。新疆各族人民受尽内外反动派的残酷压迫剥削的，他们具有反抗民族与封建压迫的英勇斗争历史。我们进军新疆要正确执行党中央和毛主席的民族政策，即人民政协《共同纲领》中所规定的民族政策的全部精神。"

1949 年 12 月 17 日，人民解放军进疆部队与三区民族军、新疆起义部队在迪化举行会师仪式。王震（后排右二）和彭德怀（前排右）、张治中（前排右一）一起检阅部队

　　王震称赞新疆三区政府和民族军在长期进行的英勇、坚决顽强斗争精神和他们与全国人民革命斗争遥相配合的贡献时，动情地说："我们进军新疆是关内外革命力量的会合，应该用强烈的革命友爱精神，虚心学习他们各民族反压迫斗争的经验教训和诚恳地帮助他们，以团结新疆 13 个民族的四百余万人民于中华人民共和国友爱合作的大家庭中来。"

　　率领部队进驻天山南北以后，王震还继续在各种场合阐述党的民族政策，做促进各民族友好团结的工作。在此基础上，王震还十分注重培养少数民族干部的工作，以极大精力关怀并亲自手把手地帮助民族干部的成长。

　　1949 年 11 月，毛泽东对西北少数民族工作作出指示说："要彻底解决民族问题，完全孤立民族反动派，没有大批从少数民族出身的共产主义干部，是不可能的"、"一切有少数民族存在的地委，都应开办少数民族干部训练班，或干部训练学校。"①并要求新疆在三年内培养出一万名左右懂得政策又能联系群众的忠实于人民利益的民族干部。

根据毛泽东的指示，王震主持中共中央新疆分局立即着手开办地方干部训练班，主要从文化素质高、思想表现积极的少数民族先进分子中招收学员，进行马克思主义民族观和宗教观的教育，培养各族人民的干部。

遵照中共中央、毛泽东的指示精神，中共中央新疆分局办的第一期地方民族干部训练班于1950年4月初开学。王震在开学典礼上把地方民族干部训练班比喻为"制造人民干部的工厂"。②地方干部训练班不仅中共中央新疆分局办，区党委、地委、县委也办。两年内就培养了1600名少数民族干部。按照这样的进度，可以完成毛泽东提出的三年培养一万名少数民族干部的任务。在庆祝新中国成立一周年的时候，已经毕业和即将毕业的民族干部即有三千六百多人。

当时，为适应新疆建党建政工作的迫切需要，王震从进疆人民解放军中抽调大批师、团、营、连、排干部和一部分地方干部，带着地方干部培训班毕业的民族干部，参加各种社会改革的实践，互相学习，互相支持，在实践中锻炼，增长才干，表现好的则吸收入党入团。中国共产党培养的第一代少数民族干部很快成长起来。王震作为他们的引路人和挚友，在许多少数民族干部心中留下了可亲可敬的形象。这是新疆历史上从来没有过的事，任何其他阶级和政党都没有采取过这样严肃负责的态度培养民族干部。

王震善于把中共中央的方针政策，同新疆民族地区的实际结合起来，创造性地开展工作。如《共同纲领》规定的"反对大民族主义和狭隘的民族主义"，在彭德怀、王震直接领导下制定的《新疆省人民政府委员会目前施政方针》（以下称"《施政方针》"），结合新疆实际，增加"反对英美帝国主义及其走狗所倡导的大土耳其主义"的内容；《共同纲领》规定有"宗教信仰的自由"，《施政方针》根据新疆实际，增加"宗教不得干涉司法行政"的条款。《施政方针》经过新疆省人民政府委员会第一次会议通过并

---

① 《中国共产党主要领导人论民族问题》，民族出版社1994年版，第42页。
② 邓力群：《新疆往事回忆》，1989年2月17日。

1949 年 12 月 17 日，王震在新疆省人民政府和新疆军区成立大会上讲话

公布后，成为新疆各族人民的行动纲领。

1950 年 7 月，中共中央制定关于新疆实行民族区域自治的草案。在征求意见的过程中，少数人不满足于民族区域自治，提出不利于祖国统一和民族团结的政治主张和言论，即提出成立"维吾尔斯坦"，成立以本地民族子弟为主的民族军，解放军撤回内地或解散，拒绝向五军派出的政治委员和排斥汉族干部等错误主张。

为统一对民族区域自治的认识，经中共中央和西北局批准，在王震主持下，中共中央新疆分局以统一民族政策思想为中心内容的扩大会议于 1951 年 4 月 13—19 日在迪化召开，参加会议的有新疆分局委员、省级机关中汉族厅以上党员干部，少数民族科长以上党员干部及准备出席省各族各界人民代表会议的专员、县长以上党员干部，人民解放军第五军、师、团级党员干部共 225 人，其中少数民族党员干部 120 人。会议期间，大家对中共中央的草案进行严肃认真的讨论，经过训练班培养出来的民族干部用刚刚学习和掌握的马克思主义民族观，分析、反对一些人的错误主张，坚决拥护党的领导，拥护《共同纲领》，欢迎人民解放军和汉族干部的帮助。从而使错误意见没有形成大气候，为后来民族区域自治的实现打下了良好的思想基础。

新疆实行民族区域自治，采取由下至上的步骤，前后用五六年的时间。土地改革胜利完成后，首先在少数民族聚居的乡实行民族区域自治，然后再在县一级实行民族区域自治，直到 1955 年 10 月 1 日，中华人民共和国诞生六周年的时候，经过中共中央批准，成立了新疆维吾尔自治区。

·第二章·

◎ 1949 年 12 月底，中共中央新疆分局为包尔汉、赛福鼎·艾则孜等举行了庄严的入党宣誓仪式。王震亲自领着新党员宣读了入党誓词，并讲话说："民族军现已改编为人民解放军第五军，我们要使第五军成为真正在共产党领导下的军队，成为在国际主义精神教育下的军队，成为忠于劳动人民的武装力量。"

1949 年 10 月 12 日，毛泽东关于成立中共中央新疆分局的指示电指出，新疆"应该建立党的组织"。中共中央新疆分局成立后，中共中央又于 11 月 19 日对在新疆建立中国共产党组织问题发出指示，进一步指出："在少数民族中已有一些先进的共产主义分子或同情者"，"在新疆少数民族中建立共产党的组织已有相当的基础。现在开始这种建设，成立中国共产党的新疆组织，并吸收少数民族中的先进分子加入中国共产党是适当的。"

在此之前，毛泽东在北平会见前去参加全国新政协会议的"新疆保卫和平民族同盟"① 负责人赛福鼎·艾则孜时，曾当面对周恩来说："他们那个党的中央委员会委员，可以直接转入中国共产党，可以不要预备期。"

赛福鼎·艾则孜于 10 月 15 日递交了入党志愿书。10 月 23 日，毛泽

_____

① 简称"新盟"。

王震在新疆工作期间批阅文件

东亲自批准赛福鼎·艾则孜的入党申请，由中共中央新疆分局办理有关
手续。

王震主持中共中央新疆分局会议认真讨论毛泽东和中共中央的上述指
示后，于 12 月 14 日作出贯彻执行这些指示的若干规定。这些规定指出：
"发展党的步骤，首先由分局、区党委、市委吸收一批各族先进分子入党，
经过教育，与外来党员配合起来，建立各县、区支部等组织，开展党的工
作。"还对各方面先进分子入党手续定出具体办法。同时规定："为了避免
脱离群众，这些党员可以允许暂时不退出宗教团体，各级党的机关和所有
党员一律公开，以扩大党的影响，接受群众监督。"中共中央新疆分局成
立后，王震十分重视作好少数民族领袖人物的工作，并强调说："要尽快
把基本上符合条件的民族领袖人物及时吸收到党内来。'三区'也好，'七
区'也好，都有一批少数民族中的领袖人物。其中有的已经在共产主义思
想影响下参加了多年的反对国民党反动派的斗争，经过了实际斗争的锻
炼，因此，可以采取'破格'的办法吸收为党员。"王震所说"破格"，一
是不要候补期；二是入党后就可以参加党的各级领导机构当委员。这一个

很有胆略的意见，报告中央后，很快得到同意。

王震于 1949 年 11 月 19 日从伊犁检查工作回到迪化后，针对自己所了解到的实际情况，循循善诱地说："一些民族领袖人物有入党要求，我们要快点儿吸收，快点办手续，在 1949 年年底把手续办完，使他们填表时能多一年党龄。"中共中央新疆分局于 1949 年年底前，在少数民族中吸收了第一批党员。分局吸收了一批，南疆吸收了一批，乌鲁木齐吸收了一批，伊犁吸收了一批。

1949 年 11 月 27 日，包尔汉由王震和徐立清介绍入党，赛福鼎·艾则孜由王震和邓力群介绍入党，陈锡华由徐立清和邓力群介绍入党，在中共中央新疆分局办公室二楼小会议室，由王震主持，徐立清、邓立群、饶正锡、高闻天参加赛福鼎·艾则孜等四人的入党宣誓仪式。

就在 1949 年年底前，在少数民族积极分子中吸收了第一批党员。第一批共吸收四五十名党员，其中有很大一部分是少数民族中领袖人物，如南疆区的买买提明·伊敏诺夫。这些少数民族积极分子入党以后，有的担任了中共中央新疆分局委员，直接参与中共中央新疆分局的领导工作。

王震提出采用"破格"的办法，是经过深入的调查研究后，充分考虑到新疆实际情况才慎重提出的。因为在抗日战争伊始，陈云、邓发、李先念、陈潭秋、毛泽民、林基路等先后在新疆工作过，红军中的一部分人也到新疆，在新疆各民族中撒播了共产主义的种子。除三区革命力量外，七区也有三个地下进步组织：一个少数民族组织，为首的努斯热提，是包尔汉的儿子；一个汉族青年的进步组织；一个散布在新疆各地的红四方面军留下的干部，形势好转后，互相联系后成立的组织。这些组织中有一部分人已具备入党条件；同时，新疆和平解放后，三区民族军编入中国人民解放军的序列。三区革命的领导人，有的成为中华人民共和国的政府官员，有的成为人民解放军的高级指挥员。把这部分积极分子中够条件的同志吸收到党内来，可以使其更直接地接受中国共产党的教育和中国共产党纪律的约束，按照中国共产党的政策，更好地为新疆各族人民服务。

1949 年 12 月下旬，经中共中央新疆分局决定并报中共中央批准，首批吸收了包尔汉、赛福鼎·艾则孜等 15 名党员。1950 年 3 月 2 日，中共中央新疆分局举行新党员入党宣誓仪式。仪式由徐立清主持，王震代表中共中央新疆分局讲话。

在庄严的入党宣誓仪式上，王震亲自领着新党员宣读入党誓词后，动情地说："新疆人民在革命斗争中创立了包括伊宁、塔城、阿区三区的革命根据地，创立了一支由各民族子弟组织成的强有力的民族军，并组成了一个包括新疆各族人民的民主统一战线组织——新盟。伊、塔、阿三区现已成为在新疆人民政府统一领导下的一部分。民族军现已改编为人民解放军第五军，同志们入党以后，中共中央新疆分局就要通过同志们加强对第五军的领导，使第五军成为真正在共产党领导下的军队，成为在国际主义精神教育下的军队，成为忠于劳动人民的武装力量。新盟现已拥有五万多盟员，它今后则是在党领导下的各民族人民的民主统一战线的广泛组织，同志们入党以后，不但不要退出新盟，而且更要加强对它的领导。""我们要团结新疆广大人民，有步骤、有准备地进行社会改革，从削弱封建势力到彻底摧毁封建势力，建设近代工业，发展文化经济事业。此外，新疆人民有义务去援助邻近各省区的藏族、维吾尔族、塔塔尔族、哈萨克族等民族的解放事业。"最后，王震指出："同志们的入党，表明了我们党的壮大与发展，表明了我们与国内各少数民族的血肉关系，表明了各少数民族革命事业的重要发展。"①

自谓"既是送别旧时代的最后一个省主席，也是迎来新疆世纪的第一个省主席"的包尔汉，在回忆录中曾经记述自己在入党宣誓时刻的激动心情："中共中央分局成立后，我就找王震同志谈心，并通过他向党组织正式提出了加入中国共产党的请求。党组织审查了我的政治历史与现实表现，经王震、徐立清同志的介绍，1949 年 12 月 31 日，我加入了中国共产党，未经候补期而成为正式党员，并且担任了中共中央新疆分局常务委员。从此以后，我的全部工作乃至整个生命，就同党领导的社会主义革命和建设事业直接而紧密地联系起来了。""当我面对党旗举起右手进行宣誓的时候，我想起了被盛世才杀害的陈潭秋、毛泽民、俞秀松等优秀的共产党。他们为了新疆各民族人民的翻身解放献出了自己宝贵的生命；也

---

① 《民族政策文选》，新疆人民出版社 1985 年版，第 296—300 页。《王震在赛福鼎等同志加入中国共产党的仪式上的讲话》，1950 年 3 月 2 日。

想起了我在盛世才监狱中写的歌颂毛主席的诗句：'……你开辟了通往真理、自由、劳动者解放和幸福的道路……我是一颗由您的光辉照亮了的星……'"①

从 1952 年冬开始，结合减租反霸、土地改革，在本地民族干部和农民群众中有计划地发展党员。随着本地民族党员队伍的壮大，其中一批优秀党员被提拔到各级党政领导机关和工作部门担负领导工作。中国共产党新疆各级地方组织的建立，使新疆各族人民有了自己坚强的领导核心，从而保证了社会改革和各项工作的顺利推进。

---

① 包尔汉：《新疆五十年》，文史资料出版社 1984 年版，第 376 页。

·第三章·

◎ 1950 年 9 月 25 日，第二十二兵团隆重举行授旗典礼。王震宣读了中央人民政府革命军事委员会的命令，将中国人民解放军军旗授予陶峙岳司令员，并且发表讲话说："在陶峙岳将军领导下的起义部队，经过一年多思想教育改造工作，已经成为中国人民解放军名副其实的军队了。"

中共中央新疆分局成立后，在进行建党建政工作的同时，改编国民党新疆起义部队和三区民族军的工作也被提到重要日程上来。作为中共中央新疆分局书记、新疆军区代司令员兼政治委员的王震，即按照在酒泉商定的计划着手进行国民党起义部队的改编工作。

1949 年 12 月 7 日，新疆军区报经中央军委同意，新疆起义部队和三区民族军改编为中国人民解放军第二十二兵团[①]和第五军。当时，王震率部进驻新疆以后，同陶峙岳接触较多。在两人经常的交谈中，陶峙岳流露出自己在起义时的两种心情：一是"军人守土有责"，这是爱国主义的思想。这个"守土有责"含义比较宽，不仅新疆不能让英国、美国据为己有，也不能让苏联据为己有。还说，"大好河山啊，不能让外国人侵略"；另外，就是"袍泽情深"。对自己的部下，要负责安置。"打仗不能让他们暴尸荒野，不打仗也不让他们流离失所。特别是地处西北边陲的新疆，这一偏远

---

① 包括三个步兵师、两个骑兵师。

1949年王震在新疆军区传达中央军委电令：陶峙岳部改编为中国人民解放军第二十二兵团

地区的士兵将来处境会怎么样？有家不能回，在新疆安家也非常困难。自己心里翻来覆去，放心不下。"作为一个驰骋疆场的军人，陶峙岳不能忘记部下，不能对他们不负责任。而在这一点上，王震恰好能够使他放心。

陶峙岳提出屯垦戍边，安家立业，动员内地的家属到新疆安家，没有结婚的军官、士兵可以回家结婚，结完婚以后可到带到新疆来，这使得第二十二兵团全体将士能够在新疆扎下来，而且能够安下来。两方面的思想都很投机，办法也合理妥当。同时，王震得知起义前国民党政府拖欠部队三个月军饷后，立即进行补发。经过改编，陶峙岳对自己所担心的两件大事完全放心，自己本人的位置也得到了妥善的安置。

中央军委除任命陶峙岳为第二十二兵团司令员外，还任命他为新疆军区副司令员，后任中华人民共和国国防委员会委员，1955年9月被授予上将军衔。陶峙岳还把自己存下的六根金条都交给王震转交新疆军区。

1949年12月13日，彭德怀、张治中主持召开中国人民解放军第一兵团以上干部和起义部队的高级将领一同参加的会议。王震对彭德怀说："我以为，兵团司令员非陶峙岳将军莫属。"彭德怀点点头说："是的。将来，还得让陶将军兼任新疆军区副司令员，做到有职有权，说话算数。古人用将，也讲究用人不疑，对陶将军及其部属，我们要予以充分的信任！"

"我建议，副司令员让赵锡光担任，参谋长还是陶晋初。"王震说。"我也有一个建议"，彭德怀认真地说，"第二十二兵团的政治委员之职，请王震同志担任！"王震笑出声来："请彭总放心。论年龄，陶将军是我的兄长，论经验，陶将军是威名远扬。如今我们走到一条道上，难道还能不精诚团结！"

彭德怀也笑着对王震说："你还没有忘记咱们三位老乡在酒泉会谈时的情况吧，陶将军为人正直厚道，办事认真谨慎，新疆交给你们两人，肯定会有个好结果！……"

12月17日，中央人民革命军事委员会批准将起义部队改编成中国人民解放军第二十二兵团的请示。根据毛泽东、朱德的指示，新生的新疆军区正式成立，并且下达新疆军区负责人的任命：彭德怀兼任司令员，王震、陶峙岳和三区民族军首领赛福鼎·艾则孜担任副司令员。

1949年冬，王震在喀什与维吾尔族农民亲切交谈

12月29日和31日，第二十二兵团和第五军分别在迪化和伊犁举行成立大会。从此，三个不同历史条件下形成的军队正式开始集中整编。陶峙岳以起义部队最高指挥官的名义，发布《为整编部队告起义将士书》，要求全体官兵根据中国人民政治协商会议共同纲领关于军事制度一章中的第20、第21条的精神，在中央人民政府、人民革命军事委员会和新疆军区的领导下，实行统一指挥、统一制度、统一编制、统一待遇供给、统一教育。12月30日，整编后的二十二兵团正式成立，在迪化原警备总部召开兵团成立大会，宣布兵团级所属各师人事安排。陶峙岳担任兵团司令员、王震担任兵团政治委员。

在第二十二兵团成立大会上，王震发表《改造反人民的军队为人民的军队》的讲话，他郑重地说："兵团成立后，将建立党委和政治工作制度，团结原有军官，进行思想教育，对部队中的特务人员进行集训改造，以使这支军队不仅在形式上，而且在思想上、行动上与人民靠拢，成为名副其实的人民军队。"

王震对于起义部队和三区民族军中少数坚持反共立场的反动军官和特务分子，采取严厉的态度；对于他们煽动的武装叛乱，予以坚决地镇压。

1950年2月初，王震带领水利专家前往南疆勘

1950年3月，王震视察刚刚解放的喀什时，身着民族军服装对部队讲话

察水利工程，到达阿克苏第二天，李祖唐派人送来请帖，说要举行便宴为王司令员"洗尘"，在座的军政负责同志都说这是"鸿门宴"，力劝王震不要去。

性格直率的王震从来不信邪，便以坚定的语气说："要去！红旗插在阿克苏，有什么好顾虑的！我们要把工作做到家，要给他们讲明政策，有一线希望和可能，我们都要去做百分百的争取。"

但是，大家还是一再极力劝阻，王震微笑着说："去吧，大家都去！"后又转向随同前来的水利专家王鹤亭说："你也去，也帮助做些转化工作。"

宴席设在李祖唐家中，刚开始李祖唐还装得颇有礼貌，但逐渐就显露出其反动本性，且出言不逊："听说司令员这次亲自出来勘察水利，司令员想必不知道新疆水的厉害，如果当时我们把井填死，从上游把河流截住，背城'决一死战'，还不知道鹿死谁手咧！"

席间，王震放下筷子笑笑，平静地说："蒋介石和我们在全国较量的结果是：狼狈逃窜到台湾，在阿克苏这块弹丸之地上，想创出什么军事奇迹来，恐怕有点儿荒唐！"

李祖唐尴尬地笑着，依然不识趣："司令员驾临敝人驻防之地，敝人愿率部下举行一次军事演习，向司令员领教如何?"

王震果敢地答道："我们和国民党真刀真枪干了几十年，见的多了。你的部队起义了，就要遵守中国人民解放军的三大纪律八项注意，不经新疆军区批准，不准搞什么演习！现在，大局已定，形势非常明朗，你加入陶峙岳将军领导的起义行列，这是明智的行为，人民欢迎你这样做。希望你继续前进，不要后退。建设新中国，有许许多多事要做，谁也包办不了，只有团结全国人民一道来干。我们共产党人从来不搞关门主义，希望你和我们共同建设边疆。"①

话音刚落，李祖唐却说："敝人是浙江奉化人，和蒋委员长有姻亲之谊，要从我的头脑里去掉对他的信奉，这恐怕有点儿……难！"

王震沉思片刻，严肃地说："这也没啥难的，实在去不掉，脑袋还可

---

① 《王震传》（上），当代中国出版社1999年版，第461—462页。

以搬家嘛！"

李祖唐听后，脸色立刻骤变，神情沮丧，宴席间顿时鸦雀无声。

坐在旁边的王鹤亭，从眼前发生的这一切，目睹共产党的磊落胸怀和王震坦荡透彻的心，敬仰之情，油然而生。

王震从南疆回到迪化不久，3月间发生起义部队反动军官勾结乌斯满匪帮叛乱事件：第二十二兵团骑兵第七师，原为国民党骑兵第五军，马步芳的嫡系"王牌"军，是从青海调来专门对付三区革命部队的。这时，这个师有 17 个连队的 2511 名官兵，受反动军官煽动，在迪化地方县（市）先后发动七次武装叛乱。

王震接到报告后，立即召见骑兵第七师师长韩有文[①]和政治委员于春山，严肃地说："叛变和捣乱是没有前途的。"随后，当即下令第六军和第五军抽调部队分途围歼截击，二十多天歼灭 1727 人，遂将叛乱平息。

王震（中）视察第二十二兵团第九军第二十六师

①　曾任国民党骑兵第一师少将师长。新疆和平解放后任新疆维吾尔自治区政协副主席。

武装叛乱事件被平息后，王震命令第六军将骑兵第七师的武器、马匹全部收缴，并改编为步兵师。

3月13日，王震专程写信给师政治委员于春山和韩有文师长："为巩固骑七师，坚决实行政治改造，各团连军士，不带武器马匹，集中团部受训。战防枪交军区装甲连，骑马3000匹，交六军接收。每匹马拨羊4只，共12000只，作为马匹代价，为全师官兵财产。骑七师在改造期间，归罗元发军长、张贤约政治委员指挥和领导。凡有反革命叛乱者，指挥十七师及装甲兵团、飞机，坚决予以歼灭。"①

骑兵第七师叛乱部队的迅速被歼灭，在起义部队中震动很大，部队逐渐趋于稳定。这支部队的广大士兵和一般下级军官，绝大多数都是劳动人民家庭出身，或因生活所迫，或被抓壮丁来当兵，大多在旧社会和旧军中一直遭受着残暴的压迫，怀有殷切的革命希望，改造成人民的军队是完全可能的。王震兼任这支部队的政治委员和党委书记，坚决贯彻党对起义部队团结、教育、改造的方针，花费了极大精力。

广大官兵通过民族诉苦教育，思想觉悟大大提高，兴高采烈地投入大生产运动。1950年1月，王震就偕同第二十二兵团司令员陶峙岳、参谋长陶晋初，第九军政治委员张仲瀚及第二十六师政治委员王季龙等，前往玛纳斯河西岸现地勘察，初步了解到玛纳斯河流域有四百多万亩可垦荒地，并且水土资源丰富，当即与陶峙岳等商定，即将这一地作为第二十二兵团第九军第二十五师、二十六师开荒生产的基本垦区。同时，根据彭德怀要在玛纳斯河西岸（或东岸）建设一座新城的指示，决定将第二十二兵团机关迁往石河子，并以此为中心，建设一座现代化的新兴城市，以便安置起义部队官兵。

1950年9月25日，第二十二兵团隆重举行授旗典礼。

王震宣读中央人民政府革命军事委员会的命令后，将中国人民解放军军旗授予陶峙岳司令员，并且发表讲话说："在陶峙岳将军领导下的武装起义部队，经过一年多思想教育改造工作，执行了中央人民政府毛泽东主席的命令，亲手制定中国人民解放军的统一制度，建立了政治工作，建立

---

① 《王震传》（上），当代中国出版社1999年版，第463页。

1951 年，王震（右二）赛福鼎·艾则孜率领指战员在誓师大会上宣誓，决心超额完成生产任务

了统一的革命纪律和供给制度，进行政治教育，参加劳动生产的各项建设。因此，二十二兵团已经成为中国人民解放军名副其实的军队了。经过一年时间的考验，证明二十二兵团已经站在人民政府的立场，全体指战员拥护中国共产党和中央人民政府人民革命军事委员会的正确领导，所以人民革命军事委员会将英勇、荣誉的'八一'红旗授予陶峙岳将军。我们完全相信二十二兵团全体指战员，今后会紧紧地团结在中国共产党和中央人民政府的周围，保卫祖国的独立、自由、统一和人民祖国领土的神圣不可侵犯。同时，更相信会团结在毛泽东旗帜下为祖国建设，发挥毛泽东式的英雄主义和爱国主义精神，奋不顾身贡献自己一切力量，继续为祖国的光荣而斗争。"

第二十二兵团成立后，为保卫边疆、建设边疆作出了贡献。后来，根据中央军委命令改编为新疆军区建设兵团，成为一支产业大军，成为一支有组织、有训练的强大的警备新疆的国防军的后备力量。

·第四章·

◎ 1950 年元旦，王震找刘明寰说："王政治委员从南疆来电，叫你到他那里去，我不同意。你在南疆不能管北疆，如果你在北疆则可管南疆。现任命你为军区军工部长、省财经委员会委员，协助我主持新疆省财经委员会。"

　　尊重知识，爱护人才，重视和关怀知识分子，是王震的特点之一。为建设新疆，他不遗余力广揽人才，留下了许多佳话。早在第一野战军发动的陕中战役中，在第六军解放西安的同时，王震指挥第二军配合第一、第四军作战，第二军攻占眉县、凤翔、五丈原、虢镇等处。这些地方距离西安比较近，文化教育氛围浓厚，知识青年比较多。

　　早在 1949 年 5 月 21 日，解放后的虢镇是归陕西宝鸡县管辖的城镇。虽然只是一个小镇，但由于临近宝鸡，交通发达，工商业异常繁荣。镇上有一位曾在英国利物浦大学攻读热电专业的刘明寰，他多方凑资开办了一家"兴新纺织厂"。这家小工厂由于受国民党军政当局的盘剥，经营境地非常艰难。王震得知情况后，于当天晚上就驱车专程到刘明寰家中拜访。

　　让人无法预料的是，虽然门已经打开，但刘明寰却让人告诉王震说："主人不在家"。敏捷的王震故作大声地说："请转告刘总，就说解放军一个姓王的来看望他，但愿下一次能够见着他。"

　　第二天清早，王震又专程来到刘明寰家。

　　刘明寰也早已等候在家。

20世纪50年代初，王震（右二）与王恩茂（右一）、包尔汉（左二）、徐立清合影

王震一见面就问："你就是刘总吧？我是王震。"

刘明寰一听"王震"的名字，马上谦虚地说："没有想到将军亲临寒舍，在下实在失礼呀！"

"不必过谦，我好像觉得你家里有点儿什么为难的事，快说出来，我为你分分忧！"王震坦诚的态度，深深感染着刘明寰："工厂由于受社会压力、人际关系的影响而濒临破产！"

听完刘明寰的讲述，王震微笑着说："没有啥愁的，如今已经改天换地，人民的天下从此开始。你有知识，你的天下也应该从头开始！一个热电专家，办一个小小的纺织厂，本来就非你所长。你只要愿意，就请跟我们走，到新疆去，在那里有多少力量你就可以使多少力量，我保你能够发挥全部才能。"

临别时，王震看着依然心存顾虑的刘明寰说："你可以好好想一想，明天我再来看你！"

第二天，正当王震再次去拜访刘明寰时，一些领导干部就非常不满地说："有啥了不起的人物呀！还要司令员亲自去拜访，派人把他叫来就可以。"

听到这种不满的议论后，王震非常严肃地说："别看这个人物在战场上不起眼，在一些人的眼里还有可能成为包袱。可在马上就要开始的恢复经济建设战场上，他比起我这个司令的作用还大呢！"

于是，王震再次见到刘明寰时，就直截了当地说："新疆地处西北边陲，却地大物博，资源丰富，那里基本没有工业。你们知识分子不是最讲究创造吗？没有的事情自己亲手做出来，写进历史，才觉得自豪，才感到是一个名副其实的知识分子。新疆是一张白纸，你去画一幅美丽的画留给后代，你们将来也会成为值得后人纪念的人。"

刘明寰非常感动地说："司令员，我跟你走！可是，我的出身不好，又办了这么个纺织厂。一个资产阶级，不合乎你们共产党的要求吧！"

王震微笑着摆摆手说："莫要有那么多的顾虑。出身有么子要紧的，你不是一直在读书吗？从上小学到外国留学，一读几十年，办这么个小小的厂子算什么？你是个总工程师呀！即使是资产阶级，也是个小小的资产阶级、民族资产阶级嘛！最重要的是你那颗心，心向人民，跟我们到新疆去，为建设社会主义建设出力，就是我们的同志。我向你保证，我王震说话决不骗人。"

就这样，刘明寰参军后被任命为第一野战军第一兵团军工部长。当时，第一兵团部分高级干部却议论纷纷。王震得知这些议论后，语重心长地说："你们的眼光要放长远一点儿！人总要有点学问啊！你们好好学习，谁有他这样的水平，同样给你们师级待遇。你们必须要知道，子弹打不到的地方，科学知识是完全可以打到的！"①

于是，在兰州解放以后，王震委派刘明寰任第一兵团驻兰州办事处主任，主要任务就是动员知识分子、各类专家参加即将和平解放的新疆建设，筹集新疆经济建设所需要的器材和资料。

从此，一大批知识分子参加到第一兵团进军新疆的行列。

1949 年 11 月，由于妻子分娩，刘明寰回到西安探家不久，就接到新

① 《王震传》（上），当代中国出版社 1999 年版，第 397 页。

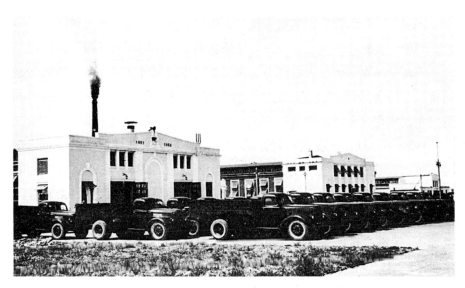
十月汽车修配厂初建时的外景

疆军区司令部的电报，大意是：新疆和平起义，办事处移交给罗章具体负责，你改任财校校长，立即到酒泉乘飞机进疆。

刘明寰办理移交手续后，便带上在进军途中招聘的 104 名学员火速赶到酒泉。连同上次招聘的科技人员及其家属统统交后勤部安排进疆。刘明寰同后任新疆省人民政府副主席和新疆维吾尔自治区副主席的高锦纯和时任兰州军管会秘书长辛兰亭等先期乘飞机进疆后，就前往物资供应局（联勤总部）帮助接管军需工业。

当时的新疆，除兵工厂、造币厂外，其他都是一些手工工厂；汽车修理厂也是破破烂烂；迪化电厂不但电压低，还经常停电。新疆的社会经济状况与内地相比，整整落后 20 年。

刘明寰在古城西安探亲时，偶然在街上遇到以前的一位老朋友说："我弟弟顾谦吉在新疆，因与张治中将军政见不合，被关进监狱。你到新疆后，想些办法把他救出来。"

顾谦吉曾留学美国，在康乃尔大学取得兽医、畜牧两个博士学位。胡适还以校友的关系为他的书作序。顾谦吉曾做过国民党资源委员会西北羊毛改进处处长、新疆省建设厅厅长，是钱昌照的得力助手。这样的人才对和平解放后的新疆搞大生产是很有帮助的。

跟随部队到新疆后，刘明寰得知顾谦吉已被陶峙岳保释出狱。

刘明寰找到顾谦吉后，把他介绍给新疆军区后勤部长甘祖昌。

王鹤亭同顾谦吉过去是资源委员会的同事，又是江苏同乡。王鹤亭是由美、蒋特务关押在公安厅的，顾谦吉说："王鹤亭是个人才，我搞生产需要水，他在这方面是专家，你出面请求王司令员把他放出来。"

1950年元旦，王震找刘明寰说："王政治委员①从南疆来电，叫你到他那里去，我没有同意。你在南疆不能管北疆，如果你在北疆则可管南疆。现任命你为军区军工部长、省财经委员会委员，协助我主持新疆省财经委员会的工作。"1月15日，《新疆日报》发布消息：省政府第五次会议通过：王震、高锦纯……刘明寰、甘祖昌等15人为省财经委员会委员。不久，刘明寰就接到中共中央政务院由周恩来总理签署的任命书。

关于发展新疆农牧业生产，进疆前王震就指示刘明寰在兰州进行初步的规划。随部队进疆后，刘明寰即着手规划新疆的工业建设。

当时，全国刚刚解放不久，百废待兴，中共中央一时恐顾不到西北边疆；同时，由于交通又不方便，依靠内地恐不现实。因此，刘明寰认为新疆当时有些车床还先进，当地又出产优质的棉花，想以此为基础，自力更生先搞一部分纺织工业，解决部队官兵和各族群众的穿衣问题。当时，正挖露天煤矿，有了煤，电的问题也就逐步得到解决。这样，有了纺织工厂、优质棉花、电，还有技术人员和工厂，问题就彻底得到解决。这时，毛泽东率代中共中央表团到苏联访问，新疆分局委派新疆军区政治部宣传部部长马寒冰一同前往。王震让刘明寰拟订请求苏联援建新疆工业的计划。计划译好并打印后，会同马寒冰，向中共中央新疆分局第一书记王震汇报。最后经王震认可，交马寒冰带往莫斯科。

新疆解放后不久，就创办七一棉纺厂。由于刘明寰不是中共党员，王震便派自己的机要秘书协助。这时，外面流传风言："王司令员对刘明寰不放心，让自己秘书监视刘的一切。"

王震听到这些谣言后，平静地对刘明寰说："你没有把我当朋友！说我对你不放心，派我的秘书监视你的一切活动。"

① 指第二军政委王恩茂。

刘明寰无奈地说："司令员，我不会说这样的话，这纯属挑拨、离间我同共产党的关系。"

王震微笑着说："我知道他与你有矛盾，可以开个会化解。"后来，新疆军区后勤部果然召开会议，张英明政治委员和甘祖昌部长都严肃地批评那位传谣的同志，那位同志诚恳地接受批评，并在会上做检查，这场"风波"才遂告平息。

刘明寰曾在西安绘制一张纺织厂计划任务附图，请张重先前往北京，并介绍他去中央财经委员会工作处见任理卿处长。

任理卿说："我同王震同志是同乡，能否请他把刘明寰留在北京工作？"

土震知道后，又批评刘明寰说："你没有把我当朋友！进城后，就忘记老朋友啦！"

刘明寰解释说："没有的话，任老师是你们乡党，过去我在他指导下做了多项工程，他了解我，所以才提出这样的要求。你对我这样信任，让我参与共产党的工作。我想回报您对我的知遇之恩，尚唯恐不及，绝对不会离开您！"

纺织厂工程计划任务书中经中央批准下达后，采用哪一个国家的机器颇费一番踌躇。

刘明寰主张从英国进口，上海纺管局张仿佐①和日本专家常谷川主张买日本机器，理由是英国姑娘身材高，机器是根据她们的身高来制造；中国姑娘身材低，同日本人一样，同日本机器合适。这样，最后就决定从日本进口纱锭和织布机。机器形式已经具备，刘明寰做好设计任务书，由中共中央财委批准，责成纺织工业和华东纺织管理局会审最后定案。工厂土建设计、施工由联合建筑师、工程师事务所承包，工程技术人员由华东纺织局配齐。纺织工厂厂长为该局技术处副处长刘钟奇调任，副厂长由该局翻译应寿纪调任。

王震重用知识分子不但给职务，并且给权利，做到名副其实。

刘明寰到内地出差，王震就给上海的陈毅、曾山、刘绍文等写亲笔信

---

① 后为华东纺织学院院长。

介绍，请求予以特别照顾。

当时，修新藏公路准备进军西藏阿里，刘明寰正在北京，部队发报要银圆。适值王震也到北京出差办公事，很严肃地对刘明寰说："你为何不按时把银圆运回新疆？耽误修公路进军，你可要犯错误！"

刘明寰兴奋地说："财政部向我要计划，我正在做计划。"

王震和气地说："你找薄（一波）主任去，中午到家找他，请他帮助想办法。"

于是，临到中午，刘明寰来到位于北京东西汪芝麻胡同叫开薄一波主任家的门。

薄一波主任问道："是王胡子让你来的？"

刘明寰微笑着说："是，财政部向我要计划，我哪里来得及做计划！先给银圆，计划后面补报行不行？"

就在王震的大力支持和协调下，经过中国人民银行南汉宸行长批示，刘明寰把银圆取到后，到中国人民解放军总后勤部要运输支票，又到铁道部要专列，一路绿灯将银圆运到西安办事处。

在王震的领导下，一大批农学、地质、钢铁、机电、植棉、纺织等方面的专家和一支人数众多的科技人才队伍迅速地成长起来，这为发展新疆的现代化工业和农牧业储备了重要的人才条件。

·第五章·

◎ 当王鹤亭介绍完情况和看法后，王震要把阿克苏、库尔勒、迪化、哈密、绥来、沙湾等地作为部队今后安排生产的重点地方的宏伟蓝图已经逐渐形成。

早在 1949 年 10 月 22 日，新疆著名水利专家王鹤亭乘坐陶峙岳将军派的汽车，带上陶峙岳亲笔写的介绍信，和王义忠、李承琪、王祖奘、卫树藩、田树尧 5 名水利人员一道，前往广袤的南疆地区开始执行王震为其安排的对开都河和孔雀河水土资源的详细勘察。

王震从酒泉乘飞机一到迪化，就通知郭鹏和张仲瀚带王鹤亭一道回到迪化。

第二天一清早，王震在中共中央新疆分局的办公地"新大楼"单独接见水利专家王鹤亭。王震身穿普普通通的黄军衣，面容清瘦，目光炯炯，庄重慈祥。

见到王鹤亭，让其坐定后，待人和蔼的王震微笑着问道："你就是王鹤亭？陶峙岳将军、涂治同志把你向我作了详细的介绍。"

说着，王震就让王鹤亭一起走到挂有大幅新疆地图的墙壁前，开门见山地和其谈论起新疆的山川、土地和水利问题。

"你是学水利的，在新疆都搞了一些什么水利工程啊？"王震转过头问道。

由于新疆和平解放以前，水利建设没有得到国民党新疆省政府足够的

1951年5月，王震和水利专家王鹤亭（前左）一起探勘铁门关水电站

重视，严重制约着新疆各项建设的发展，特别是农业生产的发展。因此，王鹤亭只好面带难色地回答说："司令员，非常惭愧，由于过去困难很多，基本没有搞什么水利建设。"接着，王鹤亭简要地向王震汇报张治中将军在新疆支持修建红雁池水库和和平渠工程的详细情况。这两项水利工程，当时虽然几次追加经费，却由于种种原因，最终还是没有如期完成。

"在新社会，尤其在新疆，你们水利工作者肩上的任务和担子重大啊！"王震继续说道："现在部队进疆以后，根据毛主席的指示，要大搞生产建设，以减轻各族人民的负担。要像以前在陕北南泥湾大生产运动中一样，自力更生，艰苦奋斗，丰衣足食。在干旱少雨的新疆，首先就要搞好水利建设，你愿意和我们一起干吗？"

王鹤亭非常兴奋地接过话茬："司令员，我愿意。这是我学有所用，报效祖国的好机会啊！"

接着，王震向王鹤亭讲到毛泽东关于对待知识分子的政策时说："来西北之前，毛主席就反复叮嘱我进军新疆以后，要很好地重视当地知识分子，充分发挥你们知识分子的作用，为新疆的各项建设贡献你们的聪明才智。"

王震指着地图详细询问王鹤亭几处地方的自然概况，特别是土地和水资源的情况。当时，王震最关心的是哈密、迪化、沙湾、绥来①、库尔勒和阿克苏等地，王鹤亭都一一简要地向王震做了详细介绍。

同时，王鹤亭还扼要地介绍了几项依然没有完成的或做过设计还没有施工的工程——迪化的红雁池水库与和平渠、沙湾的新盛渠、哈密的五道沟渠、石城子渠和石城子水库。

王震全神贯注地倾听着王鹤亭的介绍，不时发出提问，并复述一些重要的概念。他一边听着介绍，两眼不时凝视着地图。

当王鹤亭介绍完情况和看法后，王震要把阿克苏、库尔勒、迪化、哈密、绥来、沙湾等地作为部队今后安排生产的重点地方的宏伟蓝图已经逐渐形成。他语气肯定地说："进疆的人民解放军和新疆的起义部队，还有三区革命部队，共有几十万人。为不增加各族群众的负担，必须立即投入备耕和春耕生产，以便尽快地获取生活资料。一年之计在于春，新疆生产季节又短，更要抓紧时间。所以，必须立即在部队驻地附近首先搞些小型水利，并先利用休闲地或熟荒地种植。"

后来，王鹤亭回忆当时王震与自己谈话的情景时说："王震司令员的谈话，十分振奋人心，使我意识到：一场艰巨的战斗——对新疆自然界中旱魔的作战就要开始了。他的决心是如此之大，刚刚进疆，部队还没有歇脚，就抓紧时间开始筹划军垦生产的大事。他对部队生产的布局安排得如此妥善，特别是对水利抓得这么及时，使我不由得从心底里产生了钦佩之感。虽然这次谈话时间不长，但他对许多关键问题的处理，干脆利索，态度明确。谈话中，我感受到了他对我的信任。我感到浑身热血沸腾。过去，我也曾想效法陕西李仪祉前辈，做一番造福于人民的事业。可是解放前，空有一腔热血，却报国无门。现在，人民解放军进疆搞生产，迫切需要我们在水利方面出力，这也正是我有所作为的好机会，我怎么能不高兴

---

① 今新疆维吾尔自治区玛纳斯县。

呢！于是，我就暗下决心，一定要不遗余力地配合部队，搞好水利建设！"

谈话结束时，王震让王鹤亭跟随自己几天后一起到南疆出差。然后，又介绍其认识了王震的夫人王季青，并让王季青对有关各地的水土资源情况进行详细记录。王季青是王震的得力助手，早年做过地下工作，是一位大学生。她对新疆的水利也非常关心，对人特别和气，对知识分子尤为关心。

回到迪化的新疆省水利局后，王鹤亭把王震接见自己的情况和王震的重要指示进行详细传达，大家听后都非常高兴。

部队第一年进行春耕生产，水利不能耽误，时间已经非常紧迫，必须立即在部队驻地搞一些必要的、简易而又能够很快见效的小型水利工程。于是，作为省水利局长兼总工程师的王鹤亭深感责任重大，而搞水利的力量又太薄弱。当时，新疆省水利局能够用得上的水利技术人员总共不到100人，其中实践经验丰富的工程师不到10人。因此，王鹤亭按照王震的指示组成6个水利工程队，分别负责迪化、沙湾、哈密、库尔勒、阿克苏等地的工程。

1950年春，第二军部队官兵进驻疏勒县草湖，人拉木犁开荒，拉开了军垦第一犁

没有几天，王震便带上张仲瀚、涂治、王鹤亭、王玉胡、朗可等和赴南疆工作的水利工作队开始了南疆之行。

涂治和王鹤亭与王震同车前往。

经过铁门关这个历史上通往南疆各地的险要关口时，大家都下车参观。这里，经过博斯腾湖调节后流出的孔雀河水，清澈见底，但由于行经峡谷，平稳的水流忽然变得湍急，而且出现一段S形的河湾。湾道的两边不仅落差大，而且距离非常近，如果截弯取直，可以建设成为一个很好的水电站。

当王鹤亭把这个想法告诉王震后，他兴致勃勃地马上让大家上山去查看个究竟。

于是，王震带大家经过河上的一个小木桥，向对岸麻扎山马鞍形的山脊攀去。到了山顶一看，深碧色的孔雀河从马鞍形山的东北边流过来折向东去，如同一条衣带一般环绕着马扎山，大概有7公里之遥，流到马鞍山的这一边，形成一个细腰部，又流向下游。就在这细腰部，估计只需要打400余米的山洞，就可以凿通。同时，在洞口上筑坝，适当抬高水位，就可以形成几十米的落差。

查看这个天然的有利地形后，王震非常高兴地说："开发新疆，一定还要修建水电站，充分利用水力资源，为新疆各族人民造福。这个水电站地形条件好，一定要尽快修。"后来，王震派新疆军区测量队去测量地形，并让王鹤亭率领技术人员进行可行性研究，做好规划设计准备工作。

从此以后，每次路过铁门关，王震都要关切地询问水电站勘测设计的进展情况，催促抓紧时间建设。

如今，在风景秀丽的铁门关峡谷段，铁门关和石灰窑两座水电站早已经建成。两座水电站的落差共约100米，发电能力4.74万千瓦，为优质工程。它们为库尔勒、焉耆一带的各项建设和发展提供了强大的电力，成为孔雀河畔上一颗璀璨的明珠。

在库尔勒，王震一面频繁地接见部队和地方的同志，了解情况，一面和涂治、王鹤亭一起研究部队开展生产的问题。

接着，王震又带队西行。

到阿克苏后，王震特地让第二军第五师副参谋长高峰陪同涂治、王鹤亭等到阿克苏河东岸一直到塔里木河察看，后来又让副师长何家产、参谋长赵鸣高陪同到西岸勘察沙井子一带的荒地及从阿克苏河引水的位置。

阿克苏，维吾尔语的意思是"白水"，是水土资源很丰富的地方。阿克苏河上游有发源于苏联的托什干河和库马里克河的两条支流，汇合成阿克苏河后，又滚滚汇入塔里没河。它的年径流量平均为 70 多亿立方米，其流域很有开发前景。

忙了一整天的王震在晚上休息时，还找来涂治、王鹤亭等商讨兴修水利和开垦土地的具体方案。涂治、王鹤亭等提出："一面配合春耕生产，解决临时用水；一面加紧勘测设计阿克苏河西岸大渠①，开垦沙井子垦区。由于沙井子垦区在喀什干线公路旁边，交通便利，古生荒地虽然含盐较多，但土质肥沃，从阿克苏开渠引水灌溉条件也非常好，而且还可以结合修建几级小水电站。"对这个建议，王震完全同意。

---

① 后来定名为胜利渠。

·第六章·

◎　王震对照着图纸看后，又向前走了一里多路，仔细查看这片平坦、肥沃、水草茂盛的土地，满面笑容地说："好！甘部长，我们就在这里办一个苏联式的机械化大农场。在这里办大农场，好处有两点：一是这个地方的土地平坦、肥沃；二是这个地方靠近迪化，有一条通往阿山的小道，土匪经常出没，扰乱迪化附近的社会治安。我们在这里办大农场，可以震慑这些坏东西！你们说，这不是一举两得吗？"

解放后的新疆经济凋敝，物价飞涨，财政十分困难，各族人民生活极端困苦。为减轻各族人民负担，解决部队和各族群众面临的困难，王震率领驻疆部队发扬南泥湾精神，开展大规模的生产运动。这是关系到人民解放军能否在新疆站稳脚跟的大事。因此，以王震为首的第一兵团党委和中共中央新疆分局，向驻疆部队提出"团结建设新疆"的战斗任务。

1949 年年底的一天，王震到北京汇报完工作后返回迪化，刚刚下飞机，就驱车直接奔新疆军区大院，急急忙忙地向办公大楼走去，路上迎面遇见新疆军区参谋长张希钦，严肃地说："请你立即通知机关部、局长以上的同志到我办公室开会。"

张希钦见王震一副严肃的神态，意识到一定有重大的事情，便亲自打电话通知各部、局。

不一会儿，第六军军长罗元发、新疆军区后勤部长甘祖昌和时任新疆军区后勤部副部长，后来担任新疆军区生产建设兵团农六师师长的郑云彪等各部部长都相继进入会议室。

端坐在办公桌前的王震看着张希钦问道："人全部都到齐没有？"

"司令员，除南疆和伊犁的几位领导外，其余的人都已经到位。"张希钦立即答道。

接着，王震环视在座的部长们后，说："我军进驻新疆，吃粮是一个非常突出的大问题。从甘肃酒泉向新疆运一次粮食，路上要用一个团的兵力护送，有的时候还要遭到叛匪的伏击。"

这时，甘祖昌接过话茬说："部队吃粮食要向私商购买，当地的反动头人有粮食不卖，而卖粮食的商人只要现大洋①。因此，每月要用飞机到北京去运一趟银圆来购买粮食。"

听到这里，王震站起来，以藐视的口吻说："马克南曾疯狂地叫嚣'共产党的军队好进不好出，我要亲眼看到他们一个一个渴死、饿死，葬身于黄沙旷野之中'。"参加会议的同志听后都非常气愤。

王震接着说："甘部长到北京向周总理要银圆，周总理把银圆交给甘部长时再三说，人民解放军要驻守边疆，保卫边疆，长期靠别人吃饭，自己不生产是不行的。"②

"这次我到北京汇报工作，毛主席代表党中央要求我们：到新疆后，主要是为各族人民办好事。要屯垦戍边，一手拿枪，一手拿镐，开展生产运动，减轻人民负担，肩负起人民解放军既是战斗队、工作队，又是生产队的光荣任务。"王震继续说道。

于是，遵照王震的指示，在1950年1月10日，新疆军区后勤部组织10余名同志，到迪化北郊20余公里的干德县③进行勘察，根据水源情况选择了可耕的土地。春季组织500多人建立两个小农场。

为减轻各族人民的负担，解决驻守新疆部队的吃粮问题，1950年1月16日，王震在新疆省财经委员会上做了《关于新疆军队生产建设工作

---

① 指银圆。

② 《中国人民解放军第一野战军战史》，解放军出版社2008年版，第332页。

③ 今新疆维吾尔自治区乌鲁木齐市米东新区。

1950 年秋季，驻疆部队生产喜获丰收

的方针与任务》的报告，动员人民解放军一面守卫祖国边防，警卫新疆全境，肃清土匪特务，严防间谍和反革命分子的阴谋破坏，加强训练；一面从事生产建设。王震告诫全体指战员，人民军队不能过米珠薪桂的日子，"我们不能与民争食，相反要助民求食"，"我们要靠自己的劳动，依靠全体官兵动手开垦土地，取得生活资料，来改善官兵生活，增强体质健康，首先克服财政困难，减轻国家和人民负担。"① 23 日，新疆军区发布大生产命令，规定全年开荒种地 60 万亩，要求生产粮食 5000 万公斤，棉花 180 万公斤，每人 1 只羊、1 只鸡、10 人 1 头猪、1 头牛。军队生产方针是：以农业为主，其他各业为辅，达到粮食半年自给，蔬菜肉类全年自给。

1951 年八一建军节刚过，郑云彪副部长向王震汇报关于筹建农场的工作情况。王震查看初步勘测开发农场的草图后，问道："干德县距离迪化有多远的路程？"

郑云彪回答："迪化市北郊 20 余公里。"

---

① 《中国人民解放军第一野战军战史》，解放军出版社 2008 年版，第 332 页。

王震略为思考一会儿说："你和甘部长商量一下，安排个时间我们一起去实地看看。"

8月6日，王震在新疆军区后勤部部长甘祖昌、副部长郑云彪的陪同下，乘坐一辆美式吉普车，在天山北麓浩瀚的戈壁滩上奔驰，沿途可以看见成群的黄羊、狐狸在苇湖和红柳丛中欢快地闪现。汽车途经古牧地、长山子、羊毛工后，在张家庄察看了小农场，最后到达梧桐窝子。

王震阔步走上高高的沙丘，左手叉腰，右手搭在前额上遮阳，仔细地环视周围广阔无垠的平原。

紧随其后的郑云彪向王震汇报说："司令员，这是一片方圆面积20余万亩的冲积盆地，地势平坦，西边有古老的老龙河，东边是自然流成的黑沟河。"

王震对照着图纸看后，又向前走一里多路，仔细查看这片平坦、肥沃、水草茂盛的土地，满面笑容地说："好！甘部长，我们就在这里办一个苏联式的机械化大农场。在这里办大农场，好处有两点：一是这个地方的土地平坦、肥沃；二是这个地方靠近迪化，有一条通往阿山①的小道，土匪经常出没，扰乱迪化附近的社会治安。我们在这里办大农场，可以震慑这些坏东西！你们说，这不是一举两得吗？"

洪亮而坚定的声音，震撼着这亘古荒原。

接着，王震在分析选择农场位置的理由后，非常果断地作出决定："第一个军垦农场就定在这里！咱们说干就干，郑云彪你具体负责筹备农场的工作。"

8月10日，在新疆军区生产代表大会期间，王震把张希钦、甘祖昌、郑云彪召集到自己的办公室说："今天专程把你们三位请来，商议筹建机械化农场的有关事宜。现在全中国都已经解放，我们不能再像南泥湾那样搞生产。根据中共中央和毛主席的指示，我们要办机械化大农场，为军队今后发展生产开创道路。你们要在思想上、工作部署上做好办机械化大农场的各项准备。"

---

① 今新疆维吾尔自治区阿勒泰地区。

8月17日，新疆军区党委批准组建五一农场①。

9月5日，新疆军区机关全体官兵隆重召开"欢送后勤部分官兵奔赴垦荒前线大会"。

会上，王震群情激昂地说："今天我们欢送部分官兵到梧桐窝子去垦荒，执行我军战斗队、工作队、生产队的光荣任务。我们要像苏联那样，在那里建设一个大型的机械化农场，为军队发展生产开创道路，为全中国农民今后走集体化道路作出示范。"同时，任命郑云彪兼任农场场长，秦连贵任筑库工程大队长，新疆省水利局殷良吾为主任工程师。新疆军区从工程处抽调三个中队400多人，后勤部抽调机关干部100多人，组成了一支约500多人的工程队。

9月6日，工程队官兵乘坐20多辆军车，浩浩荡荡地向梧桐窝子进发。经过8天的紧张勘测，秦连贵查清梧桐窝子方圆30公里的土地、河道和海子，绘成图纸后，到迪化向新疆军区后勤部和王震做了详细汇报。

王震与新疆省党政领导一起研究工作

① 后改名为八一农场。

垦荒官兵营地

王震非常认真细致地看着图纸，脸上露出满意的笑容，问道："殷工程师最有发言权，先谈谈你的看法？"

殷良吾指着图纸说："我们主张把水库的位置选择在马桥海子，它位于梧桐窝子的东南，距离3公里。"他用笔轻轻地在图纸上圈了一下，然后指着图纸继续说："黑沟河经过马桥海子，贯穿梧桐窝子，直接下到通古特大沙漠腹地的东道海子。老龙河通过梧桐窝子的西部，也流入东道海子。我们决定在马桥海子的上游挖一条新渠，使马桥海子和老龙河、黑沟河相互贯通。还在马桥海子的北端，横拦黑沟河，修筑五一水库①。"

王震听完汇报后，带着征询的口气对甘祖昌、郑云彪说："明天上午，我们一起再到梧桐窝子去实地察看一下。"

第二天，王震在甘祖昌、郑云彪的陪同下，带着秦连贵、殷良吾，再次来到梧桐窝子巡视。经过实地勘察，王震征求甘祖昌和郑云彪的意见。

郑云彪分析道："水库利用原来的海子，地理位置非常合适，水源有来路。西有老龙河，万一情况有变化，也有退路啊！"

王震点头表示赞同，转过身对殷良吾询问道："你们对水库位置的选择是合适的，发展前途也很大。但必须请水利局做一次地质钻探，看看地

---

① 后改名为八一水库。

质结构是否有问题?"

随后,新疆军区后勤部党委成立筑库工地指挥部,由郑云彪任总指挥,秦连贵任副总指挥,调集 3500 多人在梧桐窝子修水库。10 余里的战线上,红旗招展,人流如潮,整个工地上劳动号子响彻云霄。

1952 年 4 月 12 日,经过一个冬季的艰苦奋战,全长 5254 米的坝堤终于全部竣工。在这个喜庆的日子里,王震又一次来到梧桐窝子。经过战士们的艰苦奋战,这里的戈壁荒漠已经开出了良田,戈壁建起了水库,他兴奋地将农场正式命名为"新疆军区后勤部八一农场",水库为"八一水库",郑云彪被任命为八一农场场长、党委书记。

王震兴奋地对农场官兵说:"这个农场是新疆第一个军垦农场,是依靠自力更生、艰苦奋斗的精神创办起来的。你们做了艰苦而有意义的工作,立了新功劳。希望大家再接再厉,一手拿枪,一手拿镐,把梧桐窝子周围几十万亩荒地变成大粮仓,建设成为塞上江南,闯出一条屯垦戍边的新路,为即将开始的全国经济建设高潮,为创办更多的军垦农场提供经验。还要积极帮助当地人民消灭灾害,发展生产,为新疆人民大办好事,为边疆的工农业建设作出更大的贡献!"

于是,在 20 世纪 50 年代,在新中国西北边陲北部准噶尔盆地南缘广袤的土地上,新增了一个县治标志的黑圆点,旁边标示着四个字:八一农场。这就是王震亲自踏勘、亲自筹建起来的共和国第一个军垦农场。

这年秋季,八一农场种植的小麦、玉米、水稻获得大丰收,基本做到粮食自给。

1954 年 7 月 22 日,八一农场用 30 辆汽车披红戴花,首次向国家上缴 15 万公斤爱国粮。中央新闻电影制片厂拍摄大型新闻纪录片,在国内外放映。苏联《真理报》以《一百零八个日日夜夜》为题,报道中国军队屯垦戍边的英雄业绩。

·第七章·

◎ 会场安静下来后，王震继续说："新疆和平解放，成了人民的天下。有的同志说，'我们久经疆场打天下，今天该享享清福了'，不行啊！国民党给我们留下的是一个烂摊子，我们解放了新疆，还要建设新疆。新疆水土资源丰富，我们要用自己的双手，去创造幸福的未来。而且要创办现代化的国营农场，办工厂、办商业，还要为新疆各族人民造福！"

第六军原隶属第二兵团，攻克兰州后转隶第一兵团建制。进军新疆后，第六军进驻新疆的北疆各地，其中第四十九团随第十七师部驻防迪化，担任城防警戒，保卫中共中央新疆分局、新疆省人民政府和新疆军区党政军首脑机关，维护迪化市的社会治安。

当时，第十七师要开垦迪化以北的一片荒地搞生产，但是原来的和平渠输水量甚小，必须整修扩大才能满足生产的需要。当时，由于没有水泥，专家们便提议用片石砌，共需 7000 立方片石。采石场在迪化南郊的三甬碑，距工地约 25 公里。同时，没有载重汽车，也缺畜力车。于是，师党委决定利用冬季严寒，冰冻路滑，用人拉爬犁拉运片石。

团政治委员穆博彦做动员讲话时，有的干部就不满地嘟哝起来说："咱们在枪林弹雨中冲锋陷阵，出生入死打江山，九死一生。现在革命成功了，也该享享清福。"有的则说："身上穿了那么多窟窿，还要拉石头。"也有人说："自古吃粮当兵，现在还要抡镢头，想不通。"

刚好在这时，第十七师师长程悦长、政治委员袁学凯陪着王震走进会场。

团政治委员把情况进行简要的汇报，王震听后笑了笑，开始讲话："你们四十九团是鄂豫皖红军部队的底子，打起仗来个个像老虎，参加过许多著名的战役。就在保卫延安的历次战役中，也是赫赫有名嘛！青化砭、羊马河、蟠龙镇三战三捷；沙家店、瓦子街战役打得干脆利落；解放陕西省会西安，你们是首先进城的；扶眉战役、兰州战役你们都打得很顽强，很出色。四十九团是一支英雄的部队，党和人民是不会忘记你们的！"

这时，台卜响起雷鸣般的掌声，有的同志高兴得掉下眼泪，有的同志巴掌都拍疼了。

会场悄静下米，王震继续说："新疆和平解放，成为各族人民的天下。有的同志说，'我们久经疆场打天下，今天该享享清福'，不行啊！国民党给我们留下的是一个烂摊子，我们解放新疆，还要建设新疆。我们进疆部队有10万人，陶峙岳将军的起义部队和民族军有10万人，再加上政府工作人员四五万人，每年需10万吨粮食供应，可是农场除去地租、种子和

王震在牧区接见哈萨克族群众代表并亲切交谈

79

口粮所剩无几。再要保证这么多部队的供应，显然是不可能的。粮食问题不解决，解放军在新疆就站不住脚，若从关内运粮，路途遥远，运价是粮价的 7 倍；若从苏联进口，每吨粮食 300 万卢布，10 吨粮食需 3000 万卢布。我们国家还很穷，要走南泥湾之路'自己动手，丰衣足食'，我们部队的官兵，大多数是劳动人民，不仅在战场上是英雄，在生产战线上也一定会是英雄。新疆水土资源丰富，我们要用自己的双手，去创造幸福的未来。而且要创办现代化的国营农场，办工厂、办商业，还要为新疆各族人民造福，为我们美好的明天去劳动、去奋斗，大家赞成不赞成呀！"

"我们坚决赞成、拥护！"会场上响起长时间的掌声。

王震接着说："办农场、办工厂，造福新疆各族人民，这是好事，但这需要钱呀！没有钱怎么办呢？向毛主席要吗？新中国刚成立，百废待兴，我们不能伸手呀，我不当这个'伸手派'。向新疆人民要吗？我们绝不能像国民党那样，从群众身上刮！怎么办呢？我就从你们身上打主意！"

大家瞪大眼睛，疑惑不解，每人的家当无非就是一个背包一支枪，够穷的了，有什么主意可打?!

王震接着说："我们一年发两套单衣，两套衬衣，减一套行不行呢？破了补一补嘛。"

大家一想，行啊！鼓掌，同意。

王震又说："我们现在一年发一套棉衣，在华北的农民是：新三年，旧三年，缝缝补补又三年。我不要求你们穿九年，但两年总是能办到的吧！"

大家笑了——在座的战士大多是华北人，在家哪有一年穿一套新棉衣的呢。于是，都爽快地回答："就这么办！"笑声和掌声表达了大家对王震号召的响应。

王震不无风趣地说："大家看，我们的领是翻的，我们老祖宗的领子不翻嘛，把这块布节省下来行不行呀？"

"行啊！"

"还有我们的上衣有 4 个口袋，哪有那么多东西可装啊，我看，节约一半，变成两个吧！"

王震笑了，师、团首长笑了，干部们也笑了，雷鸣般的掌声久久不息。

王震的讲话，迅速在全师传开。

不久，一场气势磅礴的拉石头会战开始。由老红军程悦长师长、袁学凯政治委员带头，5800名解放军官兵，每人拉着一爬犁石头，犹如一条巨龙，滚滚向前。在浩荡的队伍中，王震司令员也加入拉爬犁的队伍，第六军军长罗元发、政治委员张贤约也拉着爬犁来了……

这一壮举轰动迪化城。饱经苦难的新疆各族人民，何曾见过这样的部队，何曾见过这样的大"官"带头躬身拉石头。

老百姓倾城出动，欢迎这支奇特的队伍。有的人啧啧称赞，有的人热情地端茶送奶给战士。不久，青年学生、机关工作人员、市民纷纷加入到这一劳动大军的行列。

·第八章·

◎ 王震主持剪彩仪式，望着浪花翻滚的渠水，对站在身旁的徐立清、罗元发、张贤约、饶正锡深情地说："广大指战员一手拿镐，一手拿枪，用他们战斗的双手，在天山脚下的准噶尔盆地边缘，打了一个大胜仗！"

修建迪化和平渠是王震率部进驻新疆后奏响的军垦序曲。

1950 年春节刚过，迪化依旧天寒地冻，朔风刺骨。王震主持召开新疆军区专题会议，部署屯垦生产，不久就下达修建和平渠的动员令。同时，还亲自动员省市党政机关、部队和学校的全体工作人员，用各种自制的爬犁拉石头。

迪化河发源于天山山脉，从迪化市区流过，如同一匹脱缰的野马，曾给各族人民带来了无数的灾难。而下游万顷良田由于干旱缺水，无法进行生产。王震想要给脱缰的野马套上笼头，引来天山雪水灌溉良田，在戈壁滩上建花园。

当时，新疆刚刚和平解放，一些政府机关里的留用人员和学校中的学生，还没有经过思想改造，普遍存在着轻视群众、鄙视劳动的旧思想。别说厅局以上的官员，就是科长一级的官员，上下班也要乘坐马拉的皮包车。没有皮包车就不上班。到了下班的时候，如果没有皮包车，宁肯饿肚子也不愿意步行回家去吃饭，认为在街上步行是非常丢人的事情。

在这种情况下，虽然事先给各机关和学校都发了通知，让干部和学生都来参加劳动，但多数人在观望徘徊，真正积极参加劳动的非常少。

2月21日，冰封雪飘，戈壁遍地雪花飞舞，修建和平渠的战斗打响了！

在寒风凛冽的早晨，穿着单军衣，肩上套着拉绳的王震和第六军军长罗元发、政治委员张贤约、副政治委员饶正锡、参谋长陈海涵、政治部主任魏志明、副参谋长谢正浩、第十七师师长程悦长、政治委员张世功带领官兵迎着风雪，向天山脚下进发。

队伍穿过迪化市区，沿途的许多各族市民都好奇地驻足观看，并不解地问道："你们这是干啥去？"

"到三屯碑拉石头修人渠。"走在人群最前面的罗元发军长回答道。

"解放军也修渠种地？"

"边打仗边建设，这是我们解放军的老作风啊！"

"你看，你都快白雪盖头了，是个老兵吧？"

紧跟在王震后面的罗元发说："无论岁数大小，都是人民的子弟兵。你们看，王司令员不也来了吗？"此话一出，站在路旁边的各族市民都争先恐后地像潮水般向队伍涌来。

"在哪里？在哪里？"许多各族干部群众和学生喊叫不停，你推着我，我推着你，踮起脚尖向前搜寻着目标。

由于拉运石头的队伍里有王震和各级指挥员，这对各族群众和学生的影响非常大，都议论纷纷："哎哟！这么大的官，王震司令员都拉石头，真是稀罕呀！这才是人民的子弟兵啊，国民党军队谁干活？！"

这时，欢腾的各族干部群众和学生包围了王震，里里外外围得水泄不通。

王震头上汗气蒸腾，大口喘气，敞开胸襟，躬腰蹬腿，一边用力地拉着石头，一边兴奋地说："人民解放军发展生产，是为了减轻新疆人民的负担，为各族人民办好事！"

各族干部群众和学生听了以后，个个拍手称快。

在回来的路上，由于拉石头时出汗太多，衣服被湿透得如同雨淋过一样，经过风一吹，冻得成了"铁盔铁甲"，后背一片白霜，浑身冻得发抖。为了抵御严寒，王震和官兵们只好拉着空爬犁一路小跑。

王震向水利专家请教水利建设问题

  王震的这一举动，轰动了整个迪化城。"王司令员带头拉石头了！"成为街头巷尾传诵的一条爆炸性新闻。

  于是，迪化各单位、各部门的各族干部群众都迅速行动起来，积极参加到拉运石头的队伍中。就连在杨增新、金树仁和盛世才时期曾为旧政权工作多年的一些老职员，也深受感染，主动参加拉石头的劳动。

  因此，拉石头的队伍在日益壮大。一部分市民、学生、政府部门工作的干部和第二十二兵团的军政人员，都参加到修渠大军，其中还有很多女解放军，都拉着爬犁，赶着马车、牛拉车，甚至"六根棍"车，也加入了部队浩浩荡荡的拉运石头的大军行列。劳动大军汇成了一股巨大的洪流，浩浩荡荡奔向修渠工地。

  从三屯碑，经黑山头，到安宁渠，往返距离25公里。只几天时间，部队和地方拉运的石头就堆积如山。望着拉运石头的滚滚人流，建渠总工程师樊宝兰感慨万千。

  在工程动工之前，樊宝兰向王震汇报说："光渠道两岸就需要片石

7000 立方米，1 立方米按 1500 公斤计算，这么多石头怎么运到水渠的工地上呢？用马车根本不行；用汽车需要 100 辆运一个月，这样光汽油就需要两万加仑。司令员啊，修建和平渠可是'马歇尔计划'呀！"

王震听完后，抬头望着面带难色的樊宝兰问道："你还有什么困难没有？"

"司令员，没有运输工具，寸步难行啊！"樊宝兰直率地说。

"咱们没有汽车，可有的是'拖拉机'嘛！"王震司令员哈哈大笑，幽默地说。

樊宝兰迷惑地问："司令员呐，你哪来那么多的拖拉机呢？"

王震站起身来，右手一挥，大声地说："5 天之内请你看拖拉机吧！"然后，用探询的口吻问樊宝兰："怎么样？"

樊宝兰根本没有想到也不敢相信用人拉爬犁能够解决这样大的问题。5 天之后，只见冰雪路上成百上千的爬犁，载着片石，像流星一样川流不息。

3 月初，大地已经开始从冰雪窒息中解脱出来，被冰雪撕裂的地面，已经醋畅地吸了雪水，变得柔软而疏松。开挖土方工程，渠砌片石、渡槽、跌水、闸门都全面开工，工地上都是忙碌的人们……

剪彩放水的那天，满脸洋溢着笑容的迪化市各族军民迎着灿烂的阳光，站在高高的闸门上等待着这一刻的到来。在喧嚣的锣鼓声和噼噼啪啪的鞭炮声中，只见清澈的冰山雪水，欢快地咆哮着奔腾而下，流向瀚海荒原。

王震主持剪彩仪式，望着浪花翻滚的渠水，对站在身旁的徐立清、罗元发、张贤约、饶正锡满怀深情地说："广大指战员一手拿镐，一手拿枪，用自己战斗的双手，在天山脚下的准噶尔盆地边缘，打了一个大胜仗！"

·第九章·

◎ 由于部队实行的是供给制，指战员们除了每月领取少量的生活津贴费外，没有其他什么收入。所以，资金筹集十分困难。

在万般无奈的情形下，王震决定动员各基层单位和官兵，在完全自愿的基础上，入股集资。然后在供应标准内，分期分批扣除股金，投入合作社建设。同时发给股金证，到年终结算时，按照各人实际投入的数额实行利润分红。

1950 年春天，江南早已是杂花生树，群莺乱飞，但地处塞外边陲的迪化市依然是冰雪覆盖，寒气袭人。

当时，部队刚刚来到迪化市熬过了第一个寒冬，又面临着新的困难：物资奇缺，给养严重不足。如果这些问题不及时解决，就会动摇和影响军心。

迫在眉睫的困难摆在了新疆军区直属工作部部长廖明和副部长陈明池的面前。

一天上午，两人正在商量解决的办法时，王震来电话让两人火速到办公室去。于是，两人急忙赶到王震办公室。

到办公室坐定后，王震直截了当地说："把你们两个人请来，就是要交给你们一个新的任务。军区决定成立军人合作社，由你们两个人负责，怎么样？"

"办合作社？经商？军人做生意？这……"两人疑惑地望着王震。

廖明和陈明池来不及细想，望着王震充满信任的目光，便毫不犹豫地回答："行！"

王震见廖明和陈明池两人回答得非常干脆，高兴地说："由于新疆的经济比较落后，我们面临的是国民党留下的一个烂摊子。现在金融市场又不稳定，物资非常缺乏，国营经济又没有完全建立起来，这些困难局面都要靠我们自己的双手去改变。我们办合作社的最终目的，就是要稳定新疆市场，繁荣新疆经济。第一，为新疆各族人民大办好事；第二，保障部队的物资供应，帮助恢复和发展生产。这件事办好了，不但可以为我们部队挣个好家底，还可以为以后的长远建设打下物质基础。但这项工作很复杂，任务非常繁重，而我们又都是门外汉。"

说到这里，王震忽然提高嗓音，非常自信地说："不过，只要我们继续发扬南泥湾的艰苦奋斗精神，我相信就一定能够成功！"

王震和廖明、陈明池谈话后不久，新疆军区专门召开党委会讨论成立部队合作社的问题。会上，王震语重心长地说："我们要有为部队，为生

1951 年，王震和包尔汉（左）、赛福鼎·艾则孜在一起

产，为各族人民服务的思想；组织部队进行生产，繁荣新疆的市场；接受国家委托代购代销积累资金，扩大再生产。"

会后不久，新疆军区成立了合作社管理委员会，通过了章程，宣布由新疆军区参谋长张希钦担任主任委员，陈明池任副主任委员、总经理和党委书记。

就这样，军人合作社从无到有，从小到大。

一天，工作异常繁忙的王震来到合作社的货架前。一边饶有兴趣地查看的各类商品，一边听陈明池汇报合作社的营业情况。当听说几个月来的营业额持续上升时，非常高兴地说："晤，你们干得不错，很有成绩啊！"顿了顿，又继续说道："你们已经从外行变成内行了，应该好好总结经验，拿出真本领来，天山南北大有用武之地呀！"

这时，陈明池和盘拖出了自己的计划："下一步，打算扩大经营规模，到各基层部队增设营业网点。"

"这个计划非常好，要迅速地加强力量，扩大经营范围，把全疆各地的旧市场操纵权争夺过来，狠狠打击不法奸商，扭转现在的被动局面！"

在听说资金还非常欠缺时，王震深为理解地说："是啊，'巧妇难为无米之炊'嘛！不过，只要依靠群众，就没有克服不了的困难！"

不久，王震在专为解决合作社资金问题召开的党委扩大会议上作出决定："广泛发动部队指战员，节衣缩食，集资入股，依靠集体的力量办好合作社。"

由于部队实行的是供给制，指战员们除了每月领取少量的生活津贴费外，没有其他什么收入。所以，筹集资金十分困难。

于是，在万般无奈的情形下，王震决定采取动员各基层单位和官兵，在完全自愿的基础上，入股集资。然后在供应标准内，分期分批扣除股金，投入合作社建设。同时发给股金证，到年终结算时，按照各人实际投入的数额，实行利润分红。

决议形成后，王震第一个报名入股。

就这样，在王震的带头和影响下，新疆军区各级机关的干部踊跃参加。从此，部队全体指战员不但在饮食上节俭，就连新发的军装上的衣领、口袋盖、裤子兜也都悉数减化，成了创业的基金。

随着物质基础的逐步扩展，陈明池准备在迪化市建造一座大型的综合性商场，并向王震汇报了自己详细的设想。

王震听后异常兴奋地说："好！非常好！只要对新疆各族人民有利，对建设边疆有好处，为什么不干？你们好好干，我保证大力支持，有什么困难，尽管提出来，我一定会大力支持和帮助解决的。"

"基建施工力量不足，恐怕很难确保工程的进度和质量。"陈明池为难地说道。

王震笑着宽慰道："这个问题你不用愁，我们部队里人才多得很。我去召开个党委会，动员群众的力量，搞义务劳动给你把大楼盖起来，可以吗？"

于是，在王震的人力支持下，广大指战员立刻掀起了义务劳动的热潮，争先恐后地为新大楼的建设添砖加瓦。一年之后，乌鲁木齐市最大的商场——八一大楼巍然屹立在各族群众的眼前。

在商场开业前，王震打电话给陈明池说："八一大楼的开张营业，是部队的一件大喜事，也是新疆各族人民的大喜事！一定要搞得隆重些，像

1951 年年底，王震与赛福鼎·艾则孜共同为十月汽车修配厂开工剪彩

样些。我决定，为了做好充分准备，运输部派汽车到西安拉运货物。"

在开业前 5 天，100 余辆解放牌卡车满载各种商品，如一条长龙浩浩荡荡驶入乌鲁木齐市区。如此巨大的阵势，在当时的乌鲁木齐盛况空前，引来无数各族群众的驻足围观和喝彩。

1951 年 10 月 1 日国庆节，是一个晴朗的日子。

就在这一天，八一大楼举行了隆重而热烈的开业典礼。一大早，大楼门前人头攒动，聚集了许多前来参观和祝贺的各族群众。

上午 10 点多钟，中共中央新疆分局、新疆省政府和新疆军区的主要领导前来参加开业典礼。随着鞭炮爆响，锣鼓齐鸣，王震健步上前，发表了热情洋溢的讲话，并亲自主持了剪彩。典礼一结束，人群就如同潮水般涌入大楼。

开业的当晚，王震身着一套合体的黄军装，肩披黑色大斗篷，英姿勃勃地来到八一大楼陈明池的办公室，用湖南乡音高兴而风趣地说："呵，这下你陈明池当上大老板了。怎么样？陈老板，买卖兴隆得很呀！"

陈明池急忙汇报说："好极了，司令员，开市大吉，全天营业额有 100 多万元呢！"

"接待了多少人？"

"少说也有两三万吧。"

"群众反应如何？"

"反映都非常好，很多人都夸赞说，我们这里货物最齐全，价格也合理，服务质量也是第一流的。"

"哈哈哈——"性格开朗的王震满意地开怀大笑起来。

最后，王震又再三叮嘱说："你们的主要任务，就是发展经济，保障供给，繁荣社会主义市场。还要搞好成本核算，积累资金，扩大经营。在工作上，一定要依靠群众，加强党的领导。"

·第十章·

◎ 由于新疆是少数民族省区，王震又仔细叮嘱说："口岸那里是少数民族聚居的地方。你们要执行好民族政策，尊重兄弟民族的风俗习惯，遵守纪律。要组织干部认真学习党的民族政策。"

1950 年年初，为进一步促进中苏之间的经济合作和交流，两国政府签订了贸易协定和具体换货合同。中共中央主管部门随即指示中共中央新疆分局：立即成立霍尔果斯口岸机构，负责进出口物资的接收和发放工作。

一天，王震把长期跟随在自己身边从事警卫工作的张义德叫到办公室，直截了当地说："小张，关于霍尔果斯口岸接管处的组建工作，我考虑由你负责，你去把这个工作抓起来，怎么样？"

看见张义德顾虑重重，王震就耐心细致地说："现在已经不打仗，要进行各项建设。搞建设对我们每个人来说都是一项新的工作，都要从头学习，从头做起嘛！过去，我们在解放区又打仗，又搞生产，又搞经济建设，还不是搞得很好吗？"

由于新疆是多民族聚居区，王震又再三叮嘱说："口岸那里是少数民族聚居的地方。你们要执行好民族政策，尊重兄弟民族的风俗习惯，遵守纪律。要组织官兵认真学习党的民族政策，维护民族团结。"

王震接着说："霍尔果斯口岸归霍城县管辖，你们要同当地政府和当地少数民族干部群众搞好团结。伊犁快要成立区党委了，口岸工作中如果有什么困难和问题，可以请他们协助解决。你去了以后，首先要把口岸机构建立起来，尽快把从苏联进口的物资接收过来。要把物资的种类和数量都要搞得清清楚楚，特别是对工农业生产用的机器设备、运输车辆等，要多加留意。货到口岸以后要马上报告张希钦参谋长和军区后勤部，及时派车运到生产单位去，这些东西我们生产很需要。暂时运不走的，一定要保存好，不能损坏、丢失。出口商品也要交接清楚。"

当时，组建新的单位，干部问题是关键。看着张义德非常为难的样子，王震爽快地说："干部问题你直接去找张希钦参谋长，请他给予安排，由后勤部机关抽调。"

对于通讯联络、交通工具和口岸物资警卫问题，王震严肃地说："我们才进城几天？你是怎么到新疆来的？还不是靠两条腿走过来的啊！哪里没有困难？正因为那里有困难才需要你去克服。要有南泥湾精神，要艰苦奋斗！我已经告诉参谋长，给你配备一部电台，再从军区工兵团派一个连给你。"

就这样，在第三天，张义德就带上人员就离开了迪化。王震还专门派了一辆美国制造的"大道奇"卡车，并决定把车留给口岸使用。

当时，口岸的生活非常艰苦。官兵实行的依然是部队供给制，每人每天半斤粮、1斤菜、3钱盐、5钱油，合计3角钱的伙食标准。附近没有市场，一切生活物资包括日常用的油盐副食品都要到八九十公里外的伊宁市去购买。同时，由于口岸办事处没有一点儿收入，所需要的生活费用全部由新疆军区后勤部按标准拨给，要改善生活非常困难。

一次，王震到口岸看望时，鼓励大家说："大家的生活的确很困难。但是，有些困难目前还解决不了。我要求全体干部，首先是共产党员，要多做解释工作和教育工作，向大家宣传，讲清道理。现在全国，包括我们新疆，都处在经济恢复时期，困难非常多。我们进行社会主义建设，要立足于自力更生的基点，靠艰苦奋斗的精神，战胜困难。眼下，靠上面增加经费开支、增加伙食费是不可能的。所以呀，大家要自己动手，搞好生产来改善自己的生活。"

接着，王震又说："口岸这地方土地很多，土质很好，可以组织力量开荒种菜，种一些粮食。还可以养牛、养羊、养鸡、养猪。但养猪要注意少数民族同志的风俗习惯，尊重他们的宗教信仰。把猪圈起来养，不能让猪乱跑。生产搞好了，既可以改善职工的生活，又可以节约经费开支。过去，我们在南泥湾不就是这样解决的吗？自己动手，丰衣足食嘛！"

根据王震的意见，张义德积极组织官兵利用星期天的时间，大力开荒生产，当年年底就获得了丰收。以后，每到星期天，汉族食堂就宰一头猪，给少数民族同志杀一只羊。由于生活得到改善，官兵的工作积极性有了很大提高。

当时口岸的职工除了一部分老部队的官兵，大部分是国民党起义人员。王震告诫说："不懂业务，不会俄语，工作就永远不能搞好。"于是，官兵掀起了一个学习业务和俄语的热潮。

当谈到国民党起义人员的使用问题时，王震语重心长地说："他们虽然有这样那样的历史问题，但那都是历史造成的，和个人无关。在新中国，在党的教育下，他们会改变立场的。我们要从政治上、生活上关心他们，重用和信任他们。通过工作实践，把他们改造成为新人，够条件的还可以培养他们入党。"

根据口岸工作的特点，王震要求新疆口岸工作人员注意同苏联口岸工作人员搞好关系时说："口岸工作代表国家的形象。不能小看自己，也不能盲目自大。要讲礼貌，工作上要坚持原则，有理，有节。要向苏联学习，他们是老大哥嘛！"

1952 年新疆省贸易公司正式成立，霍尔果斯口岸改归省贸易公司领导，接管处改名为新疆省贸易公司霍尔果斯办事处，原派口岸工作的部队官兵集体转业。

如今的霍尔果斯口岸已经旧貌换新颜，世界各国的商家络绎不绝，成为了中国对外贸易的重要贸易口岸。

·第十一章·

◎ 王震一听，立刻察觉到问题的严重性，只见他剑眉倒竖，沉思半晌一言不发。过了一会儿，果断地说："无论如何，也不能让战士们的身体垮掉！"稍停片刻，咬着嘴唇又说："你们马上派人到师部仓库，传我的命令，先提一万斤大米！"

部队进驻新疆之初，第二军第六师第十七团驻守在开都河畔的焉耆一带。

当时，焉耆盆地的大部分都是没有开垦的处女地，异常荒凉。周围除是一望无际、连绵起伏的褐黄色沙梁外，就是野草丛生的沼泽和白花花的盐碱滩。部队就要在这片土地上扎下根，并要把它开垦成美丽的绿洲。

1950 年春，为早日实现这一艰巨而宏伟目标，刚刚从西北战场上的硝烟中走出来的第二军指战员，在王震的带领下，顾不上休整，就立即投入到轰轰烈烈的大生产运动中。

当时，部队的物质生活条件异常艰苦，没有蔬菜，没有食用油，更没有肉，就连酱油、醋都很难买到。

最让部队领导感到头疼的粮食也异常紧张。为了顺利度过青黄不接的春夏季节，只好实行定量供给。

战士们非常理解当时的艰难处境。然而，却出现了一种"饥饿恐慌症"。

有一天，王震又来到工地视察。师长金忠藩趁机向王震做了如实汇报。

王震一听，立刻察觉到问题的严重性，只见他剑眉倒竖，沉思半晌一言不发。过了一会儿，果断地说："无论如何，也不能让战士们的身体垮掉！"稍停片刻，咬着嘴唇、语气铿锵地说："你们马上派人到师部仓库，传我的命令，先提一万斤大米！"

知道具体情况的金忠藩非常理解地说："司令员，师部仓库的存粮也非常有限，况且还要留一些备用的，恐怕不会给那么多。"

"不行，就是还有一颗粮食，也要给我抠出来。库房备用的粮食另外再想办法解决！"王震坚决地说。

过了一会儿，王震又对金忠藩说："粮食搞来以后，头几天，一定要放开肚皮让大家吃个饱。同时，还要告诉大家，我们的粮食多得很，不用怕！"

金忠藩非常纳闷："粮食库存毕竟还是有限的呀！"

王震看出金忠藩的疑惑，半是责备半是解释地说："事情就坏在你们把粮食紧张的问题宣传得太过分了，给大家造成了一种心理上的威胁。你

1951 年 5 月，王震（左二）视察开都河

们仔细想想，时时担心下顿饭就要断炊，哪个心里不发慌啊？这是一种心理现象，只要我们采取办法，稳住大家，粮食消耗也不见得超支多少，部队的战斗情绪也根本不会受到影响。"

最后，王震有叮嘱一句："算了，对这件事我们事先没有做好思想准备，我有责任，以后啊你们要多加注意！"

·第十二章·

◎ 王震感慨地说："是呀，挖开好几代人的坟墓，让死人搬家，这事儿如果在我们家乡也一样，老百姓没有哪个会高兴去做的。"停顿片刻，王震坚定地说："为了活人的利益，一定要这样做，要给老乡们做好宣传教育工作。我们挖渠，正是为了各族人民造福，是为了这个地区的经济繁荣。老乡们都是通情达理的，我相信，他们是会理解和支持我们的。"

1950 年春，驻疆人民解放军在王震的带领下，在素有"死亡之海"的塔里木大沙漠边缘挖渠筑坝，引泉播种。为放水排碱和浇灌垦区内的几十万亩土地，部队决定从开都河上挖掘一条引水渠道，这就是焉耆解放大渠。

开始，挖渠工作进行得很顺利，可是不久就遇到了麻烦……

原来，按照设计路线，水渠将要经过一片少数民族老乡的墓地。现在，随着渠道的快速延伸，几十座坟墓已经出现在施工队伍的面前。

坟墓挡道，下一步究竟该怎么办？

王震听说以后，急忙来到工地问一个随行的设计人员："你说说，渠道可不可以绕开走？"

"司令员，不行。"设计人员回答说。

无奈，王震派人找来当地一名村干部，询问道："有没有可能请老乡们把墓地移走？"

村干部非常为难地说:"迁移倒是可以,只是动员工作不好做。"

王震感慨地说:"是呀,挖开好几代人的坟墓,让死人搬家,这事如果在我们家乡也一样,老百姓没有哪个会非常高兴去做的。不分哪个民族,这种心理完全可以理解。"停顿片刻,王震坚定地说:"为了活人的利益,一定要这样做,要给老乡们做好宣传教育工作。我们挖渠,正是为了各族人民造福,是为了这个地区的经济繁荣。老乡们都是通情达理的,我相信,他们是会理解和支持我们的。"

几天后,老乡们果然答应了请求。

为对老乡们的行动表示感谢,王震对部队领导说:"要倾尽我们的力量,备办酒宴,好好款待老乡们一次。同时,一定要安抚好当地阿訇,争取他们的理解与合作。"

然而在当时的条件下,备办这样一桌宴席是相当困难的。在大家的共同努力下,居然成功了,而且还非常丰盛。几位阿訇被奉为上宾,受到了热情招待。

可是,让人没有料到的是,第二天有人传话说:"阿訇们对部队的接待非常不满,原因是宴席上将他们和一般老百姓安排到一起,降低了他们的身份!"

这消息真是让人始料未及!

消息传到王震那里,他只是一笑了之,平静地说:"不过就是一顿酒饭的事儿,好办,再单独邀请他们一次就行了!"

当时,有人对王震这种无端忍让表示异议时,王震严肃地说:"我们挖渠本身就是为各族人民办好事的,办好事就要办到底,人民军队连这点气量都没有还行吗?绝对不能因吝惜钱财而因小失大,破坏了军民关系,破坏了民族团结。"

在浩瀚无垠的焉耆盆地,十八团大渠、解放大渠等水利工程是开发这片垦区的命脉所系。在垦区开发建设的最初岁月里,这几条渠道的挖掘工程牵动着王震的心。

有一次,王震又风尘仆仆地从迪化来到这里。一到部队驻地,就拉上金忠藩师长和熊晃政治委员,乘坐吉普车向十八团大渠驶去。

一路上,王震兴致勃勃,不停地询问着战士们的生活和工程进展情况。

可是，不一会儿，王震的话渐渐少了，眉头也慢慢皱了起来。

终于，王震说话了："你们看看这儿有问题呀！前面怎么全部是上坡，以后水怎么能够上得去呢？"

听王震这么一说，大家从车窗向前边望去，可不，在水渠将要经过的地方，越往远处地势显得越高，无疑是一个慢上坡。如果真的按照设计线路挖下去，岂不是劳民伤财，挖一条废渠？这个意外的发现，使大家都不由得愣住了。

怎么办？现在下令停工，亡羊补牢，让工程师重新设计一条线路，还不算晚。

当时，十八团大渠的全部设计施工是由一位名叫李希贤的水利专家负责的，他技术精湛，深受王震的赏识。如今，在这样明显的失误面前，不知道他该如何解释。

王震让车停下来，大家在一起反复观察议论了半天。可谁也没有怀疑，在戈壁滩这样一种特殊地形上，在飞速前进的汽车里，人们的眼睛会产生错觉；而是一致认为工程测量上出了差错。

最后，王震力排众议，毫不迟疑地否决了停工改道的建议，说："我们只是走马观花，凭肉眼观察，拿不出任何科学依据，因此是没有发言权的。李希贤在这方面是专家，我们最多只能算是个小学生，应该尊重专家，相信科学。"

在回来的路上，王震对大家似乎还不放心，又反复叮嘱道："回到部队，切莫声张。不要影响大家的施工情绪，不要影响专家的正常工作。如果真的有问题，我一人负责承担，不准责备李希贤。"

后来的事实证明，当时大家的确是产生了一种错觉。水渠按原设计继续施工，竣工后，波光粼粼的渠水奔腾而去，畅通无阻。

第十三章

◎ 1950 年 6 月 14 日，王震向毛泽东汇报新疆的情况时说："新疆发展，一是缺钢铁，二是没有铁路，我想把这两项搞上去。"毛泽东风趣而幽默地问道："王胡子，我问你，世界上是先有钢铁呢？还是先有铁路？"王震明白了毛泽东的意思，决心先上钢铁。

在军队大规模垦荒的同时，王震又明确提出：要节省军费开支，凑集资金，在新疆兴办现代化的企业。到 1952 年，就先后建立起钢铁厂、纺织厂、面粉厂、发电厂、汽车修配厂、煤矿等现代化企业，培养出新疆的第一代工人阶级，为后来新疆工业的发展打下了坚实的基础。

新中国成立后，由于当时没有钢铁，新疆大多数农牧民仍然沿用古老的二牛抬杠式的木犁耕地，几家人用一把砍土镘①，绝大多数居民住着没有地基的土坯房屋，当地也没有铁路和像样的公路，更没有现代化工业。这种落后的现象让王震非常忧心，他经常深入到天山南北，在进行详细的调查研究后，认识到交通闭塞是影响和制约新疆经济发展的重要因素之一，以战略眼光提出要在新疆建设一座现代化钢铁厂的构想。同时，为尽快把新疆的经济建设搞上去，打算在新疆境内修一条横贯东西的铁路。

1950 年 6 月 14 日，在全国政协第二次会议期间，王震为取得中央

---

① 又名砍土曼，是新疆少数民族的一种铁制农具，用于锄地、挖土等，由木柄和铁头两部分构成。

领导对新疆军区筹建钢铁厂项目的支持，向毛泽东汇报新疆的情况时说："新疆发展，一是缺钢铁，二是没铁路，我想把这两项搞上去。"毛泽东风趣而幽默地问道："王胡子，我问你，世界上是先有钢铁呢？还是先有铁路？"

王震明白毛泽东的意思，决心先上钢铁。新疆办钢铁得到毛泽东的同意后，王震又立即找到当时主持华东军政治委员会工作的陈毅，请求在人才和设备方面给予支持和帮助。陈毅拍着王震的肩膀说："这是件好事嘛!"并答应回上海落实解决。同时，王震请示了当时中央人民政务院主管财经工作的陈云，得到了赞许。陈云肯定地说："你们办钢铁厂我没有意见，按目前我们国家的财力，这条铁路只要不修出新疆是完全可以的，同意王震同志的计划。"

全国政协会议结束后，王震立即返回新疆，并致电上海市催办援助事宜，上海同意援助。要修铁路，必须要有钢轨。此外，新疆解放初期，百废俱兴，从事基本建设需要大量小型钢材。如果这些钢材从外地购买，再运回地处西北边陲的新疆，不但成本非常昂贵，而且由于没有车辆，运输也非常困难。因此，王震决定要在新疆建一个可以扎制中型钢轨的钢铁厂。

当时，上海有一家私营的扎制小型钢材的益华钢铁厂，由于资金和原材料困难，濒临倒闭。有关部门得知这一情况后，立即向王震做了详细汇报。

随即，王震做出了购买益华钢铁厂的全部设备、动员该厂工人和技术人员随设备一起来新疆的决定，并从军费开支中拿出 100 亿旧币①，通过中共中央华东局和华东军政治委员会的批准，把上海益华钢铁厂、新慎昌机械厂等炼钢、轧钢、蒸汽诸设备廉价转让给新疆。又通过国家重工业部钢铁局从河北宣化调来闲置的 100 立方米高炉壳。1951 年 6 月 29 日，华东军政委员会联络局和新疆军区代表在上海正式签署协议。

1951 年 8 月，上海益华钢铁厂拆迁运往新疆时，正值全国国民经济困难时期，交通运输十分紧张，西部铁路只通过西安，而新疆又没有大型

---

① 折合新币 100 万元。

载重汽车，整体设备重量远远超过沿途一些桥梁、涵洞的承载能力，无法运到乌鲁木齐。为此，新疆军区向铁道部提出申请，铁道部部长滕代远亲自作了指示，命令部门不能因为运输问题而影响新疆钢铁厂建设。于是，从上海拆迁的超重设备部件，经铁路由上海运抵西安后，汽车无法向前运。通过外交部请求苏联帮助，经西伯利亚铁路先运到阿拉木图，然后用20吨大卡车运到头屯河畔。

1951年1月，新疆军区八钢筹备组成立。王震任组长，军区参谋长张希钦、后勤部长郝家骏、副部长甘祖昌，军工部长刘明环、政治委员杨一青，新疆重工业厅厅长黄沙等任副组长。2月中旬，王震亲自到北京国家重工业部商谈八钢建厂事宜。确定聘请钢铁工业局顾问、炼钢专家余铭钰到新疆协助建厂，并在北京租赁"新开"旅馆作为八钢设计组23人的临时办公地点。这23人中有教授、专家、工程师、设计师、设计员、绘图员等，还有4名负责技术资料翻译的苏联籍人员。设计组主要负责总体规划和主题工程设计，后来又成立了第二设计组，主要负责矿山、土建、机修、电力、仪表等公用辅助设计等。在短期内，先后完成了《新疆钢铁五年规划程序》、《化铁炉设计及构造》、《乌丁炉设计》、《轧钢设备》等外文翻译资料40余种，为八钢初期建设和生产规划发挥着重要指导作用。接着，王震又到上海落实援建事项，并亲自登门拜访余铭钰，委托他在短期内起草一份八钢厂五年发展规划。

根据王震关于"厂址选定东北疆，最好选定在乌鲁木齐附近，土质较好，交通便利，原来就有建筑物可做工房和宿舍，省钱省事"的六条原则，从1951年1月15日开始全面铺开选厂址工作。经过资料收集和查看厂址的经济地理、地质地貌、气象人文、资源及交通等，专业人员四处奔波，历时40天，翻阅资料700余万字，汇总资料60余万字，又经过慎重对比，严格筛选，从众多厂址目标中选择13个候选厂址地点，然后现场勘察，爬山越岭，风餐露宿，收集整理出9个候选厂点。最后确定在水磨沟和头屯河两个候选地址中选择一个最佳厂址。9月12日，王震带领八钢铁厂筹备组成员张希钦、郝家骏、甘祖昌等深入两个候选点进行现场踏勘。经过详细踏勘、对比分析后，大家一致认为头屯河地域比水磨沟地域条件优越，遂上报新疆军区。9月16日，新疆军区领导经过认真研究后决定八一钢铁厂址设在头屯河。

9月下旬，在王震的亲自带领下，一个现代化的钢铁厂在短短一年中建设得初具规模而且部分地开始投入生产，这不能不说是一个奇迹。其中有一个非常重要的原因，就是在创建八钢的过程中，王震始终重视科技进步和人才队伍建设。建厂初期先后吸纳引进一批专家和快速培养了一大批年轻科技管理人才。包括引进留学美回国的国家重工业部钢铁局顾问、炼钢专家、八钢总工程师余铭钰，留英回国炼铁专家许道生，上海三厂轧钢专家顾乃义，天津耐火专家荣绍舞，益华钢厂机械专家朱允鑫，新胜机电专家范家驹等，以及在国内北大、清华、北洋、

1951年10月，王震参加第一届全国政协第三次会议并在会上发言

复旦、交大、同济、西北工业大学等毕业的技术人员，还有从部队航空学校学员中选送的大学短期学习的钢铁、炼钢、轧钢、炼焦、机械等技术人员。同时，还动员了上海工厂的532名职工和家属随迁到新疆，参加八一钢铁厂的建设。

余铭钰曾留学美国，专攻炼钢学，获得硕士学位，曾有《贝氏炉炼钢》等著作。回国后，在昆明铜矿工作。1936—1937年间，先后任私营上海大鑫钢铁厂厂长、重庆渝鑫钢铁厂总经理兼总工程师、上海钢铁公司总经理、上海益华钢铁厂顾问。

1951年年初的一个下午，余铭钰经过两天的航程由北京辗转飞抵迪

化机场。王震不仅亲自前去机场迎接，而且亲自安排余铭钰在自己办公的新大楼下榻，随后又专门为余铭钰设宴洗尘，热情欢迎余铭钰的到来。王震尊重人才和知识分子，余铭钰早有耳闻，但对自己有这样高的礼遇和盛情接待是事先没有预料到的。

原来，余铭钰决心来新疆以前有很多疑虑，特别是在资金和领导人选问题上。因为钢铁工业是一项耗费巨资的工业，如果没有足够的资金做后盾，将会是举步维艰，而领导人的作用又决定一切，因为事在人为，领导人的英明与否将是决定事业成败的关键因素。因此，在与王震的谈话中，余铭钰非常直率地提出了保证钢铁厂建设的资金问题。

1952 年，王震视察八一钢铁厂时和工人们亲切交谈

王震回答得非常爽快："资金问题你完全没有必要担心！目前新疆近20万的军费，国家仍然照发，但这些军费的绝大部分可用来搞建设。因为自新疆和平解放的那一天起，我们就像当年在南泥湾进行大生产那样，在部队都做到了生产自给或大部分自给。这样，大批的军费就可以省下来。运用军费进行经济建设，是经过党中央和毛主席批准的，这实际是对新疆建设的一种特殊照顾。以20万的军费和全体指战员的生产成果做你的坚强后盾，难道还不能建设一个钢铁厂吗？一句话，你要什么给什么。但有一条，你必须给我炼出钢铁来。"

一番推心置腹的话语说得余铭钰茅塞顿开，爽快地说："这个就请您王书记尽管放心。您准备搞多大的规模，先搞个3吨的怎么样？"

王震仰头哈哈笑道："3吨？这不成了小脚女人？3吨不行，10吨也不行。如果目前搞大型高炉有困难，先搞几个小的也行，但总产量应不少于日产150吨，如果能搞到日产250吨当然就更好了！"

话音刚落，余铭钰惊呆了，这个数字在当时不要说是一个省份，即使在全国来说也是望尘莫及。于是，他不解地问道："您搞这么多钢铁有什么用？"

王震看了看余铭钰，笑道："除了一般的工商业发展需要，主要是想在全国铁路大动脉尚未到达新疆之前，先着手进行新疆境内的铁路建设，而且要争取尽快与苏联中亚地区的铁路接轨。就目前状况看，依靠国家供应是不可能的，只能靠自力更生呀！"

为释怀余铭钰心头的疑惑，王震重点向其介绍了依靠军队发展经济的情况，介绍了正在拟订的两个三年计划，最后高瞻远瞩地说："解决民族问题的根本途径就是要帮助少数民族地区发展经济和文化，特别是要帮助少数民族地区建立现代化工业，促使少数民族自己的现代化工人阶级诞生，从根本上改变少数民族的社会状况，为各少数民族的经济繁荣提供更为有力的政治保证。"

王震这一番敞开心扉的谈话，深深地震撼了余铭钰，不但使他完全消除了来新疆之前的种种疑虑，而且唤起了他青年时代的理想和抱负，自己年轻时留学美国，所以选择冶金专业，就是为了回国后能对祖国的钢铁工业有一番作为。

于是，余铭钰非常爽快地对王震说："好了，您什么也不用说了！我决心献出自己的工厂，而且决心举家西迁！我儿子余宣扬也是冶金工程师，我们父子决心为新疆的钢铁工业奉献自己的一切！"

王震听了特别高兴，紧紧握住余铭钰的手说："看来你也是个非常直爽的人！在这一点上我们倒是有相同之处啊，但愿我们今后合作得非常愉快。"

余铭钰举家西迁到新疆后，王震又专门批示有关部门为他报请一级专家待遇，生活上给予特殊照顾。在分配新疆第一批进口胜利牌轿车时，王震亲自批示分给余铭钰一辆。由于当时轿车很少，一般军师厅局级干部都难以分得，一些人对此很有意见。王震得知此事后，便让主管分车的同志把这些人找来，循循善诱地说道："听说你们对分车有意见。我批给余专家一辆，是因为他能把矿石炼成钢铁。如果你们哪一位也能点石成金，我王震也给你送轿车一辆。我劝各位还是多学点党的政策，特别是党的知识分子政策，不要如此狭隘。"

王震一席话，让这些人面红耳赤，如坐针毡。此事很快传到余铭钰那里，他听了十分感动。

王震对余铭钰不仅生活上关心，政治上也非常爱护，使余铭钰最为感动的是当他受了不白之冤时，王震便以深厚的友情给了他极大的安慰和信任。

在一个万籁俱寂的深夜，王震只身来到位于迪化郊区的八一钢铁厂，叩响了余铭钰的房门。

余铭钰从睡梦中惊醒，开门后见是王震，感到非常意外。

王震进门后，直截了当地问道："老余，你要给我讲实话，你杀过人没有？"

余铭钰一下子惊呆了，忙说："这是从何说起？"

王震严肃地说："有人检举你有此罪行。因为我们是朋友，我才来过问一下。我们党的政策是坦白从宽、抗拒从严。如确有此事，还是坦白为好。"

余铭钰诚恳地说："绝无此事。"

王震点点头说："那好。如确无此事，你也不要紧张，要相信党和政府会查清的。"

说罢，王震遂告辞，刚走出房门以后又突然返回，极为真挚恳切地说："老余，你可要想开点，可千万不能自杀啊！那样一来，可就真的搞不清了。"

面对这些，余铭钰感动得老泪纵横地说道："司令员放心，我绝不会干这样的蠢事。"

事后不久，经调查此案纯属诬陷。王震特意把余铭钰请到家里吃了顿便饭，以示安慰。

1952 年 3 月中旬的一天，王震到小北沟检查工作并看望学生兵。他亲自上矿山，下伙房，查宿舍，中午到食堂煮高粱面土豆疙瘩咸粥。王震盛了一碗，　边吃一边问大家："同志们，苦不苦?"一群生龙活虎的小伙子们围在他身边，异口同声地回答："不苦!"身着老百姓衣服的王震十分感动地说："不苦是假的，是我们的革命精神压倒了艰难困苦！我相信你们一定能够克服这种暂时的困难，幸福一定属于我们!"从 1952 年下半年开始，小北沟矿的数百名学生兵大部分调入八钢厂，部分分配了各类技术管理工作，成为八钢的第一批"钢铁战士"。总工程师余铭钰发明并设计完成了 1 吨涡鼓型空气碱性转炉为冶炼高磷生铁成功，为我国在中小钢铁企业发展碱性转炉起到了重要作用，1964 年 4 月 24 日，他荣获国家发明奖。

八钢厂于 1951 年 9 月 16 日正式开工建设，在超前建设指导和全体指战员的艰苦奋斗下，仅用一年时间的建设周期，于 1952 年 4 月胜利建成。

4 月 26 日早晨，天还不亮，冶炼车间已是灯火通明。按计划，早晨 6 时点火，但不到 5 时职工们已全部到齐，余铭钰同钢铁厂职工迎来了一号化铁炉点火的激动时刻……

经过大家整整三个半昼夜的苦干，于 4 月 29 日下午，整个炉子的运转终于全部正常。一直和大家共同战斗在一线的张劲和余铭钰，也长长地松了一口气。在一旁的王玉胡乘机问道："现在可以报告司令员了吗?"两人微笑着点点头，余铭钰还特别附加了一句话："明天上午 9 时出铁，请司令员前来观看。"

4 月 30 日上午 9 时，王震准时来到八钢厂。一下车就直奔一号化铁

八一钢铁厂一角

炉旁，在厂长张劲和总工程师余铭钰的细心指点下，通过窥眼观察着炉内的情况。

当王震看清那如同初升红日一般的透明躁动的铁水时，兴奋得几乎叫了起来。

余铭钰在王震身旁乘机说："你现在放心了吧！"说罢，亲自指挥炉工打开了出铁口。

当飞溅着火花的铁水从铁口奔流而出，沿着沙槽流向一个沙模时，整个车间爆发出热烈的掌声和欢呼声。

王震也情不自禁地同大家一起鼓掌欢呼，并与余铭钰等以及靠近他的职工们热烈握手，接着又转向车间的全体职工，高声喊道："祝贺同志们的胜利！同志们辛苦了！"

从此，远离内地、交通不便、经济落后的新疆有了第一座小型钢铁联合企业。铁、钢、材相继全面投入生产，填补了新疆历史上没有现代钢铁的历史。1953 年，中共中央西北局财经纪律检查工作组总结新疆工作时称："八钢的创建，在工业建设上确实是一个奇迹。"

王震离开新疆后，依然关心着八钢的发展。1983 年 10 月 27 日，王震在给冶金工业部部长李东冶的信中写道："余铭钰一手创建的钢铁厂，生产新疆建筑钢材（水库水电用材），为发展农牧业起到了极有意义的作用。几次破坏实属痛心，今仍在维持简单再生产，进行革新改造是刻不容缓的任务。请与煤炭部协商把焦炉一起建起来，应立即改建为要。总书记、总理都讲了开发大西北准备指示。首先要把 30 年进疆职工住房解决，总之拖延是错误的……守土卫国，长治久安，屯垦戍边，实为人人有责。"

如今，八钢厂仍以雄伟的姿态耸立在乌鲁木齐市的头屯河畔，为新疆的各项建设做出了巨大贡献。

·第十四章·

◎ 王震摸着前额思索着说："当地群众也要扩大生产，我们不应该和群众合用一条水渠。既然上户渠能够把水引到大墩子来，我们就可以在上户渠以北修一条水渠。"

几位团领导异口同声地说："完全可以。"

1950 年 3 月 11 日，南疆重镇——库尔勒的春天来得特别早，粉红的杏花竞相绽放，吐着醉人的芳香，原野上一望无际的草木也已被和煦的春风唤醒，生出了嫩芽，播种的春麦在广袤的田野上长得格外翠绿。

一天下午，为研究兴修一项大的水利工程和建立军垦农场，王震身着灰平布中山装，内穿一件褪色的黑毛绒衣，绒衣外露着白色的"雁塔"布衬衣，衬领上补着一长条白布补丁，脚上穿着一双黑圆口布鞋，两条黑布带拴在脚面上，兴致勃勃地来到库尔勒十八团驻地。

由于部队是从吐鲁番徒步跋涉来到库尔勒、轮台和尉犁地区，体力消耗非常大，指战员们都严重营养不良。王震看到部队的这种情况后，神色严峻地对于侠团长和阳焕生政治委员说："我们的战士都经历过枪林弹雨，是革命的宝贝。谁要是把他们饿坏了，我是不能轻饶他的！你们身边的轮台就是个余粮区，可以到那里购买粮、借粮嘛！自然，要取得地方政府的支持，做好群众的思想政治工作，坚决不能强购、强借。要严格执行'三大纪律，八项注意'，搞好军民关系。只要渡过暂时的粮食困难，秋收以后就好过了。"

当时，由于十八团为适应军事部署上的需要，分布在东至铁门关，西至轮台南草湖，南至蔚犁铁干里克的5.4万平方公里的辽阔地域上。同时，由于周围就地借种群众星星点点的撂荒地，有的连队竟然分成10多个伙食单位。听到这种情况，王震对于侠团长说："这样太分散，太分散了！也不是长久之计啊！"

于侠微笑着对王震说："司令员，根据老乡谈，库尔勒以南有大片能够开垦的荒地，只是还没有时间顾上去看。"

"要去看看。我一定要亲自去勘察一下。没有一个像样的根据地，像你们这样高度分散，打游击是坚决不行的。"王震无比忧虑地说。

晚饭后，王震和团政治委员阳焕生、政治处主任郭书森等研究部队粮食供应、水利建筑和建立军垦农场的问题。

第二天天刚亮，两辆嘎斯小汽车穿过库尔勒西郊的桑树林，向西急弛行驶。王震、阳焕生、郭书森同坐一辆车。从库尔勒到大墩子是一个长30公里、宽一公里多、树木成林、土地平坦的长条地带，一条上户渠把这里的村庄联结起来。

公路两旁灌木丛生，就如同一条绿色的巨龙蜿蜒在塔里木盆地的边缘。举目眺望，令人感到神清气爽。尽管路面颠簸不平，王震兴致依然很高。随着汽车的行进，他目不转睛地注视着沿途的一切。在田间劳作的一群维吾尔族妇女站起来向汽车招手，王震也面带微笑地向她们挥手致谢。

汽车经过上户村，王震不断地回过头与阳焕生、郭书森谈话说："我们要在迪化河、玛纳斯河、伊犁河、开都河、孔雀河、喀什噶尔河及塔里木河流域兴修水利、升垦荒地建立军垦农场。要在迪化建设钢铁厂、纺织厂、汽车修配厂，还要修建迪化到喀什和穿越天山的迪库公路，要在铁门关修建一个水力发电站。"

说到这里，王震豪迈地说："我们要把新疆建设成为一个工业基地、粮棉基地，把戈壁变成美丽的花园。"

到大墩子后，就已经到了塔里木大戈壁北部的边缘，一望无际的戈壁瀚海，在强烈的阳光照射下，闷热的气流，夹着细沙的热风，使人觉得特

王震在新疆天山牧场

别闷热和心慌。

汽车在一片沙丘地带行驶，司机小陈加足马力只走了半公里多路，后轮就"呜——呜——"地空转起来，再也走不动了。

王震看见第二辆车也在后边停了下来，就微笑着说："沙窝里想坐车，是不行啦，步行吧！我们这些步兵就有这个本领，人迹到不了的地方，我们照样可以进出。"

领路的是团参谋长黄云卿，王震紧随其后。一行人走过，沙地里留下了一行亘古没有的脚窝。在戈壁的沙地里行走特别费力，王震一脚一个深坑，一步一步向前走着。

在一个长满红柳的沙包下休息时，郭书森特意把几个最好的香梨递给王震。而王震执意要把梨子分给大家吃。

由于阳焕生身体弱，躺在一个沙包上动也不动。

王震开玩笑地说："热天对身体比较瘦弱的人来说并不可怕。你们看于侠团长是个胖子，汗水都把衬衣浸湿了。"

王震这么一说，引起大家一阵笑声，仿佛疲惫也减轻了许多。

郭书森俏皮地说："司令员，你看你自己——"

王震低下头用右手摸着衣领子："呵！我的衣服也湿了！"又引起一阵笑声。

休息后继续往前走，大约走了两个小时，走过了一片沙丘地带，眼前出现了一大片长满半人高芦苇的荒地。王震马上被这一片平坦肥沃的土地迷住了。他站在芦苇地里，不由得笑起来，对阳焕生政治委员说："你看，这一片黄黄的芦苇像什么？"

阳焕生用朗诵诗的口吻说："如同一片成熟的麦海。"

王震接着说："这儿比南泥湾还好！"

说完，王震擦了擦额头上的汗水，弯下腰用双手捧起一把土，两眼久久地打量着，然后又用舌头尝了尝，说道："有些盐的味道，这土壤需要改良。"

于侠手里也捧着一些土说："只要把水引到这里来，长庄稼是不成问题的。"

王震和于侠、阳焕生来到一个沙包上，用手指着远处说："这一片土地至少有十几万，可以建立两个军垦农场"。王震比刚才更兴奋了，以坚定的口气说："就这样决定吧——你们十八团就在这里建立军垦农场！"

于侠马上回答道："我们一定按照司令员的指示办，秋收以后就把团部搬到这里来。"

一阵狂风之后，殷红的太阳已经被西山吞没，天空渐渐暗了下来。王震一行当晚就在大墩子住宿。

大墩子只有几户维吾尔族和回族人。郭书森与司机小王跑遍了全村，才找了几张简陋的木床和几床被子，在一个经文学校里住下来。

晚上，王震和团领导在一盏昏暗的清油灯下，围着一张地图毫无倦意地谈论着。

黄云卿详细地向王震汇报了当地的水利资源情况——在荒地西北，库尔勒的北山，每年都有山洪暴发，肆虐的洪水要在每年8月份才出山。北山都是风化石，修水库非常困难。并且水流经过一片宽广的戈壁，水的渗透和蒸发都很严重。依靠北山的洪水，不能供农田常年使用。大墩子以

113

20世纪50年代，王震深入田间视察研讨农作物生长情况

东，有一条上户渠从孔雀河分支，长达35公里，如果把这条渠加宽并延伸到荒地，基本上可以解决农场用水问题。

王震摸着前额思索着说："我们是人民的子弟兵，开发新的垦区，只做到不与民争地、争水是远远不够的，还要时刻想着为各族人民办好事。当地群众也要扩大生产，我们不应该和群众合用一条水渠。既然上户渠能够把水引到大墩子来，我们就可以在上户渠以北修一条水渠。"说着，拿起红色铅笔，在孔雀河出口处的艾乃孜到库尔勒之间，画了一道粗粗的红线，确定了新干渠的位置，勾画出了开发乌瓦垦区的蓝图。

几位团领导凝望着地图，异口同声地说："完全可以！"

王震思索了一会儿，又说："这条渠可能工程量很大，但修这条渠要有第二步打算——将来要把开都河改道，不准开都河的水流入博斯腾湖，把它直接注入孔雀河，加大孔雀河的流量。你们修这条渠今后的灌溉面积应该扩大到20万亩地。"

第二天在返回库尔勒的路上，王震不时让车停下来，跑到上户渠边，一会儿用柳条试一试水的深浅，一会儿又把手伸到水里抓出一把泥，看一看渠底的土质。

回到团部以后，王震就着手安排垦区的水利工程建设，指派水利工程师李希贤率领勘测队丈量设计，核计上户、大墩子生活用水和生产用水总量，确定渠道的规模，并亲自给这条渠定名为"建新渠"。

· 第十五章 ·

◎ 在休息的间隙，王震对指战员说："同志们刚收完庄稼，又发扬我军连续作战的优良作风，投入挖渠工程。大家睡戈壁，打赤脚，在这样艰苦的条件下，平整出几百亩一块的大田，就好使用拖拉机。明年引水种上庄稼后，同志们就可以动手砌一栋栋的新房子，不再住地窝子了。"

1950 年 10 月 17 日，王震带着秋季收获的喜悦，风尘仆仆地来到十八团南大渠视察施工现场。

在仔细查看施工的进度后，王震语重心长地对设计施工的水利工程人员说："大渠两边要栽上柳树、果树。水、田、林、路要结合起来统一规划，争取全部工程一次完成。"

这南北两条大渠，后来分别命名为解放一渠和解放二渠。

当天下午，王震又来到建新渠工地。跳下车就和战士们一起挖土，搬运石头，和战士们亲切谈心。

当看到挖渠的战士们都光着脚，背石头的几个湖南籍女青年，绳子断了，就把自己长长的辫子剪下来当绳子用，王震心里非常感动。

在休息的间隙，王震给指战员们做形势报告，谈到挖渠时动情地说："同志们刚收完庄稼，又发扬我军连续作战的优良作风，投入挖渠工程。大家睡戈壁，打赤脚，在这样艰苦的条件下，平整出几百亩一块的大田，就好使用拖拉机。明年引水种上庄稼后，同志们就可以动手砌一栋栋的新房子，不在住地窝子了。在渤海建军的时候，你们不是有个口号叫'打倒蒋介石回老家'吗？我却把你们带到新疆来，要你们在这里安家。革命军人的家在哪里？在脚下。革命哪里需要，就在哪里安家！新盖的房子，要上有顶棚，下有地板，窗子上安装起玻璃。将来铁门关水电站建成了，还要安装电灯。一排人睡一间大炕的营房要不得，要隔成一间间的小房子，好让你们接来老婆安置小家。一两万人住这里，这里就出现一个小城镇，将来就会成为一个新兴城市。建家立业，就是建设边疆。为了这一天早日到来，眼下吃点苦，我相信同志们还是乐意的!"

指战员们都陶醉在王震描绘的美好境界里，以至话讲完了，大家还呆呆地站在那里，竟然忘记了鼓掌。

在回去的路上，王震又语重心长地对团领导说："战士是最可宝贵的。谁要是进了大城市，住上洋房子，不关心战士们的生活，那就是最大的罪过。"

当时，建新渠的渠线要通过一户维吾尔族老农的一个果园，当地政府多次动员这位老农搬家，还许诺给他最好的土地。但老农却坚持说："我的果树已经栽下四五年了。今年指望收了桃子、杏子，养活全家呢。不给我果园，我不能搬。"

王震得知这个情况后，就对阳焕生政治委员说："军队生产建设不能丝毫侵犯群众利益，要尊重群众的意愿。工程指挥部修改渠位设计，让渠道拐个弯绕过这户农民的果园。"

1951年5月1日，长达48公里的建新渠首期工程完工。这是驻新疆部队建成的第一条大渠。

王震邀请国家水利水电部专家王光钊、水泥专家陆宗贤和新疆省水利局长王鹤亭专程赶到库尔勒，参加了这次放水典礼。

庆典开始后，王震兴奋地跳进大渠，和战士们一道鼓掌欢呼，亲自剪彩放水。

王震热情洋溢地说："这条大渠是库尔勒地区人民和军队的光荣。我代表新疆分局和军区党委表示热烈祝贺，并将这条大渠命名为'十八团渠'"。

在雷鸣般的掌声中，王震号召当地军民："要团结起来，用自己勤劳

1951年5月15日，在第二军第六师修建的库尔勒十八团水渠的放水典礼上，王震兴奋地跳进渠水中热烈鼓掌

的双手把焉耆、库尔勒大地建设成为富裕的农庄果园，建设成一座新型的工业城市。我们要在铁门关建水电站，实现电气化；要开发塔里木河下游地区，把山上的石头和江河湖泊的水利资源，都开发利用起来，变成人民的物质财富"。

大渠的建成，为三个团场和卡尔巴克、上户两个乡的30多万亩土地，提供了充足的灌溉用水。目前，这个灌区已经成为巴音郭楞蒙古族自治州和新疆生产建设兵团农二师重要的粮食、棉花和香梨生产基地。

如今的库尔勒地区，沿着当年王震所画的红线，早已经出现一条宽阔、绵长的渠道。明净的渠水流进大墩子以西的荒原，荒原上依次排列着现代化的军垦农场：整洁的房舍，葱绿的林带，一望无际的麦海和棉田，拖拉机和康拜因在轰鸣……这一切交织成为一幅幅绚丽的图画。

·第十六章·

◎ 王震环顾四周，顿了顿说："同志们，我们要把新疆在三五年内建设起机械化的国营农场。你们要学会开拖拉机、播种机、收割机，把自己从手工劳动中解放出来，给新疆各族人民创造巨大的物质财富！老祖宗没有办到的，我们要办到！"

1950年初春，王震与著名农学家涂治、水利专家王鹤亭和原第二军第六师师长张仲瀚①，穿越白雪皑皑的天山，风尘仆仆地来到南疆地区的铁门关进行水利勘察。

王震与张仲瀚商议在铁门关修建一座水电站，把库尔勒变成工业城，把塔里木盆地建成盛产粮棉的基地。

一天下午，为解决兴修一项巨大的水利工程和建立军垦农场的事，王震决定亲自到库尔勒十八团驻地来。吃过晚饭，大家早早地来到团司令部会议室静静地等着。

王震走进会议室，只见他穿着一身灰平布中山装，脚上穿着一双黑口布鞋。他和大家聚精会神地研究粮食、水利建设和建立军垦农场的问题。会议室的灯光一直到深夜11点钟才熄灭。

王震经常到工地上检查工作，他一到就给官兵们带来无穷的勇气和力量。他依然和战争年代时一样，总是穿着那件旧棉袄，一下车不到团部也

---

① 后任新疆军区生产建设兵团副政治委员。

119

1952 年，第二军第五师在戈壁上开挖了全长 100 公里的胜利大渠

不到营部，而是直接到工地，和战士们一起搬运冻土。战士们一见王震，情绪就更加活跃起来，劲头也更大，好像故意和王震比赛一样。

工地上很快传开："司令员来了！"

"在哪里？"

"在那边搬土块。"

王震干起活来，还是那么一个老习惯，把棉衣一脱，什么也不顾，一个劲地干，一会儿就满头大汗。劝他休息休息，他说筋骨还没有活动开。战士们又怕把他累着了，就钻到王震前面把大块冻土搬走了。他看没有土块搬了，这才直起腰来，擦擦汗，笑着问大家："同志们，你们累不累？"

"不累！"大家的声音似乎是同时迸发出来的。

"为什么不累？"王震又接着问道。

这个突然提出的问题，把许多人都问愣住了。一时都很难作出回答。

一位战士很笼统地答道："为人民服务嘛！"

"对！为人民服务累点算什么啰！"

战士们听王震的话都很高兴，便互相学着司令员的口气："为人民服务，累点算什么啰！"

这天，王震在四连吃饭，觉得这个连队的伙食搞得很好，便来到伙房里和炊事员攀谈起来。

王震问炊事班长夏文桂："你是哪一年参军的？参军以后就一直干炊事工作吗？"

　　老班长边给王震让座倒水，边回答说："报告司令员，我是 1947 年从山东参军的。大事咱做不了哇，只能做炊事工作。"

　　王震让大家坐下，微笑着说："炊事工作不是小事，这是最重要的大事！没有炊事工作，就打不垮敌人。饭吃不好，人就没劲，十八团大渠今年冬天就修不起来。你们很有功劳，希望你们把经验介绍出去，帮助全团把伙食改善好。"

　　王震的话，很快就传到各炊事班战士们的耳朵里。接着，各单位的炊事工作一天比一天好，士气也一天比一天高。

　　王震经常深入到天山南北的水利建设一线视察，亲自参加劳动。许多水利工程都洒下了他的辛勤汗水，留下了他的战斗足迹。在他的带领下，蘑菇湖水库、人泉沟水库，哈密红旗渠，库尔勒十八团大渠、阿克苏胜利渠等一大批水利工程如明珠般镶嵌在天山南北。

·第十七章·

　　◎ 王震来到工地，和张仲瀚、熊晃亲自参加挑土的劳动。起义将领陈俊和文升乔都跟着挑，王鹤亭也准备要挑的时候，王震却风趣而幽默地说："我们的水利专家只动嘴和手就可以了，不用你亲自动手动脚！"

　　1951 年是新疆解放后全面进行军垦水利建设关键的一年。

　　王震虽然工作非常繁忙，但仍然坚持到南疆地区的库尔勒、阿克苏、石河子等各垦区进行视察。

　　春季的冬雪刚刚融化，王震就风尘仆仆地来到焉耆，现场调查研究解放一渠和二渠的野外施工进展情况。

　　傍晚，王震一行来到和硕县，在清水河子的喇嘛庙里和勘测人员同住一夜。

　　当时，全长 41 公里的库尔勒十八团大渠，经过 7 个月的紧张施工已经完成。王震和勘测人员正好赶上放水典礼。

　　典礼隆重而简朴。

　　王震健步登上渠首挂有大幅横标的临时讲台，异常兴奋地鼓励战士们说："希望大家乘胜前进，一定要把由人民解放军创建的国营农场办好！"

　　话音刚落，就开闸放水。战士们兴高采烈、欢呼雀跃，用小木板做了许多小船，插上纸帆，投入渠内，目送他们一个个在浪花中扬帆远去。一些战士还追逐这些漂流的"船队"，用天真的童心来表达内心的喜悦和祝贺。

当晚，王震特别兴奋，亲自下厨房用从孔雀河捞得的新鲜鱼为大家做了一盘湖南风味的清蒸鱼。

在大家聊天的不经意间，王震亲自下厨房做的鱼已经端上来。于是，味道鲜美的鱼很快就被大家一扫而光。

在阿克苏，当王鹤亭汇报胜利渠总干渠的规划设计和土方施工情况时，王震语重心长地说："一定要把总干渠上的小跌差水尽可能适当集中，以便将来利用跌差修建小水电站。"

王鹤亭当即按照王震的指示进行认真修改，每处跌水落差都改为4米。因为当时没有水泥，落差不可能再加大。后来的胜利渠一级电站和二级电站就是利用这些跌差修建的。

从阿克苏返回后，开都河解放一渠的部分工程已经开工，这是由起义部队的官兵施工的。

王震来到工地，和张仲瀚、熊晃亲自参加挑土的劳动。起义将领陈俊和文升乔都跟着挑，王鹤亭也准备要挑的时候，王震却风趣而幽默地说："我们的水利专家只动嘴和动手就可以了，不用亲自你动手动脚！"

当晚，陈俊和文升乔请王震、张仲瀚、熊晃吃狗肉。大家都知道王鹤亭是不吃狗肉的。在就餐的时候，张仲瀚故意问道："今天准备狗肉没有？"

陈俊看了看王鹤亭说："时间来不及，没有准备。"

听陈俊这么一说，王鹤亭不免就放松警惕。等到菜上来后，其中有一盘红烧肉味道非常香，很好吃，王鹤亭也就高兴地吃起来。最初，王震和大家都保持沉默，到后来都忍不住笑了。

王震看了看王鹤亭说："你的身体这么虚弱，不增加营养能行吗？还说要为新疆的水利建设多做贡献，身体垮了，你咋做贡献啊！所以呀，你要把自己的身体养好，将来你要挑重担啊！"

当时，在焉耆有两架苏联派到新疆的小型灭蝗飞机，在完成古海——博斯腾湖小湖区的洒药任务后，准备返回迪化。

王震突然萌生一个念头说："有这么好的条件，何不来察看一下湖的具体情况。王鹤亭，你们带上一个人乘坐飞机从空中考察一下博斯腾湖和塔里木河，究竟如何？"

王震的这个念头把大家吓了一跳——当时，湖面上已经刮起风，乘坐这样的小飞机去勘探湖面，能够有多大保险系数？

但是，王震态度坚决，坦然地笑着说："没关系，知己知彼，百战百胜嘛！早一天摸透大湖的情况，就可以早一天开发利用。"

眼看阻拦不住，于是，王震和王鹤亭、马积虎上了一架飞机，金忠藩和熊晃也只好赶紧坐上另外一架飞机陪同王震一道向大湖深处飞去。

地处西北边陲的新疆十月，已被皑皑白雪覆盖。飞机升空以后，迎面刮来的冷风，如万把利刃，割得人脸生疼，不一会儿就把人的手脚冻得麻木。

飞机经过博斯腾湖大湖西部、小湖，沿孔雀河南下到塔里木河，又沿塔里木河上行。由于携带的汽油有限，到阿克苏后经过库尔勒西部沙包返回。由于天气晴朗，飞行平稳，地面上的一切都清晰可见。

虽然飞行考察只进行了一天的时间，但收获非常大，王震和王鹤亭对博斯腾湖大小湖的隔堤、小湖区以及孔雀河、塔里木河，特别是塔河曲折蜿蜒流经塔克拉玛干大沙漠边缘的情形，有了比较完整的直观印象。同时，由于正值塔里木河发洪水，各河汊涨满浊黄的水，和两岸茂密的绿色胡杨林形成清晰而鲜明的对比，这对后来研究开都河、博斯腾湖的开发利用和塔里木河非常有益处。

回到地面上，大家都已经冻得发抖。王震似乎忘掉了这一切，完全沉浸在兴奋之中，高兴得连声赞叹道："太好喽，真正是一个聚宝盆，这个地方大有可为呵！不虚此行，不虚此行啊！"

在回去的路上，王震依旧兴致盎然，还沉醉在自己勾勒的宏伟蓝图之中："这么大的湖，是一个天然的大水库啊。以后，无论开出多少荒地，都不愁没水浇了……"

"晤，湖里还可以养鱼，可以搞个渔场嘛，多引进一些品种的鱼，让全新疆的人民都吃上这里的鱼。"

"这么多的芦苇，是一笔不少的财富呵！哎，湖边还可以搞个造纸厂嘛，芦苇是造纸的上好材料，要把他们全部利用起来。"

"哈哈，博斯腾湖全身都是宝啊，我们要在最短的时间里把它开发好，让它为全新疆各族人民造福啊！"

·第十八章·

◎ 王震听了以后，深情地说："将来的水磨沟啊，就不再是荒凉的戈壁滩了。而是灯火辉煌，机声隆隆的不夜沟了！这里不仅有汉族工人，还会有大批的维吾尔、哈萨克等各民族的工人和干部。"

早在 1949 年 10 月 10 日，王震率领部队进军新疆，就遵照毛泽东"你们进新疆以后，要多给各族人民办好事"的指示，向中共中央和西北局上报了《关于发展新疆的各项事业的规划和措施》的报告。其中，就有在新疆建立一座拥有 3 万枚纱锭、1200 台织布机的纺织厂等内容。

1949 年 12 月，王震等新疆党政军领导开始筹划建厂事宜，并成立纺织厂建设公司。最初拟定以公私合营的形式招商引资，后来依据中共中央指示，以驻新疆部队参加建设为基础、为主力，坚持"节衣缩食"和以国家帮助、新疆各族人民支持为辅的建厂原则，积极筹措资金。

1950 年初，王震亲自带一批专家和工程技术人员勘察地形，选择厂址。同年 2 月，王震主持召开新疆军区会议，确定迪化近郊的水磨沟建设棉纺织厂，对外联系名称暂定为"迪化棉纺织厂"。4 月，就委派专人到北京、上海等地，与中央纺织工业部商洽订购纺织机械设备以及聘请纺织工程技术人员等事宜。

1951 年 1 月至 3 月底，中央纺织工业部召开会议，研究新疆纺织厂筹建问题。中央财政委员会批准该厂由中央和地方合办，并给予一次性专项拨款，新疆军区与上海联合顾问建筑师、工程师事务所签订《厂房建筑

1952 年，王震在七一棉纺织厂开工典礼上讲话

设计委托合约》。6 月 1 日，纺织厂主厂房土建工程正式破土动工。9 月，新疆省人民政府财政经济委员会正式批准，将纺建公司定名为"新疆迪化棉纺织厂筹备委员会"，刘钟奇为主任，柳条为第一副主任，尹保仁为第二副主任。10 月，中共中央新疆分局决定成立"迪化棉纺织厂基本建设委员会"，并建议纺织厂定名为"七一棉纺织厂"，以纪念党的生日，并且提出力争在 1952 年五一试车，七一开工。

1951 年初冬，天山南北被包裹在一片雪白的世界里。然而，新疆七一棉纺厂的建设工作依然在紧张而有序地进行着。

一天夜里约 11 时许，天空中飘着鹅毛大雪，寒风凛冽刺骨。新疆七一棉纺织厂的负责人柳条和刘钟奇、应寿纪等人正围着火炉研究棉纺厂的筹建工作，警卫员李永安忽然推门进来报告说："报告首长，王震司令员派自己的车来接你们两位立即到他的办公室汇报工作。"

　　柳条和刘钟奇当即整理好一些资料，驱车火速来到位于迪化市中心的新大楼① 王震的办公室汇报工作。

　　进入会客室，王震早已等候在那里，见柳条和刘钟奇进来，便微笑着说："等你们一会儿了，坐下来把棉纺厂的建设进展情况，好好谈谈吧!"

　　"两位，各单位的施工进展情况怎么样?"王震问道。

　　柳条和刘钟奇两人立即回答："清棉车间，1.5 万锭和 700 台织布机的厂房外部工程都已经完成，现在正在进行内部的装修，看来可以按时完成。只要保持室内适当的温度，就不会发生人员冻伤现象，施工的部队非常注意这方面的问题。另外，1.5 万纱锭厂房的框架也已经完成，只有西边 700 台布机车间的地基填土任务比较艰巨，冬季施工估计地基质量没有办法保证。"

　　"冬季可以回填部分土石方，等到明年春季冻雪化了以后多压几遍，地基质量就有保障了。另外一半的纱锭和布机，到 1953 年必须要建成投产!"稍微停顿了一会儿后，王震接着说："你们的仓库已经完成几栋了，北面的小平方也要建起两栋。这样一来，你们的机器、材料运到后，就可以有地方放了。还有就是可以解决陆续增加人员的住房问题。工人宿舍明年春天就要开工建设，到青岛参加培训的人员回来后，就可以住进新的宿舍。发电厂和你们的办公楼明年春天动工兴建，五一前完成试车。"

　　说到这里，王震微笑着问道："电厂排出的废气是不是可以用作冬季取暖用呢?"

　　"废气压力比较大，直接利用非常困难。"刘钟奇回答道。

　　"订购的纺织机啥时候给我们交货? 啥时候就可以运到西安?"王震又问道。

　　刘钟奇急忙回答说："司令员，纺织机最近就可以交货，已经起运了。"

　　王震听后非常高兴地说："我马上就给军区运输部讲，让他们组织好车辆进行运输，一定不能耽误按时安装。"

　　"车间的地板问题解决了没有?"

---

　　① 　原中共中央新疆分局办公楼，现新疆维吾尔自治区党委所在地。

柳条和刘钟奇回答说："木地板当然是最理想的，但木料没有办法解决，造价又非常高。经过我们反复的实验，沥青再加上适当比例的水泥，效果还比较好。这样即可以避免地面起灰，还可以避免沥青的过度松软，还可以使用。我们已经决定改为这样的沥青地面了。"

王震喝一口茶水后，用浓重的湖南乡音说："你们纺织厂将来要在党委领导下实行厂长负责制。刘钟奇在日本留过学，又有多年在纺织厂工作的丰富经验，就担任厂长，负责全面生产和管理工作。应纪寿任副厂长兼总工程师，负责生产技术工作。柳条工作热情高，也曾经学习过印染专业，但学过的那些知识，经过十几年的战争生活，恐怕已经都交给老师了吧？他将来担任党委书记，负责政治思想教育工作；同时呀，他人事关系比较熟悉，负责沟通各方面的关系，为了工作方便，也要兼副厂长。党委决定问题时，要注意多征求刘、应的意见，刘、应也应当主动地提出建议。柳条同志学过纺织又搞过棉花生产，你们提出的生产技术问题，他容易理解和接受。希望你们好好合作，共同努力把纺织厂早日建成投产。一定要把这个厂建成国内第一流的厂，至少在 20 年左右也不落后。"

"明年工厂开工后，每天需要多少皮棉？这些皮棉可以织多少布？"王震问道。

柳条、刘钟奇做详细的回答后，王震又亲自计算了一年所需要的棉花数量和需要播种棉花的亩数后，慢慢地说："看来，棉花供应的问题不是很大，明年需要在北疆和库尔勒地区扩大棉花的播种面积和提高单位产量。工厂全部开工后，几天之内就可以为新疆各族人民每人织出一套布料。可是眼下布的品种太少，不能满足人民的需要，不能都穿白布呀！"

接着，王震又详细询问了印染厂的准备情况，刘钟奇回答说："印染技术人员已经请到几个，他们正在调查研究，很快就可以提出计划了。"

"这样的话，印染厂就必须要尽快上马！"王震接着又询问印染厂每天需要的用水量和污水排放情况。

在柳条和刘钟奇回答后，王震望着二位笑着说："水磨沟的水量足够用，设计的时候一定要把防污染的设施考虑进去。卫生设施也一定要搞好，保持清洁，严防堵塞，化池一定要设计好；排出的污水要处理好，绝对不能给下游的群众造成危害。你们厂今后女同志比较多，她们到一定时间就要结婚、生孩子的，所以幼儿园一定要建起来。工人的娱乐场所也要尽快考虑。"

"抚乳室已经和厂房建设成功。食堂和电影场暂时一起用。医院、电影院、幼儿园等开工后再考虑。"柳条和刘钟奇回答道。

王震问道："纺织厂定名为'七一棉纺厂'。可是布匹的商标呢?"

柳条和刘钟奇当即把带来的设计图案交给王震并回答说："我们初步定为'天山牌'。"

王震看后满意地点点头说："好，你们一定要在五一试车，七一正式开工，七一棉纺厂嘛! 不然就名不副实了。1953 年一定要全部投产。再建设一些必要的附属工程，这样新疆第一个棉纺织厂就算建成了。然后，再把第二个棉纺织厂、针织厂和再加工的印染厂建设起来，花色品种多了，又可以织出各种布匹，再拿一部分棉纱供给市场。到那个时候，新疆各族人民的穿衣服问题就会大有改观，还可以外销，资金也就不会像现在这样困难了。"

说到这里，王震稍微停顿一会儿后，接着又问："第二个棉纺织厂的规模大概需要多大?"

"根据我们初步计算，大概是 6 万纱锭，1500 台布机。"

王震听了以后，深情地说："将来的水磨沟啊，就不再是荒凉的戈壁滩了。而是灯火辉煌，机声隆隆的不夜沟了! 这里不仅有汉族工人，还会有大批的维吾尔、哈萨克等各民族的工人和干部。初步估计，每家按 3 口人平均计算，将会达到 3 万人以上。到那个时候，迪化市很有可能在水磨沟一带单独设一个区，你们的负担就减轻了，可以专心致志地抓生产。所以，你们要全面做好规划，不要顾此失彼，造成不必要的浪费! 南面主要建设生活区，距离市区也比较近，上下班便利，交通问题也就很好地解决了。将来再建设一些商店、电影院、菜市场、医院等福利设施，工人的生活就更方便了!"

"两年的农业生产证明:在南疆、北疆都可以大量地种植棉花，不仅产量高，而且质量还非常好。北疆的畜牧业发展非常快，羊毛、羊绒的产量将会大大增加。北疆还有丰富的煤炭资源。同时，南疆地区的桑树也非常多，可以大量地发展养蚕业;水利潜力也很大，电力也非常容易解决。

七一棉纺织厂新貌

纺织工业建设快，经济效益高，大有发展前途。产品不仅国内需要，还可以大量出口外销，有了资金，又可以支持工农业建设。为了减少原料长途运输，初步考虑，利用孔雀河的水，在库尔勒的铁门关建设一个水力发电站，在库尔勒建设20万纱锭的棉纺织厂群。在喀什、阿克苏、库车、和田等地也可以建设一些棉纺织厂和丝绸厂，甚至毛纺织厂。在北疆的石河子、伊犁等地可以建设毛纺织厂和棉纺织厂。到那个时候，新疆就可以真正变了样，成了名副其实的新疆了。希望你们为社会主义祖国，为新疆各族人民多做贡献，早出成果！"

说到这里，王震看看表说："已经是早晨7点半了，我们休息吧！吃过早饭还有很多的事情要做呢！"

就这样，仅仅用了13个月，解放军官兵硬是用自己的双手建设起107930平方米的厂房和宿舍。这些年轻的建设者们，在王震的亲自带领下，为新疆纺织工业的发展奠定了第一块基石。

1952 年 7 月 1 日，新疆省政府主席包尔汉为开工投产剪彩，王震抱起第一把原棉喂入清花机内——新疆有史以来的第一座现代化棉纺织厂正式投产了。

水磨沟欢腾了，这座天山脚下耸立起的现代化纺织厂，为开拓新疆的纺织事业奠定了坚实的基础。

·第十九章·

◎ 王震听到这里，信心十足地对甘祖昌说："好，就这么办，我们就把全新疆20万官兵的婚姻'包办'到底了。不过我们只搞'大包办'，不搞'小包办'。"

王震兴奋地接着说："全体屯垦戍边的指战员都要在新疆安家，每人必须找一个老婆，这是政治任务。要想完成这个任务，办法有三个：一是动员大批的女同志进疆，叫他们自由恋爱；二是叫他们写封信到家里，要父母亲友给他在老家找一个老婆送到新疆来；三是我发布一道特殊命令，给没有老婆的人放假，叫他们回家找老婆，完不成任务，还得挨批评。"

王震率领部队进驻新疆以后，部队中绝大多数官兵都已超过结婚年龄，而成家的却凤毛麟角，甚至连一批中年干部和老战士都依然单身。

因此，作为新疆军区代司令员兼政治委员的王震内心非常焦虑。

如何妥善地解决广大战士和一部分干部的婚姻问题，帮助官兵在西北边陲安家立业，已成为当时的燃眉之急。因此，必须想方设法解决官兵的婚姻家庭问题。

王震的这一想法得到中共中央新疆分局和新疆军区党委的一致同意。他一方面向党中央、中央军委和中央人民政府政务院汇报，请求组织出面，动员内地妇女通过参军、支边等形式，参加屯垦部队；另一方面，王震坦诚地向广大官兵解释，他已就大家关心的婚姻问题向党中央、中央军委提出请求，希望大家不要着急，力争用三年左右的时间，分期、分批逐步解决。

王震的亲切关注，稳定了官兵们的情绪。

王震不仅关心跟随自己进疆的子弟兵，对起义部队的官兵也一视同仁。

1950年1月，王震出席第二十二兵团驻焉耆第二十七师的欢迎大会时风趣而幽默地说："我们的手要把大枪挂起来，要用镐来搞生产了。把这支'七斤半'换上一把'六斤半'①，好好搞生产。"紧接着，他降低声调亲切地问大家："没有讨老婆的同志请举手。"

当他看到大多数人都举手时，掷地有声地说："等我们在这里搞上三五年生产后，连上只一起都要成家。你们可以拍一张照片寄回老家，让你们家中的亲朋给你介绍一个爱人，把她接到新疆来，由公家全部负担旅费。"

一席话，温暖了官兵的心。

王震非常理解部队官兵的心情，说："没有老婆安不了心，没有孩子扎不了根。"他对中共中央新疆分局副书记兼新疆军区副政治委员徐立清说："新疆可是半壁江山呀，没有这10万人怎么守住这六分之一的国土和六千多公里的国境线？"

徐立清也有同感："要想拴住这10万人的心，只有一个办法：那就是给他们找老婆，让他们在新疆安家立业，生儿育女，把根子扎在新疆。""他们要是连老婆都讨不上，我们凭什么让人家在新疆扎根守塞？"

于是，王震向中共中央反映了这一严峻问题。不久，中共中央作出决定，允许新疆军区从内地征招未婚女青年参军，支援新疆建设，解决大龄官兵的婚姻问题。

接着，王震给内地省份发出的请求，很快得到湖南和山东两省人民群众的积极响应。从1950年起，先有湖南青年干部学校，中南军政大学湖南、广西分校的女生，山东的青年妇女、女兵、女学生进疆，随后又有江

---

① 指进行劳动的砍土镘。

苏、上海、湖北等省市的一批又一批女青年进疆，加入屯垦部队的行列。这样，部队的性别比例很快发生了变化。

1950年春节后，王震委派熊晃首先在陕西、甘肃等地招收1000余名女兵。平时，征收女兵非常严格，而这次却一路绿灯，只要身体健康，未婚或单身都可以。当时，有一些同志不理解，认为这样违背了党的方针政策，提出一定要政治挂帅。甚至有一些人说将主要精力集中在婚恋方面，

20世纪50年代，王震与陶峙岳在垦区

是享乐主义思想作祟，后果不堪设想。

针对出现的种种思想问题，王震决定召开团以上干部会议。在专题报告中，他非常真诚坦率地说："我们的眼睛不能老是盯着马列著作，空喊政治口号，或是只知道埋头种地、办工厂建农场。我倒想问问你们，你们有了老婆安了家，是不是应该想到自己的部下也有七情六欲，也要生儿育女？从古以来，婚姻是人生大事。这种人生大事，我们共产党人不抓谁抓？不管谁管？只有该成家的官兵都讨到了老婆，他们才能够安心扎根新疆。这就是我们当前最大的政治！"

最后，他还幽默风趣地说："谁再唱高调，说大话，就将他们夫妻分开，让他也尝尝打光棍的滋味。你们考虑一下，有谁愿意打离婚报告，我

当场就批!"

是年秋季,王震又写信给湖南的党政领导人黄克诚、王首道,并委派熊晃为团长,到湖南招收女兵,并直截了当地对熊晃说:"你立即坐飞机到北京向中央汇报,然后南下到湖南省委去,不管什么成分都要,让他们协助招收一批女兵进疆。我们湖南妹子打得赤脚,吃得苦。现在不打仗了,女同志越多越好。"

王震在给黄克诚、王首道的信中写道:"新疆人口稀少,配偶难找。部队要屯垦戍边,长期安家,不解决婚姻问题是不行的。今派熊晃同志赴湖南,请你们大力协助帮助招一批女青年,最低年龄 18 岁,除高中文化程度,未婚,有过婚史,但已离异的也行,不论家庭出身,把她们招来新疆纺纱织布,繁衍人口,与我部队将士同建富强之新疆……"

王首道看到王震的信后笑了,而黄克诚却忍不住哈哈大笑,指着"繁衍人口"四个字说:"这个王胡子,把这话讲出去,人家女娃子谁还敢去哟!"

当然,玩笑归玩笑,两人在听了熊晃的汇报后,都为王震的良苦用心所感染,当即决定大力支持熊晃的工作,积极动员湖南女青年积极参军支援新疆。

从 1950 年至 1952 年共招收湖南女兵 7000 多人,被称为"八千湘女上天山"。她们从山清水秀的家乡,来到荒凉的西北边陲。在恶劣的自然条件和气候下,同男兵一样战天斗地,谱写了一曲曲光辉的篇章。

继"湘女"来到之后,又有山东、江苏、上海、湖北等省市一批又一批的女兵来到西北边陲的新疆,加入到浩荡的屯垦戍边部队的行列。这样驻守疆部队和地方单位的性别比例发生了根本的变化,改写了自汉武帝以来"屯垦戍边,一代而终"的历史。

几十年来,这些女兵们有的当拖拉机手,有的当教师,有的当农民,有的当工人,战斗在新疆军区生产建设兵团的各条战线,为兵团各项事业的发展,为培养和教育兵团的第二代、第三代接班人,做出了不可磨灭的贡献。

在各地妇女成批进入新疆的同时,王震还要求各级干部,让那些在内地有家属、亲属的官兵给家里写信,动员他们来新疆,并由部队报销路费。就这样，通过各种途径和多种措施，逐步缓解了屯垦部队官兵的婚姻难题。至1954年新疆军区生产建设兵团成立时，部队中的女性比例已约占40%，基本上解决了军心不稳这一棘手的问题。

由于新疆是一个多民族聚居的地区，大多数民族群众信仰伊斯兰教，不和汉族通婚。20万人民解放军官兵的婚姻问题，就成为一件稳定军心、稳定部队的大事。

1952年5月的一天，王震在自己的办公室里冥思苦想半宿。已是午夜时分，他拿起电话，拨通新疆军区后勤部部长甘祖昌家的电话。

"我遇到了到新疆以来的第二个大难题！"甘祖昌一进门，王震便满脸愁容地说，"所以这么晚了还把你请来。"

"司令员，什么难题？"甘祖昌笑着问，"和平年代，还有什么能够难住司令员的事？"

"第一大难题，20万人的吃穿问题，已初步得到解决。这第二大难题嘛，就是参加屯垦戍边的20万指战员的婚姻大事。营以下干部和老战士大都还未成婚。尤其是老战士年龄偏大，对象很难找，你说我这个做司令员的能不操心？"

甘祖昌笑着说："司令员，这个事情急不得的。下面有的部队实行'组织介绍，个人同意，上级批准'的婚配方式。这不好，这会形成包办婚姻。我曾听政治部曾涤副主任说，有一位湖南女兵，组织把她介绍给一位老干部，因为年龄相差大，女方不同意，婚后，洞房花烛夜，本应是甜甜蜜蜜的夜晚，新娘子却以泪洗面，和衣而卧，把自己的被子也缝成'睡袋'，来防御丈夫的'入侵'。爱情这东西，是组织解决不了的。"

甘祖昌接着说："还是婚姻自由得好。当然对于年龄偏大的老战士，要特殊关照。我们不妨在关内招募一批妇女来疆，这样就可以解决大龄官兵的婚姻问题了。"

"哈哈，我怎么没有想到这一招呢！"王震欣喜地说："第二个难题解决了。不过搞对象，解决婚姻问题，要以政治为基础，我们共产党人，要讲志同道合。首先要考虑的是革命立场是否坚定，思想作风、道德品行是否好。可我哪能准备那么多百分之百的布尔什维克呢？"

甘祖昌兴奋地说："这有先例，在南泥湾大生产中，毛主席、朱总司令不是说过，娶一个地主的女儿做媳妇，那有什么不好的？若连一个地主的女儿都改造不好，还算什么共产党人！现在全国大陆已经解放了，我们可以招募大批的女性参军进疆，再从山东农村招一批大龄的中青年寡妇，这问题不就解决了？"

王震听到这里，信心十足地对甘祖昌说："好，就这么办，我们就把全新疆20万官兵的婚姻'包办'到底了。不过，我们只搞'大包办'，不搞'小包办'。"

王震兴奋地接着说："全体屯垦戍边的指战员都要在新疆安家，每人必须找一个老婆，这是政治任务。要想完成这个艰巨的任务，办法有三个：一是动员大批的女同志进疆，叫他们自由恋爱；二是叫他们写封信到家里，要父母亲友给他在老家找一个老婆送到新疆来；三是我发布一道特殊命令，给没有老婆的人放假，叫他们回家找老婆，完不成任务，还得挨批评。"

当时，还真有些同志通过给家里写信，找到了媳妇。当时，寄一封信只要8分钱，大家便开玩笑地对通过写信找到媳妇的人说："恭喜你呀，

1951年8月，王震在疏勒亲切接见第二军党代会的代表

找到了一个 8 分钱的媳妇。"

那些放假回家找媳妇的同志，组织上给当地政府写介绍信，内容大概是这样的：兹有我部某同志回家找对象，请贵地妇联和共青团组织，大力予以支持和协助。

同时，王震将军有意识地在成都、上海、长沙、北京、杭州、重庆、武汉、济南等 13 个大中城市，号召女青年参军。其间，4 万多人获得批准，光荣从军，西出阳关，加入屯垦戍边、开发建设新疆的行列。这些活泼、温柔的女性，在与指战员的共同生产和生活中，渐渐地结下了深厚的友情。随着时间的推移，这些女战士纷纷与指战员恋爱结婚，在天山南北扎了根。

随后，中共中央批准新疆军区从山东招收大龄女青年的计划。到 1954 年春夏，仅从山东老解放区招收的大龄妇女就有近万人。她们乘坐汽车分批来到西北边陲的新疆。

分配在机关、城市部队的女同志自然非常欣喜；但分配到屯垦地区的，面对一片荒滩，她们疑惑地问："房子呢？"

驾驶员指着前面的地窝子说："那不是？"

"就让我们住地窖？！"

垦区接待干部说："我们住地窝子，你们住房子，汽车马上就运来。"

妇女们听了非常生气，这明明是在骗人嘛，房子怎么能用汽车运过来？于是，她们坐在车上，就是不下来。

接待人员问："怎么不下车？"

"你们在骗人，房子怎么能用汽车运得来？"

正说着，几辆汽车"嘎"的一声，停了下来，从汽车卸下一堆帐篷。她们见运来的房子是帐篷，几个女同志交头接耳嘀咕了半天，说什么也不下车。后来政治委员来了，问明情况，有点生气，朝汽车上的女同志说："你们是从革命老区来新疆参加建设的，还是来享福的？车上谁是共产党员，先下来！"

半天，行李从车上甩下来，只听得一片行李落地的咚咚声，十几个女同志很不情愿地下了车。政治委员又说："有没有青年团员？"团员下车后接着又有十几个人下了车。这一来有一大半下了车，车上的一小半坐不住了。

政治委员笑着说："党员和团员带了头，其他同志，我们欢迎你们，请下车吧。"政治委员仅仅几句话，就做通了这批女同志的思想工作，都下了车。面对帐篷，她们咬紧嘴唇，眸子里闪着泪花。

自从女同志到新疆后，镶嵌在天山南北的垦区成了一个完整的世界，到处都洋溢着爽朗的笑声。男人中有了女人，就有儿女情长的故事。有一个战士，因为身材有点矮，皮肤黝黑，丘比特之箭始终没有射中他。这个战士时年３４岁，不久就有了单相思，有事没事总爱找一个姑娘搭讪，一有重活就为她效劳。这姑娘甚是感激，视他为兄长，但绝无爱意。几个捣蛋的战士，写了一封"情书"，末尾署了姑娘的名，塞进这个害单相思战士的被窝里。他晚上睡觉时发现了信，如同大热天喝了冰镇水——喜出望外。从此，更加体贴入微关心姑娘。而这个姑娘呢，把装了几件衣服的木箱子又寄放到这个战士的宿舍。消息传开，上上下下，无不以为他俩真地相爱了，倍加关心，直到有几个战士，准备为他们张罗婚事，姑娘这才如梦初醒，断然要去这个战士的宿舍取回木箱子，以挽回影响。可是万万没有想到的是，几个好事的战士竟导演了一场闹剧：就在姑娘走进宿舍取木箱时，同宿舍的几个战士立即窜了出去，反锁了门，并在门外吆喝着要喜糖吃，任凭姑娘撞门跺脚也无济于事。夜间，这个战士哪敢侵犯这个姑娘？一夜小心侍候，不敢怠慢。漫漫长夜，一男一女，同住一房，有谁说得清？说清了又有谁相信？姑娘本来并未看上这个矮小的战士，但姑娘觉得这个战士心眼好，诚实可靠，在战士的起哄下，竟将错就错成了亲。据说，两人婚后的日子过得很幸福，彼此相敬相爱，和和美美，比起那些海誓山盟的夫妻并不逊色。

通过王震的"包办"婚姻，大部分老同志的婚姻问题逐步得到解决后，可是新的难题又出现了，那就是结婚后的住房问题。尤其是垦区显得尤为突出，当时，部队都在戈壁荒滩开荒造田，住房都是非常简陋的帐篷和地窝子。

结婚后，男女都分开住在集体宿舍，睡的是大通铺。那么夫妻之间，什么时候才能团聚呢？所以部队规定，每对夫妻只有礼拜六才能团聚一次。因此，那时把夫妻团聚的那一个晚上，叫作"过礼拜六"。那么

王震和农垦战士在一起亲切交谈

"过礼拜六"的房子又如何解决呢？领导上反复研究，在工地上搭一个草棚，这就是"过礼拜六"的房子。由每个连队的管理员造一份花名册，统计一下这个连队有多少对夫妻，需要"过礼拜六"的按规定轮流来。当时一个连队有一对新婚夫妻，恩爱万分，过了一次"礼拜六"，还想接着过第二次，跟管理员说尽了好话。管理员说："不行。这是上级的规定，要按制度办事。"

第二十二兵团的 5 名外省籍老兵，远离家乡多年，没有想到王震亲临为他们举行了一次特殊的集体婚礼。当主婚的首长宣布新郎讲话时，5名新郎竟然没有一个人能够讲下去，除了"感谢共产党，感谢毛主席，一定要好好工作报答共产党，报答毛主席"等简单的话语外，都激动得说不出话来。

1960年9月，王震离开新疆后第一次来到新疆视察时，依然不忘老军垦的婚姻问题。见到自己熟悉的老战士，他首先关心的还是他们结婚没有，有孩子没有。当王震了解到，不仅老军垦们大部分圆满成家，而且，这支屯垦大军中的第二代已成长起来时，脸上洋溢着灿烂的笑容。

如今，第二代、第三代农垦战士也成长起来了。今后还会有第四代、第五代……每当新的一代请那些跟随王震进疆的老军垦战士们回顾创业时的艰难岁月，回顾他们"献了青春献终身，献了终身献子孙"的壮举时，老军垦们都是讲述王震司令员如何关心自己的动人往事。

王震调离新疆以后，依然深情地关心着这批为新疆军垦事业奉献一生的老同志。1962年7月，王震再次回新疆视察时，对新疆党政军领导们说："职工很辛苦，有不少同志跟随我们南征北战，立过功，现在要想方设法让他们生活得好一些，要给他们一些自留地，可分给每个职工两亩地，允许他们喂猪、喂鸡、种菜、栽树，让他能够安居乐业。"老军垦们感动得流下了热泪。

当时，由于受"左"思潮的影响，大部分人对于自留地、自留畜这类敏感的话题，远避之犹恐不及；而王震为在遭到自然灾害的困难条件下保护住这批老同志，却甘愿冒这种风险。

1981年1月，王震再次到来新疆，又对各级领导干部谈道："在新疆汉族中有不少老同志，一兵团的，以及起义部队。解放初期还是20多岁的小青年，如今也是50多岁的人了。老同志们在新疆的任务是什么？就是要保卫祖国西陲的安全。老兵有老兵的作用。老兵的作用是新兵办不到的。"说到这里，王震笑了："当然老兵有时候也发几句牢骚，讲几句怪话，不要追究，一定要爱护老兵。"

这年8月中旬，邓小平由王震陪同前来新疆考察。当时，在"文革"中被撤销的新疆军区生产建设兵团还没有恢复，邓小平饶有兴致地听取了各方对恢复新疆生产建设兵团的意见，了解当前存在的问题，并深入垦区看望了"献了青春献终身，献了终身献子孙"的老红军、老八路。他饱含深情地说："原生产建设兵团的军垦战士在新疆的业绩，新疆各族人民不会忘记，党中央和全国人民也不会忘记！我向大家问好，你们辛苦了！"

　　这支不穿军装、不拿军饷、永不退役的部队，在荒凉的西北边陲艰苦创业，义无反顾地扎下根来，为保卫和建设祖国的边疆，谱写了不朽的篇章。

·第二十章·

　　◎　王震翘首遥望了一会儿白雪皑皑的南山，高兴地对车后坐着的陶峙岳说："天山真是一座无价的宝库，山顶的积雪融水用之不竭，足够用火浇灌土地了。你再看，前面这一带土地肥沃，正是我们建立家园的好地方。我们好好踏勘一下，将来石河子不仅要建设成为垦区的生产指挥中心，还要建设成一座现代化的城市。"

　　石河子南倚天山，北临准噶尔盆地，面对浩瀚的古尔班通古特大沙漠，以她的英姿向戈壁瀚海展示着青春的无限魅力，是迪化和北疆各地联系的枢纽。

　　"石河子"这个地名始于 200 年前。乾隆四十四年（1779 年），清朝中央政府建立绥来县治①，石河子是绥来城西 30 华里的第一个乡镇。1876年，左宗棠的军队平叛后，曾有部分人留驻玛纳斯。石河子以北百余里的莫索湾，有三座古城：东埠城、西埠城、西营城，据说就是左宗棠屯兵的遗迹，如今只剩下颓垣断壁。由于连年战乱，兵匪猖獗，石河子基本荒芜人烟，只是迪化到伊犁的一个小食宿站，居民很少，只有三五户人家在黄昏中缭绕着炊烟，却更加衬托出塞外的寂寞和荒凉。附近是芦苇丛生，沼泽密布，兽群出没的旷野荒滩。但是，它地处交通要冲，水源水质都很好，是一个利于开发的处女地。

---

　　①　今新疆昌吉回族自治州玛纳斯县。

1950 年 7 月 28 日，王震带领第二十二兵团司令员陶峙岳、参谋长陶晋初、新疆省水利局长王鹤亭以及部分专家和技术员一行人来到石河子实地踏勘考察。

湍急咆哮的玛纳斯河水，从天山冰峰雪岭间奔腾翻滚，犹如一条蓝色的缎带飘落在浩瀚无垠的荒原上。

王震翘首遥望一会儿白雪皑皑的南山后，高兴地对陶峙岳说："天山真是一座无价的宝库，山顶的积雪融水用之不竭，足够用来浇灌土地了。你再看，前面这一带土地肥沃，正是我们建立家园的好地方。我们好好踏勘一下，将来石河子不仅要建设成为垦区的生产指挥中心，还要建设成一座现代化的城市。"

陶峙岳听后非常兴奋，应声求战："王司令员如果同意，这件事就请交给我办吧！"

听陶峙岳这样一说，王震非常豪爽地说："有陶将军挂帅，一定会旗开得胜，马到成功。"说完，两位将军会心地开怀大笑。

1950 年 1 月，王震（左二）和陶峙岳等研究在玛纳斯河垦区建设石河子新城的规划

连续几天,王震带领大家四处踏勘,以石河子为中心,西到乌拉乌苏,东到玛纳斯河床,北过迪(化)—伊(宁)公路,南到玛纳斯河口。方圆上百平方公里,深入芦苇湖跋涉10多公里,有路乘车,无路骑马,马匹不能去的地方就徒步穿越。同时,在踏勘路上,上有烈日当头,下有荆棘阻道,芦叶割面,刺藤牵衣,难行处每迈一步都非常吃力。然而,大家兴致都非常高,谈笑风生,毫无倦意和畏难情绪。

这时,王震突然兴致勃勃地问陶峙岳:"你是老秀才,向你请教,有句古诗说火焰山热得什么不敢来?"

陶峙岳略思即答:"那是唐代诗人岑参的诗句:'火云满山疑未开,飞鸟千里不敢来。'"

王震听后,举目远眺,复诵两遍,连声说道:"对,对,就是这一首。不过我们现在要改一改,你们看啊,把这两句改成'瓜果遍地百花开,火车开到这里来'感觉怎么样?"

陶峙岳接着讲述中国汉、唐时代在新疆设置北庭都护府以及屯田戍边的一些历史情况。王震听得津津有味:"封建时代能够做的事儿,我们为什么不能做?不仅要做,还要比他们做得更好才对。今天此行的目的,就是为了带领我们的军队进行一场伟大的战斗,把'戈壁荒滩赶出去,塞外江南搬进来'。"

踏勘归来的晚上,一行人借宿在石河子西头一家车马店里。店很小,土屋土炕,炕上铺芦席,上覆盖白色毛毡。维吾尔族小店主人哈蒂尔十分热情好客。

晚餐吃抓饭,哈蒂尔帮助炊事员忙里忙外,一刻也不停。席间,王震向他询问石河子住户情况和当地民情,他都尽其所知一一回答。当听说石河子将要建设成一座新城时,他赶忙要求第一个搬进去,引得大家大笑。

车马店靠近一条河沟,并临近一望无际的沼泽苇湖,所以蚊蠓成群,驱赶不尽。晚饭后,大家强忍着蚊蠓的叮咬研究计划,寻求创业的蓝图,到了半夜睡觉的时候,蚊虫加倍肆虐,叮咬袭扰令人不堪忍受。哈蒂尔见状,便建议说:"走,我们到屋顶上睡觉去。高处有风,蚊子来不了。"

新疆的土房顶平缓、光洁、干净,睡觉很舒服。王震听后非常高兴,第一个爬上去。一上屋顶,果然觉得夜风习习,高旷凉爽,蚊虫少了许多。于是，王震操着湖南口音大声招呼："同志们，找到了一个好地方，都赶快上来！"就这样，王震一行人就在这个土屋顶露宿了一整夜。

第二天，王震兴奋地说："我们就在这里建一座新城，留给后代。"

从此，垦荒开办农场，奠基建设新城，同时起步。到 1954 年新疆军区生产建设兵团成立之后，又陆续迎来上海、江苏、山东、河南、天津、武汉等全国各地的支边青壮年，组成了一支浩浩荡荡的开拓大军。

经过几十年艰苦卓绝的开拓与建设，千里荒原已经发生翻天覆地的变化。一座秀美的以轻纺工业为主的新城，犹如群星捧月般挺立在农场的环抱之中。

如今，准噶尔盆地周围已经建立起 5 个农业师，80 个农牧团场和渔场，总人口达 120 余万，总耕地面积达 900 多万亩的现代化国营农场。

为让子孙后代永远记住石河子的开发建设历史和这座城市的奠基者王震的丰功伟绩，石河子市人民在市人民政府前的广场上建起了一座王震铜像，以利世代各族人民瞻仰。

1954 年，石河子新城办公楼在欢度国庆节的节日气氛中举行竣工典礼

如今的石河子市

　　如今，哈蒂尔的小平房早已经被鳞次栉比的高楼大厦所代替，是一座春有花、夏有荫、秋有果、冬有青的现代化城市，也是茫茫戈壁滩上一颗璀璨的明珠，成为了享誉中外，令人瞩目的现代名城！由于优美的环境和独特的军垦文化，石河子先后被国家建设部授予"全国园林绿化先进城市"，被联合国人居委员会授予"人居环境改善良好范例城市"和首届"中国人居环境奖"、"中国优秀旅游城市"的殊荣。

·第二十一章·

◎ 王震生动而又形象地说："大学培养出来的学生，能起一颗麦种的作用就行。农学院培养出来的学生，能起一个棉桃的作用就行。"他还算了一笔大账，最后的结论是这样的："军区生产部队三所大学的建校经费是没问题的。"

新疆和平解放前夕，作为新疆大学前身的新疆学院，由于经费严重不足，校舍破烂不堪，师资缺乏，人心惶惶，已陷于绝境。

和平解放后，王震立即派人接收新疆学院。随后，成立以包尔汉、邓力群为正、副主任的院务委员会，大力整顿学院，并以新疆学院为主，调整当时几所在新疆有名无实的大专院校。

鉴于新疆大规模的经济恢复和建设事业对人才的迫切需求，王震于1950年向中共中央提出创办新疆大学的建议。中共中央有关部门十分重视，积极地为新疆学院调派干部，并准备从内地高校调派一批教授来新疆学院任教，为创办新疆大学尽量创造人才条件。

1951年夏天，张东月[1]从中共中央马列学院毕业后，奉派到新疆学院工作，主要任务就是为建设正规的新疆大学打好基础。是年深秋季节，张东月只身来到了迪化。

---

[1] 后任新疆民族学院党委书记、副院长，新疆学院副院长，新疆大学副校长、校长、党委副书记。

当时，张东月带着许多疑难和困惑，到中共中央新疆分局报到。见到王震后，面呈了国家教育部副部长、党组书记钱俊瑞写给他的一封信。

王震仔细地阅后，得知国家教育部原定为创办新疆大学调派的 20 名教授，因待遇问题，一个人也没有来。

出乎意料的是，王震没有多说什么，只是语重心长地对张东月说了一句："你只管办学，学校的建设均由军区负责。"

进入严冬的一日午后，中共中央新疆分局宣传部通知张东月："王司令员晚饭后有事让你去。"

张东月准时赶到宣传部。宣传部副部长郁文招呼其稍坐，说："司令员还在忙着，马上就来。"

一会儿，身着灰布旧棉军服，未戴军帽，精神焕发的王震来到宣传部办公室，宣传部长邓力群也随后走进来。

王震高兴地招呼张东月坐下，便开门见山地说："毛主席教导我们要'为新疆人民办好事'。办一个大学，也算一件好事！"

张东月当即问了一句："司令员，要不要向中央请示拨发筹办新疆大学的资金？"

"不要了。现在国家也困难，办新疆大学的资金，完全由军区生产部队负责。拨给新大基建费、学校设备 700 亿 [①]。"王震恳切地答复并慷慨应允，接着又说，"今后的八一农学院、工学院也这样办。"

王震生动而又形象地说："大学培养出来的学生，能起一颗麦种的作用就行。农学院培养出来的学生，能起一个棉桃的作用就行。"他还算了一笔大账，最后的结论是这样的："军区生产部队三所大学的建校经费是没问题的。"

转眼间到了 1952 年，这年的春天来得特别的早，大地正由黄转绿，杨柳方绽嫩吐新。

这天，张东月刚进学校红大楼的办公室，还没有坐定，突然从窗户看到一辆吉普车从校门外开了进来。车刚刚在红大楼前停下，王震先于随行人员跳下车来。

---

① 当时旧币 1 万元合今人民币 1 元。

　　张东月急忙走出办公室去迎接，王震却已经走到红大楼的门口。

　　"走吧，看看校址去！"王震不仅不乘小汽车，就是坐在吉普车里，也爱和司机并肩坐在前排。这虽是一件小事，但"从细微处见精神"。当时，王震很少乘坐小汽车，更不要说什么"豪华"轿车了。这是为了工作的方便——因为王震会开吉普车，有时还亲自驾驶着吉普车去各处视察。

　　"去三甬碑。"王震对司机说。

　　三甬碑在学校的附近，那儿有新疆学院两所做宿舍的院落。来到三甬碑，王震首先跳下车来，站在三甬碑马路口的高坡上，张东月等学校领导随之跟了上去。

　　"你们看——"王震凝望着远处孤零零地坐落着几栋旧平房的荒凉丘坡，问："这里办工科行吗？"

　　"可以，行！"张东月连声回答。

　　"走！"王震转身走下高坡，上了吉普车，学院领导也随之上车。

　　"到十七湖去看看！"王震对司机说。吉普车即沿着新开辟的沙石路向东南方向驶去。

　　约莫一二十分钟，就到了南郊风景优美的十七湖。王震下车后首先登上了一个小山岗。此处，东邻天山博格达雪峰，西向乌鲁木齐河，南连乌拉泊，北依八户梁，榆树胡杨郁郁葱葱，十七湖及羊毛湖水波荡漾，湖边芦苇茂密，水鸟翔集，令人心旷神怡。

　　"这里有山，有水，有树，有草，地形开阔，把农、林、畜牧、兽医等专业都建在这里，好不好？"王震眺望四周后兴奋地征询张东月的意见。

　　"很好！很好！"张东月连连激动地回答道。

　　"再去八户梁！"王震又兴致勃勃地吩咐司机。车沿公路而上，开进八户梁院内。那时的八户梁，顾名思义，仅有几户居民。学院领导随王震下车，站在院内的梁上俯视，羊毛湖尽收眼底。王震兴奋地说："这里，可以建法律系！"王震挥臂遥指，又说："学校东边可做学校的体育场，文科就设在学院①，你们看行么?!"

　　"行，很好！"张东月肯定地回答道。

---

　　① 　指新疆学院。

"你们还有其他想法么？还有别的意见么？"王震极目远眺之后，又恳切地向学院领导询问。

"很好！校址广阔，很有发展前途，没其他想法了。"张东月再次高兴地回答。随行的几位同志悄悄地告诉张东月说："司令员早已踏勘过。"

"那好，就这样吧！"王震略思片刻，作出了决断。他转身又对随行的工程人员说，回去赶快派人测绘。

就这样，王震为创办新疆大学绘制了第一个宏伟蓝图——在这里登高眺望，只见博格达雪峰高高耸立，乌鲁木齐河奔流而过，树木繁盛，水草丰茂，湖光山色，风景如画。

"回吧！"王震以满意的口吻，热情地让司机把张东月送回学校。

王震在为新疆大学选择校址的同时，还为新疆大学的发展规划了一个大的框架——这就是要在新疆大学设置理、工、文、法及农牧5科。至于各科之内将来设置什么专业，设置多少专业，要随着新疆经济建设发展对人才的需求情况而定。

一个大学的规划，可以说是一个系统工程，是一个复杂的大问题。但王震气度恢宏，志高才大，仅一个半天的时间，他就驾轻就熟地为新疆大学规划出了蓝图。

王震在决定重大问题之前，总是深入基层，深入现场，深入群众。

1952年春天的一个上午，学生刚上第一堂课，王震就乘坐吉普车到了新疆学院。随王震一同前去的还有一位苏联专家和新疆军区的一位工程师刘禾田，刘工程师还抱着一大卷图纸。

"图纸带来了，你们看看。"一见面，王震就兴致勃勃地对张东月说。

张东月怀着对王震崇敬的心情，把他们请到二楼办公室。

"你们先看吧，我和苏联专家去看看校址的现场。"王震和苏联专家均未就座，即匆忙地走出红大楼，径奔学校后面去了。

"好吧，我来汇报一下这两份图纸的情况。"刘工程师边说边在一张大桌子上摊开了图纸。这时，学院其他几位领导也一起来看图纸。刘工程师接着说："这两份图纸，由于设计的时间紧迫，学校总体规划图仅仅是一示意图。"

刘工程师用教鞭指着图纸，逐一说明学院的中心区、图书馆、礼堂、体育场的位置。他还进一步说明："这张总体规划图，是按照王司令员亲自勘察的设想作出的。这个地方很宽广，有山梁、平地，有树林，有水草。就现时来说，这是建设新疆大学的好地方，很有发展前途。我们按照王司令员的调查。因地制宜地作出这张学校总体规划图，请学院领导提提意见，再作修改。"

学院领导听完刘工程师的介绍后，内心的激动溢于眉梢。

张东月深思了一下之后说："我看这张学校总体规模规划图很好！王司令员创办新疆大学，曾不止一次地为校亲自勘察校址，又亲自指导学校总体规划。从'为新疆人民办好事'这一立场出发，从为新疆建设培养更多专业人才出发，调查了学校理、工、文、法、农牧等科的设置，它即考虑到建设新疆的现实需要，又考虑到新疆发展的长远需要。这个校址，就迪化郊区现在的条件而言，是很理想的！"

"那好！我再说明一下解放楼的设计。"

刘工程师又摊开解放楼的设计图纸，作详细说明："解放楼的建筑位置，同红大楼相对。建筑面积 4133 平方米，土木结构，二层建筑。除用于教学之外，二楼还设有 700 个座位的小礼堂，在礼堂下的一楼设有一个小图书馆，均系做近期用的。这个图纸再征求一下学院领导的意见。"

刘工程师的介绍尚未结束，王震已和苏联专家走了进来。

"怎么样啊？"王震亲切地询问着。

"学院领导没有什么意见，都同意。"刘工程师回答。

"很好！我们认为很理想。"几位学院领导做了非常满意而又高兴的回答。

"嗯——好！都同意，那么，'五四'就开工。"王震果断地说。

王震没有在办公室坐一分钟，没有喝一口茶，在作出解放楼于五四青年节开工的决定之后，随之又说："我们回去，准备开工！"

"这两份图纸留在学校，我们那里还有。"刘工程师话音未落，王震已偕苏联专家走出了办公室。

解放楼预定在五四青年节开工，新疆军区建筑部队准时开进了学校工地。在红大楼前举行开工典礼时，王震刚讲完话，负责施工的团长跑到他面前立正行了一个军礼。

"报告司令员，我们这个部队没有建过楼房，这是第一次建楼房……"

1952年4月，王震（前右二）在他亲自主持创办的八一农学院看望学员

团长显然感到这是个难题。

"是啊！第一座楼房，我们没有建过。那么第一座土平房，我们的老祖宗建过么？也没有，不是一做就会了么？"

王震这慢声慢语、听似平常的一句话，使团长脸上的愁云散开了。

"不会不要紧，先在工地外面放个线。学会了，再到工地上来干。"王震又和风细雨地进行开导。

自解放楼开工之后，王震经常来学校视察。

有一次，王震来校视察工地，解放楼的土建部分已快封顶。施工技术员向王震汇报说："解放楼设计的是铁皮房顶，部队没有洋铁工，现在还没有封顶。"

"噢，那好办，请洋铁匠来么！"王震说。

就连这种细小的铁皮房顶的施工问题，王震一句话，难题就迎刃而解了。

这年放暑假前，王震来学校解放楼工地时，鼓励指战员说："边做边学，加快工程进度，下学期可就要用这栋楼喽！"

团长连连点头说："我们保证完成任务！"

施工技术员也随之回答了一句："战士们的干劲都很大！"

"注意把战士的生活搞好！"王震又嘱咐了团长一句，转过身来对陪同的张东月说："去民族学生食堂看看。"

153

当时新疆百废待兴，财政拮据，"两个人的饭要三个吃"，学院的学生全是供给制，伙食不够理想。

王震一进伙房，由于他身穿旧军服，像个普通军人，几位少数民族炊事员正忙于做午饭，均未在意。

"尧儿达西①，亚克西吗?"王震向炊事员们打招呼。

"这是王司令员，来看你们!"张东月介绍。

"亚克西! 亚克西!"几位少数民族炊事员喜出望外地向王震连声问好。

王震仔细地看了烤馕做菜的情况，并查看了年久失修、用木桩支撑着的学生食堂，说："这食堂不能用了。修了解放楼，就建学生食堂。"

接着，王震又说："少数民族学生喜欢吃羊肉，让他们多吃点儿肉，多吃点儿油，把伙食搞好一点儿!"

张东月连连点头："是!"

"我写个条子，你派车到军区供销社去拉肉，拉清油，需要多少拉多少!"

王震走进张东月的办公室，伏在办公桌上挥笔写了一封亲笔信，介绍去新疆军区供销社拉羊肉和清油。

羊肉和清油拉回来后，学生的伙食得到很大改善。

1952 年秋冬之际，在中共中央新疆分局第二届党代会后，王震被调离了新疆。行前，王震又来到新疆大学，视察解放楼的施工进展情况，并指示工程队："一定要在下学期开学前竣工。建校工作按原计划进行。解放楼完工后，学生食堂立即动工。"

经过半个多世纪的建设，如今的新疆大学已经是一个多民族、多学科的门类齐全、设施完备、校舍优美如画的综合性普通高等大学，也是国家面向 21 世纪重点建设的百所大学之一。

---

① 维吾尔语"同志"的意思。

第二部

牧区风波离新疆

———❧❦❧———

　　1952 年夏季，王震正聚精会神地主持中共中央新疆分局工作，领导新疆人民解放军和新疆各族人民加紧进行经济建设，极力改变新疆贫困落后面貌的时刻，突然受到不公正的批判，离开了自己殚精竭虑、苦心经营的新疆。这一曲折不但使新疆的经济建设遭到重大损失，也使中共中央、毛泽东倡导的屯垦戍边政策遭到严重挫折。

　　王震在忧郁而不满中，离开了自己准备为之奋斗终生的新疆。

·第一章·

◎　在王震的部署下，由张邦英主持起草了《关于北疆牧区镇压反革命的指示》，确定在天山南北进行减租反霸结束之后，土地改革尚未进行之前，在北疆游牧区开展一次"镇压反革命分子"运动。

1951 年 5 月，正是西北边陲春花烂漫的时节，新疆的减租反霸斗争工作已经全面铺开。

通过减租反霸，新疆农牧区发生翻天覆地的变化，各族贫苦农民阶级觉悟迅速提高，农会组织得到扩大和巩固，树立了各族农民在农村的政治优势。但是减租反霸的胜利，只是削弱了封建势力，并没彻底改变封建的土地制度，地主阶级依然存在，各族农民还是不能彻底翻身。因此，减租反霸运动结束后，农村土地改革就被提上了中共中央新疆分局的议事日程。

地处西北边陲的新疆农村，除农业区外，还包括辽阔的牧区。当时，全疆 22 个县以畜牧业为主，另外 33 个县畜牧业也占很大比重。牧区人民过着"逐水草而居"的游牧生活，靠天养畜，行居无定，生活异常困苦。同时，由于牧区还残存着封建家族的社会关系，王公贵族、部落头目不仅占有大量草场、牲畜，还享有种种特权，他们靠这种特权，对广大牧民进行残酷的政治压迫和超经济盘剥。

各族农民生活已经得到初步改善，广大牧民却依然生活在牧主剥削制度压迫的煎熬之中。当时，王震产生了一个想法：将农村牧区改革与农村改革同时进行，剥夺地主们的土地，没收牧主的牲畜，让贫苦牧民彻底翻身。这样，及早完成改革，便可以全力以赴地进行经济建设，早日摘掉新疆贫穷落后的帽子。

王震主张农村牧区改革同时进行，这蕴含着他对贫苦牧民的同情。由于王震自己就是贫苦出身，饱尝受欺诈的滋味，因此他希望贫苦的农牧民早日过上幸福安康的日子。农民在减租反霸中得到了实惠，而牧民的生活依然如故。牧民的日子比一般农民更苦。新疆已经和平解放，为什么牧民不能和农民一块儿分得果实？

王震愤愤不平，便把这个想法同中共中央新疆分局委员、新疆军区第二副书记曾涤等分局领导进行详细交谈。曾涤等各位分局领导表示鼎力支持。有的领导还主张牧区改革的动作要尽可能快些。

于是，在得到中共中央新疆分局大部分领导的鼎力支持后，性格刚烈率直的王震信心倍增，便作出"变封建的畜牧经济为人民的畜牧经济"的牧区改革指示，并指派中共中央新疆分局委员、伊犁区党委第二书记高峰草拟方案。

4月23日，王震将《关于在伊犁开展牧区改革》的电报发往西北局并中共中央。报告说，伊犁东五县 ① 游牧区的工作还很薄弱，特别是牧主、部落头目和千户长的破坏活动还甚猖獗。因此，分局拟抽调干部组成工作团，由安尼瓦尔·贾库林为团长，曹达诺夫·扎伊尔为副团长，李恽和为工作团党委书记，于5月初集中伊犁，开赴牧区工作。

性格率直的王震，没等中共中央西北局的回复，就雷厉风行地布置。

5月7日，中共中央西北局致电新疆分局，对新疆若干工作方针问题作出指示："（1）今冬明春，新疆应集中力量在农业地区办好土地改革这件大事，但不宜同时办两件以上的大事。游牧地区暂时维持现状，半农半牧区也暂时不搞土改，甚至不办减租；（2）寺院土地目前肯定一律不动；（3）游牧地区肯定不宣传土改，并且要宣传不土改，也不提反恶霸口号，不搞清算，把力量用在肃清土匪、保持安定上，极力避免震动；（4）各地大土耳其主义案和伊斯兰木党，均应收缩，认真研究材料，已经逮捕的

---

① 指巩留、巩哈、特克斯、昭苏、新源。

人，迅速审查，凡无可靠材料的先行释放。集中打击其中帝国主义间谍分子、罪恶深重民愤很大的恶霸地主分子，分化和争取其余一般成员。"

5月17日，中共中央西北局复电，明确否定中共中央新疆分局牧区改革的意见，指示中共中央新疆分局，应该集中力量在农业地区进行土地改革，游牧区暂维持现状，半农半牧区暂不进行土地改革，甚至不办减租反霸。

过了几天，从西安回到迪化的中共中央新疆分局副书记张邦英，又口头传达中共中央西北局《关于牧区进行改革的决定》。

就在王震为此事举棋不定的时候，中共中央新疆分局常委、秘书长、宣传部部长邓力群从南疆调查研究回到迪化。他于1951年8月曾到南疆一边参加减租反霸，一边进行社会调查，掌握了非常丰富而翔实的第一手资料。

邓力群是知识分子出身，但对王震的胆识、气魄非常钦佩；王震也非常欣赏邓力群的坦率和文才，虽是一文一武，但私谊却非常之深。邓力群顾不上寒暄，就滔滔不绝地讲起自己到南疆的所见所闻以及工作和体会。

在王震的敦促下，有关牧区改革的各种文字资料正在逐步形成和完善。

一天，新疆省主席包尔汉送来最近赶写的一篇文章，文中介绍苏联哈萨克斯坦和蒙古人民共和国在牧区进行改革、划分阶级成分的经验，同时建议：应发动牧区群众，组织牧民协会，实行计划定居。这篇文章等于为牧区改革的主张提供了理论依据，更坚定了王震对新疆牧区进行改革的决心和信心。

5月14日，中共中央新疆分局专门开会讨论西北局复电，王震直接坦言："牧主们不愿意改革，怕同苏联一样走社会主义道路，就大量屠宰牲畜，对牧区生产造成破坏，广大贫苦农民也是要求改革的，有的已经自发地行动起来。如果我们还不解决这个问题，不仅发展牲畜业的政策受到影响，还会脱离牧区人民群众，这就是我们新疆的现状。"

王震说完，邓力群第一个率先发言，他坚决支持王震的主张。

接着，由高峰作《关于伊犁牧区改革意见》的汇报。曾涤在随后的发言中也全力支持牧区改革，并说牧区改革有三个好处，不改有三个坏处。

参加中共中央新疆分局会议的绝大多数领导众口一词地赞同王震。然而，只有刚刚从西安回来的张邦英，不赞成王震的意见，但他出发点也只是牧区改革违背中共中央西北局会议精神，组织上过不了关。可张邦英的意见却没有人响应，显得非常孤立。

5月17日，中共中央致电新疆分局指出：中共中央西北局5月7日，在对新疆若干工作方针提出的意见是正确的。在新疆农业区，今年实行土地改革，消灭地主阶级，在新疆进行社会改革，要"充分估计到民族和宗教的特点，有意识地在民族和宗教上作一些让步，以换取整个社会改革的胜利，是完全必要的"。"游牧地区肯定不宣传土改，并要宣传不土改，也不提发恶霸口号，不清查，把力量用到肃清土匪，保持安定上，极力避免震动。'三反'、'五反'都不要办。"但是已达成一致意见的中共中央新疆分局只注意到了"这是一个坚决的革命的进攻"，而忽视了"做些让步"这一层指示精神的含义，将中央一个完整的指示割裂开来。

在王震的部署下，由中共中央新疆分局第三书记张邦英主持起草《关于北疆牧区镇压反革命的指示》（以下简称《指示》），确定在天山南北进

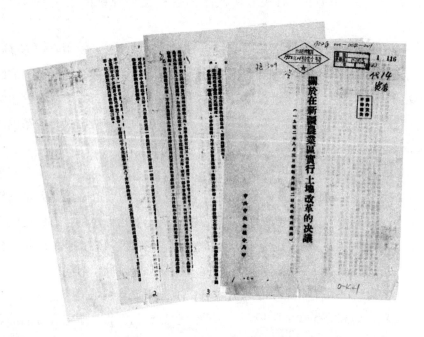

1952年8月，中共中央新疆分局第二届党代会通过的《关于在新疆农业区实行土改的决议》

行减租反霸结束之后，土地改革尚未进行之前，在北疆游牧区开展一次"镇压反革命分子"运动，《指示》说：农业区域减租反霸运动开展以来，对牧区影响很大，一方面广大牧民迫切要求从反动头目的残酷剥削下解放出来，建立民主制度，并发生了若干自发斗争；另一方面，由于农业区某些地主恶霸、反革命分子逃到牧区，同牧区反革命分子互相勾结，煽动叛乱，遂使牧区成为反革命分子的防空洞。因此，"大张旗鼓地发动牧民群众开展一次镇压反革命运动是十分必要的"。《指示》同时要求，"必须在发动牧民的基础上，组织牧民协会并改造牧区的区乡政权"。

实际上，这是一个通过"镇反"进行牧区改革的指示，即以牧区"镇反"之名，行牧区改革之实。

王震打算尽快把《指示》下达下去，以免那些不法牧主再用畜群支持土匪叛乱。

刚好在这时，中共中央西北局第二书记兼统战部部长习仲勋在中共中央西北局的一次会议上发表重要讲话，他吸收内蒙古牧区改革的经验，提出西北省区牧区的工作方针是：对牧不分不斗，不划阶级。

5月26日，中共中央新疆分局将在牧区"镇反"指示下达各地执行，同时上报中共中央和中共中央西北局。显而易见，这个《指示》和中共中央及西北局的方针是相抵触的，在政治上是错误的；在上报的同时又下达执行，又斩又奏，犯了无组织无纪律的严重错误。

·第二章·

◎ 中央发现问题后，重新给中共中央新疆分局发了电报，随后又利用王震到北京开会的机会深入地交换了意见。王震这才意识到问题的严重性，但这时被逮捕的牧主已达 1000 多人。

中共中央西北局负责人最早发现问题，看到中共中央新疆分局报来的"镇反"指示。为此，西北局负责人立即要求中共中央新疆分局停止牧区"镇反"。而中共中央新疆分局却认为牧区"镇反"理由充分，西北局不了解新疆的实际情况。这样，中共中央西北局和新疆分局之间电话、电报来来往往，发生严重的争论。

中共中央民族事务委员会主任李维汉得知这一情况后，认为：牧区改革非常关键，全国一盘棋，新疆这样搞会把事情弄糟的。他一边和中共中央西北局通气，一边报告刘少奇。

中共中央发现问题后，重新给中共中央新疆分局发电报，随后又利用王震到北京开会的机会深入地交换意见。此时，王震这才意识到问题的严重性，但这时被逮捕的牧主已达 1000 多人。

1952 年 6 月 18 日，中共中央电告新疆分局并西北局："习仲勋、王震两同志已到北京。党中央认为 5 月 26 日新疆分局关于北疆牧区镇反与若干改革的指示是错误的，应该立即停通令止执行。对于已经逮捕的一千余人，应暂不处理，听候中央决定。请张邦英、高锦纯、饶正锡、包尔汉、赛福鼎·艾则孜、王恩茂六位同志即乘飞机来京参加中央会议。新疆分局日常工作暂由邓力群代理，南疆工作由高峰暂代。"

同日，王震从北京给中共中央新疆分局打回电话，要求立即贯彻中共中央的指示，向各级党委发出了紧急指示，要求立即停止在北疆地区的"镇反"工作。要求尚未捕入的地区除现行反革命分子外，停止逮捕，对已经逮捕的人，一律暂不处理，畜群和财产一律不动，停止没收一部分反革命分子畜牧财产的宣传。

于是，北疆地区的牧区"镇反"遂告停止。

为彻底解决新疆牧区改革中出现的问题，中共中央专门在北京召开中共中央新疆分局常委会议，主要讨论新疆牧区工作问题。分局常委及主要人员除邓力群留守外，全都到北京参加会议，西北局的主要负责人也都相继来到北京。

会议由刘少奇主持，中共中央书记处部分领导同志出席。彭德怀和李维汉、中央民族事务委员会副主任刘格平也都参加会议。

刘少奇讲明会议主旨，要大家敞开心扉发言。

中共中央西北局负责人率先发言说："以王震为首的新疆分局犯的错误，特别是王震同志所犯错误，是用向西北局斗争的方式强迫西北局就范、粗暴、强词夺理，企图把中共中央和西北局分开，说中央正确，西北局右倾。这种错误已发展到无法无天，无中央之天，无党纪之法……"

谁知批评刚刚开始，发言的同志一个接一个，似乎大家都憋足一股子劲儿，严厉地批判中共中央新疆分局和王震。说"王震在牧区工作上所犯的错误是一系列错误发展的总暴露"，说"王震轻视宗教，没有做好民族工作，方法简单，作风粗暴，独断专行，什么事都一个人说了算"……

听着听着，王震如坐针毡，想分辩又分辩不清，脸涨得通红。彭德怀也觉得有些话说过了头，可王震是自己的老部下，在这样非常严肃的场合，又不好替他说话，就坐在那里一言不发。

会议结束后，毛泽东专门找王震谈话。

目睹王震一脸委屈的神情，毛泽东讲话，他似是安慰王震又像是强调中央意图："照他们这么一说，王震岂不成了新疆一霸吗？""新疆这几年的工作，成绩和错误是九个指头和一个指头的关系，但这一个指头的错误是严重的，必须纠正，但纠正王震的错误不要伤害各级干部的工作积极性。"因此，对王震的批评处理只传达到县团一级。

王震当即表示坚决服从中共中央的决定，他坐在自己的位置上，低着头，心情异常沉重。

临离开时，毛泽东走过去，王震双手抓住毛泽东的手，紧紧地握了一下，欲言又止。他想，自己到新疆是为新疆人民做好事的，在哪里跌倒的就在哪里爬起来，回去后要把新疆的各项建设继续抓下去……

然而，王震却丝毫没有料到，问题并不那么简单，事情还远没有结束。

·第三章·

◎ 听到会上会下的种种责难，王震真想痛痛快快地和他们辩论一番，可又不让反驳，真是愤愤不平：说是调动工作，现在变成了撤职，这也罢了。个人受委屈，毕竟事小，叫驻疆部队官兵们流血牺牲打土匪、节衣缩食搞建设，流了多少血汗，付出了多大牺牲啊！这不都是为了新疆各族人民吗？难道这一切都错了？

1952 年 7 月 15 日至 8 月 5 日，新疆省第二届党代表会议在迪化的西大楼礼堂隆重召开，有 500 余人出席会议。中共中央新疆分局委员全部到会，中共中央西北局第二书记习仲勋，中共中央西北局常委、宣传部长张稼夫，中共中央西北局委员、统战部部长兼西北民族学院院长汪锋和中央民族事务委员会副主任刘格平等参加会议。

主席台上坐着中共中央西北局的领导和改组后的中共中央新疆分局主要成员。

会场庄严肃穆，气氛显得特别凝重。

会议批评以王震为首的中共中央新疆分局在牧区改革上所犯的错误，强调在新疆实行牧区改革，应当采取"慎重稳进"的方针。随即，习仲勋宣布了中共中央改组新疆分局的决定：由喀什区党委书记、南疆军区政治委员王恩茂任中共中央新疆分局第一书记兼新疆军区代政治委员、新疆财经委员会主任；徐立清任第二书记；张邦英为第三书记；赛福鼎·艾则孜为第四书记；王震仍为中共中央新疆分局常委、新疆军区副司令员代司令员、新疆财经委员会副主任，并责成他在实际工作中努力改正自己的错误。

新任中共中央新疆分局第一书记王恩茂致开幕词，接着习仲勋作题为《传达中央指示及时检查新疆工作意见》的长篇报告。报告认为，新疆分局所做的工作成绩是主要的，"左"的冒险激进的错误是部分的，但是严重的，其中有些是惊人的。以王震为首的中共中央新疆分局，在将近三年来的工作中，虽不是每一个时候都违背了中共中央、西北局的方针、政策，但有些时候严重违背了中共中央、西北局的方针、政策；虽不是在一些工作中都犯了错误，但在若干工作上犯了错误。报告还指出中共中央新疆分局和王震在宗教、统一战线、镇反、财经、文化教育、民族关系等7个方面的错误。在20多天的时间里许多与会同志没有掌握好九个指头和一个指头的区别，许多人的发言实际上把新疆的工作给全盘否定。有人甚至把新疆几年来的工农业生产取得的巨大成就也当作错误来横加指责。

听到会上会下的种种批评和责难，王震真想痛痛快快地和他们辩论一番，可又不让反驳，真是愤愤不平："说是调动工作，现在变成了撤职，这也罢了。个人受委屈，毕竟事小，可驻疆部队官兵们流血牺牲打土匪、节衣缩食搞建设，流了多少血汗，付出了多大牺牲啊！这不都是为了新疆各族人民吗？难道这一切都错了？对中共中央新疆分局的批评，主席说只传达到县级团，可现在连党外也传达了，这对各级干部是多大的伤害呀……"

王震心情抑郁，寝食不安。汪锋见状，几次主动和他坐到一个饭桌上，真诚而耐心地劝慰他。王震明白他的善意，但仍然无法摆脱异常恶劣的心境。

在会议快结束的一次小型聚餐上，王震喝了不少酒，似乎要借烈酒倾吐自己悲凉的心境，可没说几句就哽咽语止，伏案失声痛哭。

"男儿有泪不轻弹，只是未到伤心处"。邓力群非常理解王震此刻的心情，他扶王震回到宿舍，想劝慰几句，一时也找不到合适的话题。在牧区改革的问题上，邓力群是王震得力的支持者，为此，邓力群同样被撤掉中共中央分局常委职务，调离新疆到中共中央办公厅一办工作。

后来，邓力群饱含着复杂的心情说："二届党代会上，刘格平同志说：

'你们办工业，少数民族认为你掠夺它的原料。'我们听了很不舒服。二届党代会如果批评我们组织上犯错误，思想工作锋芒主要针对地方民族主义，而未针对大汉族主义，王司令员个人对宗教问题有些粗暴，当时如果批评这三条，谁也不想翻案，其他的根本不对头。"

　　从历史的角度看，新疆省第二届党代表会议确定的牧区工作方针和政策是正确的，会议提出在新疆工作中应当充分注意民族特点，加强民族团结，坚持"慎重稳进"的方针，对新疆各项事业的发展是有积极意义的。但会议对王震的批评违背了中共中央和毛泽东对新疆工作"成绩是主要的，错误是次要的，但是严重的"这一客观公正的评价，把工作中局部的问题夸大为全面的、系统的错误，加上对王震处理不公正，严重挫伤了各级干部的积极性，给后一段的新疆工作带来了消极的影响。

·第四章·

◎ 杨尚昆从医院回去后，向毛泽东详细汇报王震的病情后，说："看来王胡子还有点情绪！"

毛泽东听后，微笑着说："岂止一点儿情绪，情绪大得很呵，怕是牢骚满腹的吧！一肚子气就是了。王震不怕困难，勇往直前，想干一番事业的豪迈个性，是他的长处，但长处中也有短处，他说自己'急躁、暴躁'，这经常容易招来非议和反对。"

北京会议上对王震的批评，中共中央决定只传达到党内县团一级。

然而，令人意想不到的是，在中共中央新疆局传达时，不但党内超出县团级的范围，甚至党外也进行了传达。因此，在一定程度上极大地挫伤了干部的工作积极性，也使本已经心情沉重的王震更加寝食不安。

后来，王震异常生气地说："在北京时只说调动我的工作，以后宣布我是撤职。为此我很有意见。我在哪里跌倒就在哪里站起来。我想把新疆建设继续抓下去。我要求不要调出来。因为撤了分局书记的职务，我还是财经委员会副主任。以后，（张）宗逊同志搞财政检查，点起火来了。我同（张）宗逊同志吵了起来。"

新疆省第二届党代会以后，许多由王震亲自主持兴建的工程，都被说成是"建设不当"而被迫立即停止，使他非常愤慨。

一天，心情忧郁的王震偕夫人带领三个儿子，从迪化沿着还没有建设成的迪库公路南行查看，汽车爬过崎岖不平的山道，在颠簸中缓慢地前行。当天晚上，王震一家在群山环抱中的路边一间小木屋里过夜。

一切安排妥当后，王震让人买来一只羊杀后，煮一锅手抓羊肉，和原在这里领导修建公路的尹保仁团长和两名战士、两位维吾尔族老人共进晚餐。

面对突然遭到扼杀的工程场地，王震非常气愤，其他的人也很难过，席间都默默无语，气氛异常苍凉。

得知王震受到受到不公正的"批评"，水利专家王鹤亭前去看望时说："我不认为司令员有什么不对的地方！"

王震站起身来，生气地一拍桌了说："他们说我不对，我不认为就是错误，但是任何人做了工作，不可能完全是正确的。革命一辈子，改造一辈子……"

新疆省第二届党代表会结束以后，王震还想继续进行新疆的经济建设。但随后由中共中央西北局委员、第一野战军暨西北军区副司令员、西北军政治委会委员、最高人民检察署西北分署检察长张宗逊带领的财经工作检查组来到新疆，几乎全盘否定了新疆的财经工作，有的同志竟把军队在荒无人烟的戈壁上垦荒种田，诬陷为掠夺少数民族的土地资源。

当时，中共中央整顿新疆分局财经工作的原则是："办得好的继续办好，该缩减的妥善缩减，该停办的停办，必须按照基本建设程序办事。"

但是，在具体执行"办、停、缓"的整顿方针过程中，却出现这样一种情况：似乎停得愈多愈好，缓得愈多愈好，办得愈少愈好，甚至都办不成也是很正常的现象。许多由王震亲自主持兴建的工程都被说成是"建设不当"而骤然停建，屯垦戍边事业也受到严重影响。最终导致一场轰轰烈烈的经济建设高潮顿时烟消云散。广大官兵都痛心疾首。王震看到这些，非常愤慨，却又无可奈何，憋一肚子怨气，导致多年的肠胃顽疾复发。

1952年12月，王震奉命到兰州参加西北军区召开的军事工作会议，这正是他心情最郁闷的时候。一天晚上，突然旧病复发，一次大便出血2000毫升，经输血抢救，终于脱险。在病床上，他和一位前去探视的同志谈起自己在新疆的未竟事业，还抑郁不平地感叹："我现在才知道，周瑜为什么会被气死！"

1953 年 1 月，王震（左二）与苏联植棉专家迪托夫（左一）在石河子垦区农田里，就确保两万亩棉田亩产籽棉 200 公斤进行实地考察

1953 年 3 月，王震由夫人王季青陪同，专程到北京医院治疗。经过检查，确诊是胃和十二指肠溃疡。六七月间，毛泽东还特地派中共中央办公厅主任杨尚昆到医院看望王震。

经过几个月的治疗，王震的病情已经好转，但依然没有得到彻底治愈，身体还非常虚弱。

杨尚昆从医院回去后，向毛泽东详细汇报王震的病情后，说："看来王胡子还有点儿情绪！"

毛泽东听后，微笑着说："岂止一点儿情绪，情绪大得很呵，怕是牢骚满腹的吧！一肚子气就是了。王震不怕困难，勇往直前，想干一番事业的豪迈个性，是他的长处，但长处中也有短处，他说自己'急躁、暴躁'，这经常容易招来非议和反对。"

毛泽东对王震的评价是公正的。在延安时期，中共中央领导曾经对一位高级干部说："在共产党员身上要有三个'我'字：追求真理的'我'，不怕牺牲的'我'，自尊心的'我'，但不要唯我独尊的'我'。王震身上就有前面三个'我'，追求真理的'我'很强烈，不怕牺牲的'我'很坚决，自尊心的'我'过了一点儿，但没有唯我独尊的'我'。"

经过新疆的这场风波，毛泽东非常自然地就能够想象王震的悲切心情，所以听到杨尚昆一讲，就脱口说出"牢骚满腹"这样的话。

根据王震的病情，中共中央决定要王震前往苏联治疗。

对于中共中央的决定，王震无不幽默地说："我的命没有那么值钱！"

看到王震的态度，杨尚昆微笑着劝道："好了，你再发牢骚就不好了。"

临去苏联前，毛泽东亲自找王震谈话。

王震却直率地说："我请求中央领导，还是让我到朝鲜战场去抗美援朝吧？"

毛泽东说："你还需要好好休息，继续治病。现在决定要你到苏联去休息休息，先把病治好了再说。你可以利用这个机会在苏联作些考察。"

在谈到新疆牧区改革中发生的问题时，毛泽东语重心长地说："治党要严，治国要宽。你犯了错误，我和恩来也有份。你应该三个月坐飞机来谈一次也好嘛，在飞机上睡一觉就到了，听说你这个人很能睡觉。"

王震毫不掩饰地说："我不懂矛盾。"

听了王震的话，毛泽东微笑着说："你懂，只是对各个侧面的矛盾看不清楚，处理矛盾时站在矛盾之中。领导者应该站在矛盾之上，要注意主要矛盾和次要矛盾，以及矛盾的各个侧面。作为一个领导人，你的性格不适合在环境复杂矛盾多的地方工作。因为你不懂得站在矛盾之上，而是站在矛盾之中，经常使自己陷于被动。"①

---

① 《王震传》（上），当代中国出版社 1999 年版，第 526 页。

·第五章·

◎ 毛泽东循循善诱地说："你在新疆当分局书记、军区司令员，想把牧区改革和农村土地改革同时进行，这点并没有错。可是，你王震只看到新疆，没有看到全局。全局是什么呢？中央在全国的部署包括在少数民族地区的部署，是先实行土地改革，土地改革完成以后，第二步才实行牧区改革，这是中央的统一部署。如果你新疆突破中央的部署，势必影响周围的省份。这样一来，就使得中央处于被动，没有办法应付，所以啊，你不能说你没有错误。"

1953 年 7 月初，王震由夫人王季青陪同乘火车前往苏联治病。

到达莫斯科后，先被接到中国驻苏联大使馆。当时，中国驻苏联大使是张闻天。

苏联政府给予王震热情接待。在莫斯科休息几天后，就被接去住进专门为红军高级将领设立的医院。在医院治疗一个多月后出院，王震先在莫斯科郊区的巴尔维赫疗养院住了一段时间。这是一座接待各国共产党领导人和苏联高级干部居住的别墅。当时住有德国共产党总书记皮克、意大利共产党总书记陶里亚蒂以及西班牙共产党总书记伊巴露丽等人。以后，王震又前往苏联南方克里米亚黑海边的疗养院休养。由于苏联医务人员的精心治疗和热情照护，王震的病情已经逐渐痊愈，心情也慢慢开朗起来。

经过这段时间的疗养，王震的体重已经达到 75 公斤，是他参加革命以来的最高纪录。

在苏联期间，应苏联政府的安排，王震先后参观了斯大林汽车厂、一座生产人造纤维的纺织厂和莫斯科郊区的集体农庄，还参观了克里姆林宫和艺术博物馆、工艺品博物馆以及列宁山上的莫斯科大学，到剧院里观看歌舞表演。

11 月 7 日，是苏联十月革命三十六周年，王震偕夫人在莫斯科红场观看了阅兵式和群众游行，和苏联人民一起欢度了这个具有历史意义的节日。作为一名驰骋疆场的将军，王震希望去苏联卫国战争的著名战场斯大林格勒看看。这是一座当年曾对扭转整个战局作出巨大贡献的英雄城市，王震想去了解当时在这里进行得非常残酷猛烈而具有关键性战役的实际境况，令人遗憾的是苏联政府没有满足王震的愿望。

苏联政府对王震接待的规格比较高，制度也非常严格。因此，王震的活动、住处都严格保密，除翻译外，任何苏联人都不能到王震的住处。但在医疗和参观访问的过程中，王震和苏联人民依然有许多接触机会。苏联人民崇尚俭朴，军政官员也非常清廉奉公；人们态度谦和，对人彬彬有礼，以及他们喜爱读书的学习风气，都给王震留下了难以忘怀的印象。

当时，斯大林逝世不久，在莫斯科巴尔维赫疗养院中，王震曾遇见一些刚刚恢复了名誉的老布尔什维克。他们在斯大林时代曾被当作肃反对象，劳动改造、流放。斯大林逝世后，都已经恢复名誉，从集中营回来了。这些老布尔什维克说："斯大林时代我们受害了，但是我们都能够想得通。那个时期内部发现了反革命。发现了特务，就好比人的身上长了一个恶瘤。不开刀，布尔什维克的肌体就要被这个恶瘤所侵蚀。要救这个肌体就必须开刀，开刀中间就避免不了把好的细胞一起割掉。我们这些受冤屈的老布尔什维克，就是在开刀的时候被一起割掉的好细胞。因为开了刀，尽管我们这些好细胞受到了连累，但布尔什维克的肌体保全了，我们的这种牺牲，这种代价也是值得的。因此，对党、对斯大林没有什么埋怨情绪。"

王震听完这些老布尔什维克的讲话感触良多，回国以后与人谈起来，还感叹不已。

1953 年 11 月中旬，王震从苏联回国后，中央领导又和他作了一次畅谈，重点谈到王震在主持中共中央新疆分局工作时，在牧区改革政策上出

王震与夫人王季青在家中

现的偏差。

　　毛泽东循循善诱地说："你在新疆当分局书记、军区司令员，想把牧区改革和农村土地改革同时进行，从阶级斗争的观点来看，这点并没有错。反正农村要改嘛，牧区也要改。就新疆范围里头来讲，也许可能同时改革，同时都搞好，这种可能性也存在。两个改革搞完了以后，就可以集中精力搞经济建设，你这个思想也没有错。可是，你王震只看到新疆，没有看到全局。全局是什么呢？中央在全国的部署包括在少数民族地区的部署，是先实行土地改革，土地改革完成以后，第二步才实行牧区改革，这是中央的统一部署。目前，我们没有经验不说，如果你新疆突破中央的部署，不按中央部署，在搞土地改革的时候，同时就搞牧区改革，这势必影响周围的省份。那个时候，达赖的问题还没有解决，新疆搞了，马上就会影响西藏，它那里也有土地改革，同时也搞牧区改革，就必然会影响我们争取达赖的工作；也要影响甘肃，甘肃也有牧区，也有藏族；也要影响宁夏，宁夏也有牧区，同样也影响内蒙古。这样一来，就打乱了中央的部署，使得中央处于被动，没有办法应付，所以啊，你不能说你没有错误。"

通过毛泽东这样一番语重心长的话语，王震认识到自己在牧区改革政策上错误的严重性。

在这次谈话结束的时候，王震请求中共中央给自己分配工作。毛泽东在征求了王震的意见后，确定他主持中国人民解放军铁道兵的工作。

王震是直爽人，道理说透了，思想也通了，通了就能承认自己的错误。但仍有一件事不能使他释怀，那就是把两年多来新疆军民艰苦创业取得的成就当作错误来指责，这一点，无论如何他都不能接受，在新疆工作的官兵的积极性也受到压抑和打击。

当时，王震就是带着这种遗憾黯然离开新疆的。

事实证明，王震当时的这种想法是有道理的。1952 年以后，新疆部队屯垦播种面积逐年减少，从 1952 年的 160 万亩降到 1954 年的 87 万亩，直到 1956 年才逐渐恢复到 1952 年的播种面积。一大批工厂中途停办，则使新疆刚刚起步的经济受到巨大损失，影响了新疆工业建设的进程。而由此也造成了对各级干部的伤害和职工思想混乱。好在是非曲直，终有评说。

1979 年 3 月 17 日，中共中央对新疆省第二届党代表大会的问题作了纠正，指出："王震同志主持新疆工作期间，率领全疆各族军民，坚决贯彻执行毛主席的革命路线和党的民族政策，发扬党的优良传统作风，依靠久经考验的人民解放军，改造和团结起义部队，屯垦戍边，建设工业，节衣缩食，艰苦创业，对新疆的革命和建设事业作出了巨大的贡献。1952 年新疆省第二届党代会对王震同志和新疆分局的批判是不符合实际的，中央当时撤销王震同志中共中央新疆分局书记、军区政治委员及财委主任，是不公正的。"①

关于中共中央新疆分局第二届党代会对王震同志的批判和中共中央对王震的处理决定，1979 年 1 月 19 日，中共新疆维吾尔自治区委员会经过讨论，作出了《关于处理新疆"文化革命"中和历史上遗留的一些重大问

---

① 《王震传》（上），当代中国出版社 1999 年版，第 528 页。

题的决定》。此决定于 2 月 6 日呈报中共中央，3 月 17 日，中央电复新疆维吾尔自治区党委，同意自治区党委的意见，撤销中央 1952 年 9 月 9 日对中共新疆分局第二届党代会有关错误批判王震和新疆分局的批示。

第三部

魂牵梦萦天山情

❧━━━━━━━━◆❖◆━━━━━━━━❧

　　1954 年春，王震调任中国人民解放军铁道兵司令员兼政治委员以后，依然始终时刻关心着新疆的建设和发展。对新疆的社会稳定、经济建设和改革开放，总是全力支持，倾尽全力。他先后 15 次回新疆视察，足迹遍布天山南北，不止一次地表示："革命岂须桑梓地，青山处处埋忠骨。我虽年过古稀，但是，我的心是和新疆各族人民连在一起的，是期望新疆更加繁荣昌盛的……如果去见马克思，我已委托战友和亲属，将我的骨灰撒在天山上，在四化实现之日，和新疆各族人民共享欢乐，同庆胜利。"

·第一章·

◎ 王震兴致勃勃地登上驾驶台，精神抖擞地驾驶着拖拉机在田里开了一圈。下了机车后，就在地头上向各团场领导详细询问了开荒情况，要求团场领导要关心青年们的婚姻大事。

1960 年 3 月 21 日，正是西北边陲春寒料峭的季节。

时任国家农垦部部长、党组书记的王震在新疆军区副司令员、新疆军区生产建设兵团司令员陶峙岳和新疆维吾尔自治区人民委员会副主席买买提明·伊敏诺夫等陪同下，风尘仆仆地来到塔里木河两岸视察屯垦部队。

这天，阳光明媚，和煦的春风以少有的柔和，轻轻地拂着人们刚换上的整洁服装。大家焦急而又兴奋地等待着王震部长的到来。

当汽车进入农一师九团开荒的地方，一身朴素的中山装，脚着一双黑布鞋的王震满面笑容地从车上下来加入到和军垦战士们一起开荒的行列。

在休息的间隙，王震和曾在修建乌库公路时立过功的"冰峰五姑娘"谈心。

田桂芳向王震详细地汇报自己小组栽培棉花的情况。

之后，王震又来到 14 场作业站，查看土壤情况时，抓一把土放在嘴上舔了舔后，对胜利二总场场长王金山说："盐碱太重，一定要治理好土壤，才能保证丰收。"

这时，正在刮地的一辆轮式拖拉机开过来，王震走过去，驾驶员陈国清急忙停住，跳下驾驶台，向王震敬礼。

王震亲切地拍着陈国清的肩膀问："年轻人，你是哪里人呀？"

"报告司令员，我是陕西人。"

"开车几年了？"

"3年。"

"成家没有？"

"没……还没呢。"陈国清涨红了脸。

王震兴致勃勃地登上驾驶台，精神抖擞地驾驶着拖拉机在田里开了一圈。下机车后，就在地头上向各团场领导详细询问开荒情况，要求团场领导要关心青年们的婚姻大事。

正午12时，王震来到农一师师部。

1955年，王震被中央军委授予上将军衔

一时间，锣鼓喧天，掌声如雷。待握完手后，师长林海清、政治委员杜宏鉴等准备聆听王震的教诲。这时，王震却挥挥手说："你们听，这是什么声音？"

大家都屏息凝神，但除了正在附近401地里首次试播春麦的机车声，什么也没有。

王震笑眯眯地用大家熟悉的湖南话说："拖拉机的声音嘛！"

郭占胜场长上前说："职工们正在掀起一个创高工效、欢迎老首长的历史高潮。"

王震点点头："创造高工效要得，光为欢迎我们就不对啦！"说罢，迈开稳健的步伐，走向401地号。

正在播种的拖拉机手包有仁，见人们簇拥着王震来到，急忙把机车开到地头。他跳下车，激动得说不出话来，一个劲儿地在工作服上擦沾满机油的手。

1960年3月，王震（前左三）视察正在开发的塔里木的兵团农一师

　　王震和包有仁握握手，又亲切地拍拍包有仁的肩膀，就抬脚踩上机车链轨板，回首朝大家笑笑后，一弯腰就进了驾驶室，包有仁立即跟了进去。

　　王震踩下油门，一扳操纵杆，机车吼叫着启动了。随行的新疆军区生产建设兵团政治部主任王季龙诙谐地喊道："部长开车，自然该我们站播种机喽！"于是，几个随同来的领导乐呵呵地蹬上播种机踏板，机车迎着春风在广阔的田野里徐徐前行。

　　看到这情景，大家一个个睁大眼睛惊奇得说不出话来。不知道是谁突然冒出一句："部长也会开拖拉机？"

　　马上有人接过话茬自豪地说："别说这匈牙利的拖拉机，就是美国的

'大道奇'、大坦克，部长也能够开着跑呢！"

一个戴眼镜的青年抢着说："部长是铁路工人出身，摆弄机车当然是行家里手。"

有人提醒大家："别饶舌啦！看这机车开得多稳当，种子播得多均匀。"人们都静下来，一个个凝视着驾驶室里王震的身影，凝视着播了种子的土地，心里荡漾着无限的崇敬。

当天下午，新疆军区生产建设兵团农一师在阿拉尔召开万人大会，王震在大会上深情地说："农一师的同志们来自井冈山，是参加过二万五千里长征的老红军，有抗日战争时期的老八路，有参加过解放战争的解放军，有抗美援朝归来的志愿军，有新疆'三区革命'的战士和'九·二五'起义的战士。你们在党中央、毛主席的号召下，来到塔里木屯垦戍边，经过这些年苦战，这里已经成为农业生产基地，生产出了大量的棉花、粮食，为建设新疆作出了贡献。"

3月22日，王震渡过塔里木河，视察了塔里木河南岸胜利第三总场，下午返回时又视察了塔里木农垦大学。当时，正赶上学校开饭，王震向副

1952年，王震在水库工地开挖土机参加紧张的水利开发建设

校长王三说:"我们就在这儿吃饭!"

这下可让学校的几位领导为难了,原计划安排是在二总场吃饭,这里没有准备。

王三硬着头皮说:"部长稍等一会儿,让伙房给您做。"

王震微笑着说:"你们吃什么,我们就吃什么,不要再做,多麻烦呀!"

于是,王三从伙房里端来几盘咸萝卜丝和两脸盆玉米面发糕摆在条桌上。王震拿起一块发糕就津津有味地吃了起来,其他几位领导也跟着吃起来。

早在1958年年初,王震在视察塔里木时决定在这里兴办一所大学。他兴奋地说:"这么一大片土地,没有一个学校行吗?没有大学,没有科研机构,塔里木今后怎么发展?"为了开发塔里木盆地,王震决定采用延安抗大的办法,在塔里木办一所农垦大学,以便就地培养所需的各类人才,尤其是农业方面的人才。10月15日,塔里木农垦大学正式成立,规格为县团级,归新疆军区生产建设兵团农业第一师领导。因此,一所前所未有的"沙漠学府"在塔里木盆地诞生。

1964年4月,王震(中)在塔里木农垦大学研究部署塔里木盆地的进一步开发计划

午饭后，王震专门抽空来到这所刚刚成立的塔里木农垦大学。当他亲眼目睹师生们开垦的实验田和自己动手兴建的校舍后，非常感慨地对学校领导和教职员工说："当年延安抗大的学生进校，是先挖窑洞，而你们的学生进校，是先盖土房，这就是延安精神。我们办学的宗旨就是自力更生、艰苦奋斗、勤俭建校，学生半耕半读，教师半耕半教。"当他得知社会上一些同志对"塔农大"有种种非议、兵团已经将校名更改为"生产建设兵团第一农业学校"时，便对陶峙岳司令员说："这个学校没有办错，方向是正确的，你们要支持，要把眼光放远一点儿，没有大学、没有科研机构，塔里木怎么发展？学校不正规，可以逐步正规起来。条件差，由国家农垦部支持。别人不承认这个学校，我承认，我兼任你们学校的校长，帮助你们解决实际困难。"

当天晚上，王震和陶峙岳、买买提明·伊敏诺夫以及学校领导商定，正式把这个学校定名为"塔里木农垦大学"，并挥笔题写了"塔里木农垦大学"的校牌。接着，在讲到"农业"和"农垦"时说："农业有局限性，学校不能只培养农业技术人才，还要培养其他方面的人才，农垦事业是个综合性事业，农垦就意味着艰苦奋斗。"

1962年元旦期间，王震又把在北京参加农业高校会议的学校领导、北京农业大学的两位教授和农垦部的几位局长请到家中做客，并对大家说："我向来是不请客的，这次请客是破天荒第一次。今天请你们的客，没有别的意思，就是要'北农大'的老大哥帮一帮'塔农大'的小弟弟，帮他们把学校办好，'塔农大'就作为'北农大'的分校吧！"

没有几天，王震又两次通知自己的老部下新疆军区生产建设兵团农一师师长林海清和塔里木农垦大学的领导到自己的办公室和家里，语重心长地说："海清啊，部里决定拨款给学校盖大楼[①]，钱不够师里要出一点儿。北农大要派老师去塔农大讲学，要盖水平高一些的房子让讲学的老师住。另外，就是双桥的农垦干校要撤销，图书和仪器送到塔农大去，还要调部分教员去。"

四十载光阴荏苒，四十载春华秋实。2004年，经国家教育部和新疆

---

① 当年10月12日拨款100万元。

1964 年 4 月，王震视察塔里木农垦大学，和师生亲切交谈

生产建设兵团同意，塔里木农垦大学正式更名为塔里木大学，是教育部批准的本科院校，2003 年获得硕士学位授予权。

如今，塔里木大学有 8 个学院，6 个硕士学位专业点，30 个本科专业，专业涉及 7 大学科门类，已经真正成为综合性大学，为国家培养输送毕业生两万多人，大多数毕业生已经成为新疆和新疆生产建设兵团的专业技术、科学研究和管理方面的骨干。

·第二章·

◎　王震低头默算了一下："每亩不止 100 市斤嘛!"——事实正是如此，确实不止 100 市斤。王忠汉是个实在人，汇报留有余地，怕说冒了秋收后收不到这么多，落个在首长面前"吹牛"的名声。其实，在秋收的时候，三连的棉花每亩单产皮棉 147 市斤!

1960 年 9 月 14 日下午，王震在陶峙岳、新疆军区生产建设兵团第二政治委员张仲瀚、兵团农学院①唐副院长等人的陪同下，风尘仆仆地到石河子总场种畜场检查工作。

一走进办公室后，王震依然和以前一样，习惯性地脱掉鞋子，盘腿坐在椅子上，还用手不时地在脚背上挠痒痒。

种畜场指导员郭明德正在田里锄草，得知王震到种畜场的消息后，急忙回到办公室，扶正军帽，向王震行了一个标准的军礼，随即热情地问候："司令员来啦!"

王震招招手表示还礼，问道："你是干什么工作的?"

"是这个场的指导员。"

"干什么去了?"

"职工正在地里锄草，我去检查质量，看一看。"

"看一看?"王震误解了"看一看"的意思，有点儿不高兴地说，"我

---

①　今新疆石河子大学。

1960年9月5日，陈毅副总理（左八）、王震（左九）、孔原、耿飚和新疆党政军领导合影

从北京来看一看，你也看一看？"

这里明显出现误会。郭明德欲张口申辩，又觉得不好。这时，王震又说："伸出手来，让我看看你的手！"

郭明德迅速地伸出双手，王震摸着他手心里厚厚的老茧，马上又高兴地连声称赞："看来你劳动得很多，不错，不错！"

这时，场里一位湖南籍的女会计走进来，带着浓重的乡音向王震问好。王震微笑着说："你过来，伸出手来让我看看。"

看过以后，不轻不重地拍了一下她的手："你没有劳动嘛！今后要多参加劳动，劳动可以改造世界，可以改造人嘛！"说得女会计脸红红的。

王震又转向石河子总场副场长李千峰问道："千峰啊，你在这里参加劳动没有？"

"报告司令员，我参加劳动不多。"

"你是知识分子，也要适当地和职工一起参加些劳动。"

"是，一定按照司令员的指示做！"

原来，李千峰是《人民画报》杂志外文版的负责人，由于所谓右倾问题从北京下放到新疆军区生产建设兵团农场参加生产劳动。李千峰来到西北边陲的新疆，是王震亲自将其安排在石河子，这次还为其带来了甄别平反的决定，所以特别关心他。

当时，正值国家经济困难时期，党中央号召全体干部参加生产劳动，和群众同甘共苦，共渡难关。王震通过和大家握手，根据手上茧子的多少判断干部参加劳动的情况，生动具体地将党的这一精神传达给各级干部。

王震询问完种畜场的情况，又察看种畜，再三嘱咐师和总场的领导要支持种畜场的工作，把这个单位搞好。

在田间，王震看到甜菜地里的杂草很多，就对郭明德说："你要好好组织力量，今天就给我锄干净！"又转向唐副院长："你们农学院有1000多名学生，为什么不来帮助锄草？"

郭明德回答说："今天不行，明天可以。"

"那好，我后天来检查。"

16日，王震驱车返回乌鲁木齐，已经走到石河子汽车检查站，又调转车头来到种畜场的甜菜地，看到已彻底锄干净，这才放心地离去。

看完种畜场的第二天，王震又兴致勃勃地到石河子总场四分场三连看棉花。

在三连的办公室里，王震见到新疆军区生产建设兵团的著名劳动模范、三连连长王忠汉问道："连队有多少地？都是种的什么庄稼？男职工和女职工各多少？大田劳动力占百分之几？杂勤人员占百分之几？"

王忠汉一一作了回答。

问完工作又问家常道："你家养了几只鸡？"

"一只也没有养。"

"你老伴呢，她干什么？"

"下田劳动。"

"你多大年纪？"

"50岁了。"

"应该养几只鸡下蛋，每天下田回来，叫老伴给打几个荷包蛋，补养补养身体嘛！"

王震谈着谈着脱掉鞋子就盘腿坐在椅子上，随和的态度，使王忠汉也再不拘束了，两个人相对而坐亲切攀谈。谈完之后，王震拉着王忠汉走出了办公室。

"走，去地里看看。"

车到地头停了下来。王震走进棉田，仔细观察棉花的生长情况。只见

1960 年 9 月 1 日，陈毅副总理（前排中）、王震（右五）、孔原、耿飚等出访归来，与新疆党政军领导合影

一棵棵棉株，枝肥叶茂，黄花紫花相间，棉蕾棉桃累累。王震连声称赞："好，好，这个单位不错啊！"

农八师政治委员鱼正东随手折了一截芦苇，指着芦苇尖对王震说："三连是我们农八师的这个。"

王震马上明白了"这个"的意思："噢，尖子呀！"

接着鱼政治委员介绍了三连精耕细作的情况，王震听了很激动，搂着王忠汉的肩膀，走到地边，对随行摄影的同志说："来，给我们照张相，留个纪念。"

王震步行 3 公里，连续察看了 7 块大条田的棉花。当年，三连种了 2600 亩棉花，长势都比较好。

在一号条田，王震不解地问王忠汉："每亩能够收多少斤？"

王忠汉果断地回答："100 市斤皮棉。"

王震仿佛有点儿不相信，歪着头问道："一亩多少株？"

"7000—8000 株。"

1962 年，王震（左二）在陶峙岳（前右二）、陈实（左一）、史骥（右）陪同下视察兵团农七师

"每株能够结多少桃？"

"6—7 个。"

王震低头默算了一下："每亩不止 100 市斤嘛！"——事实正是如此，确实不止 100 市斤。王忠汉是个实在人，汇报留有余地，怕说冒了秋收后收不到这么多，落个在首长面前"吹牛"的名声。其实，在秋收的时候，三连的棉花每亩单产皮棉 147 市斤！

在一块条田里有一个班的职工正在中耕松土。王震接过农工米天秀的锄头，弯下腰，左右开弓，非常熟练地锄了一段。农工们小声议论起来："部长还会锄地？"

"不愧是南泥湾大生产的模范旅长！"

"看到了吧，地地道道的南泥湾把式！"有一个女工甚至哼起"花篮的花儿香——"来。

王震把锄头还给米天秀，掏出手绢擦擦汗，忽然又问王忠汉："职工每月吃多少粮食？"

王忠汉迟疑了一下，照实回答说："每人 45 市斤。"

王震神情严肃地说："中央规定 30 市斤，你们为什么吃 45 市斤？"

"现在劳动紧张，强度大，30市斤不够吃。"王忠汉说完低下头，似乎在等待着发落。在场的人都为王忠汉捏了一把汗——因为当时正是困难时期，吃粮食是一个非常敏感的问题，在粮食问题上犯错误的同志也不少。

王震继续问道："粮食是从哪里来的?"

"职工自己业余种的。"王忠汉嗫嚅地回答道。

王震一言不发，平步向前，目视远方。随行的人谁也不敢说一句话，气氛紧张得使人有些喘不过气来。过了许久，王震转过身直视着王忠汉说："你是无产阶级，敢说真话。好! 吃45市斤我不反对，吃了要好好劳动，好好劳动!"

王忠汉眼里噙着泪水，只顾频频点头，却说不出一句话来。

·第三章·

◎ 回到办公室，王震又和三团政治委员王无逸谈培养、提拔上海青年的问题时说："我们要注意培养接班人，这就像种庄稼一样，一茬接一茬，一定防止青黄不接。"

1964 年秋，西北边陲被包裹在一片金黄色的秋景中，勤劳的新疆各族群众正在希望的田野收获着辛勤汗水浇灌的累累硕果。

10 月 3—19 日，王震在张仲瀚等新疆军区生产建设兵团领导的陪同下，第四次到塔里木垦区视察。

10 月 4 日上午，王震来到胜利渠水电站。电站工地党委书记傅丙申向王震详细汇报了电站的规模、容量和施工情况。这项工程原计划在 1965 年十一竣工。

王震试探性地问道："能不能提前到五一就建成呀？你先召集工程技术人员研究一下，然后再回答。另外，你们还有什么困难？"

傅丙申面有难色地回答说："部长，有几千立方的木料还在山里，运不出来。"

面对这种困难，王震果断地说："这没有什么，我给你一个汽车连，一个星期内到你这来报到，归你指挥，如何？"

果然，在王震走后的第六天，新疆军区的一个汽车连就开到了工地，只用了一个星期的时间，就从山里拉回木料 5000 立方米，确保了工程顺利进行。同时，由于王震的关心和军垦战士的辛勤劳动及各方面的支持，

1964 年 10 月，王震第四次视察塔里木垦区，和上海支边青年代表亲切交谈

电站提前 5 个月建成。于当年五一就开始正式发电。

当天下午，王震来到三团和上海青年座谈。

会上，王震发现有一个身材瘦小的姓卢的"小鬼"，不禁问道："小鬼，你多大了？"

"报告首长，15 岁。"

"你这么小就到新疆来参加建设，不怕吃苦吗？"王震又问道。

小卢坚决地回答："不怕！"

王震接着又关切地问道："你不想爸爸妈妈吗？"

"不，不想。"

"真的不想吗?"

"……"

王震看出了他的心思,便开玩笑地说:"大概哭过鼻子了吧?"

大家顿时哄笑起来,小卢红着脸说:"没,没……"

王震拍拍小卢的肩膀说:"好,好,没有哭鼻子就好。"

转过身来,王震又对身旁的全国种植棉花能手刘学佛说:"学佛啊,我把这个'小鬼'就交给你了,你可要好好地教他!"刘学佛连声答应。然后,王震和刘学佛、小卢等同志一起合影留念。

在临别分手时,王震又谆谆叮嘱小卢:"你要好好跟刘学佛学习棉花栽培技术,将来争取当像刘学佛那样的劳动模范。"

回到办公室,王震又和三团政治委员王无逸谈培养、提拔上海青年的问题时说:"我们要注意培养接班人,这就像种庄稼一样,一茬接一茬,一定防止青黄不接。"

接着,又关切地问道:"你们农场有多少支边知识青年?"

王无逸回答说:"有 3000 多人。"

"他们中有多少党员,多少干部?"

王无逸回答说:"现在还没有党员,当干部的也很少。"

王震马上反问:"为什么?"

"他们刚来,年纪又年轻,再锻炼两年。"王无逸回答道。

王震听了后,严肃地反问道:"你入党当干部时多大岁数?"

王无逸回答:"20 岁刚过。"

"对呀,你 20 多岁就能够当干部。现在人家 20 多岁,又有文化,正是干事业的时候,为什么就不能选拔当干部嘛?今后你们要注意培养他们。"

接着,王震又问在一旁的农一师政治委员杜宏鉴:"我当军团长时多大?"

由于杜宏鉴是井冈山的老兵,便笑着回答说:"部长 20 多岁就当军团长了。"

根据王震的指示,三团党委把培养年轻干部当作一件大事来抓,陆续提拔了一批优秀的上海青年到领导岗位上任职。

10 月 5 日这天，王震在办公室仔细查看三团的规划蓝图时，问道："你们团这几年的开荒情况如何？"

张团长回答说："我们团从 1956 年建场以后，再也没有大规模地进行过开荒。"

王震听后，感慨地说："像你们团这样的自然环境，不开荒真是太可惜！你看，四周有天然防风林，中间有天然排碱渠道，以后要多注意开荒地，大力发展生产，加快社会主义建设的步伐。"过后，王震和团领导、技术人员一起进行踏勘，制订开荒计划。当年冬季，三团就组织人员、调配机械开荒，很快就开垦足够三个连队耕种的土地。

接着，王震又陆续视察胜利四场、塔里木农垦大学、三管处、十七场、十八场、十九场、共青团农场和十四场，重点了解开垦荒地和农业机械化问题。

16 日下午，王震在农一师师部召开的师机关科级以上干部会议上，语气铿锵地说："一定要搞好农田水利建设，采取有效措施，防止土壤盐碱化；要大力开荒，扩大再生产；要积极发展农业机械化，解放生产力。"

·第四章·

◎　王震严肃地说："要认真贯彻执行党的民族政策。要大力培养少数民族的科技人才，充分尊重少数民族的风俗习惯。要旗帜鲜明地反对大汉族主义和地方民族主义。要坚持打击扰乱社会治安的打砸抢分子、流氓犯罪分子。不管是什么人，是哪一个民族的，犯了罪，就要受到法律的制裁，在法律面前人人平等，绝不容许姑息迁就。"

王震对新疆怀有特殊的情感，在各种场合经常说："新疆是我的第二故乡。我对新疆一直怀有深深的情感，我的心和新疆各族人民的心是紧紧连在一起的。"

自 1954 年离开新疆以后，王震依然一如既往地关注新疆的建设和发展，先后 15 次回新疆视察工作。新疆的各族干部群众也经常到北京王震的家里做客，一起畅谈新疆日新月异的变化；新疆在北京举办活动，王震无论多忙，也都要挤出时间参加；遇到新疆到北京去的同志，王震总要关切地询问新疆的情况；与此同时，王震还常常亲自动笔，就新疆的改革开放和现代化建设事业给中共中央写报告，提出各种建议。

中共十一届三中全会以后，新疆开始工作重点转移和国民经济调整，但让人没有预料到的是，由于境内外别有用心的人的挑动，加上工作中出现新的问题，1980 年下半年，新疆的民族关系一度比较紧张。有的汉族干部群众在大街上遇到辱骂、殴打；少数人举行游行，哄抢公物。民族纠纷由维吾尔族与汉族之间，发展到维吾尔族与其他少数民族之间。流言蜚

1969年国庆节，毛泽东主席在天安门城楼亲切接见王震

语盛行，汉族干部职工纷纷要求回内地。许多汉族工人、农民，甚至进疆多年的老干部都不安心工作，出现思想上的混乱，给正常的工作、生活秩序带来严重的影响，团结一致向前看，集中精力搞建设的局面尚未完全形成。

身在北京的王震得知这些情况后，寝食不安，对新疆局势的发展十分关注。

1980 年 9 月 23 日，中共中央专门召开由胡耀邦主持的新疆工作座谈会，王震出席会议。座谈会纪要中说："中央决定，派王震同志到新疆，代表中央慰问新疆各族干部、各族群众和解放军指战员。"

当时，刚刚做完膀胱癌手术还不到四个月的王震，身体非常虚弱。但他接到中共中央任务的第四天，毫不迟疑地偕国家农委主任张平化、农垦部副部长张林池、著名诗人柯岩和夫人王季青等人出发。这是王震在党的十一届三中全会上当选为中共中央政治局委员后第一次到新疆视察工作。

9 月 27 日，到达乌鲁木齐后，劳顿未解，王震就马上听取新疆维吾尔自治区党委、人民政府的工作汇报，还不顾身体虚弱和旅途劳累，亲自深入到天山南北的农村牧区、工厂学校，与新疆各族干部群众、解放军指战员进行座谈，直接听取他们对新疆形势的看法和建议。晚上，在自治区欢迎便宴后，有少数民族同志邀请他跳舞，尽管他刚刚动手术不久，双脚患有严重的末梢神经炎，但他依旧十分兴奋应邀，潇洒地跳了一段新疆舞，赢得在场各族干部群众的喝彩。

在自治区领导汪锋等领导同志的陪同下，他先后出席自治区第三次文代会和自治区四届政协第十次常委（扩大）会议，亲切看望乌鲁木齐部队的部分团以上干部，并分别作重要讲话。

9 月 30 日，在看望部队指战员时，王震再三叮嘱说："新疆的人民解放军部队来自五湖四海，组成一个统一的整体，所以，我们要团结。四个现代化中，有一个国防现代化，部队要搞好政治教育和军事训练，要提高军事素质，特别是遵守纪律，不能搞无政府主义，要以身作则，团结群众，多做群众工作，我们的军队要保卫安定团结的局面，要提高警惕，保卫好国家的安全。"[①]

10 月 5 日至 7 日，王震驱车来到南疆地区的阿克苏和库尔勒，看望慰问这里的各族干部、群众和驻军指战员时，强调指出："新疆地处祖国西北边陲，进一步搞好新疆各族人民之间和军民之间的团结非常重要。希望大家都做民族团结和军民团结的模范"，"现在全国各族人民面临一个光荣的任务，就是要在 20 世纪内实现四个现代化；现在全国人民有一个共

---

① 《王震传》（下），当代中国出版社 2001 年版，第 216 页。

1980 年 9 月，王震视察新疆时与农垦老战士亲切交谈

同的心愿，就是在国内要全国各族人民大团结，有一个安定团结的政治局面。"①

　　在阿克苏，在接见当年跟随自己进疆的老红军、老八路和老标兵时，王震语重心长地说："屯垦戍边，是我们的老祖宗留下来的。我们的农垦方针是正确的。希望老同志保持和发扬艰苦创业的光荣传统，安心边疆工作……在开发边疆、建设边疆、保卫边疆中，作出更大的贡献。"在库尔勒，王震见到一位当年跟自己的老同志，针对当时有些人不安心在新疆工作的情况，对这位老同志说："我有印象，你就是张仲瀚那个旅的。你们的情况，我的耳朵都塞满了。你安不安心呀？""我本来很安心……我是

_____

① 《王震传》（下），当代中国出版社 2001 年版，第 217 页。

由安心到不安心。"听到这里，王震表情严肃地对他说："你们是执行毛主席他老人家的命令。三个队的任务没有错。你们要爱国，要有爱国主义思想。"然后，又问道："你有50岁没有？""已经53岁"，王震说："我已经73岁，比你大20岁。你们还能工作好多年。现在就划出2000亩地，周围绿化多种树，将来安100户，把房子卫生、水暖都考虑好，就成为很好的养老基地。"

10月7日，在巴音郭楞蒙古自治州干部大会上，王震循循善诱地说："我们要同各族人民讲友爱，讲团结。汉族是中国人口最多的，讲文化，并不比其他民族高。但是在中华人民共和国，汉族是一个主体民族，9亿多人，少数民族称我们老大哥，我们作个揖'阿弥陀佛'谢谢你，我们不当老大哥，是兄弟民族。那个蒙族同志70多岁，你汉族40岁了，你汉族同志就要把那个70岁的蒙族同志当父老看待，当长辈看待。维族、哈萨克族老同志都是一样，要当作年长的一辈看待。"①

当时，喀什、阿克苏、巴音郭楞蒙古自治州垦区又有几千名支边青年聚集阿克苏，掀起了一股"回城风潮"，强烈要求回上海安家落户已有一个多月。一些深居塔里木腹地的老职工，也提出改善环境和生活福利条件的6条意见，聚众跑到乌鲁木齐市新疆维吾尔自治区农垦局请愿。同时，极少数心怀叵测的人，也乘机散布什么兵团"占了地盘，抢了饭碗"的奇谈怪论，闹得一些团场人心惶惶。

王震在巴音郭楞蒙古自治州干部大会上阐述打倒林彪、"四人帮"后全国安定团结的大好形势和国际上的良好反响，以及全党全国各族人民坚持四项基本原则、完善社会主义民主集中制，把全党工作的重点转移到四化建设方面来的重大意义后，满怀深情地说："各族人民要讲团结，讲友爱。团结的意义对内对外都非常重要。没有各族人民之间亲密无间的团结，什么事情都搞不成；没有全国人民的大团结，敌人就要欺负我们。而那些破坏团结的家伙，他们的狐狸尾巴最终是要露出来的。"

王震接着说："上海青年有文化，这些年学了技术，也是建设边疆的一支重要力量，干吗要让他们走呀？"

---

① 《王震传》（下），当代中国出版社2001年版，第217—218页。

　　最后，王震又说："我这个人患有癌症，不久恐怕要死的。不死就退休，退休就退到新疆来。我是中华人民共和国的公民，有居住的自由。我死了烧成灰，就撒到天山上。要不死，敌人打进来，我还要和小伙子们一块儿钻洞子的，当个顾问。小伙子们聪明灵活，我就看着你们打胜仗。"

　　王震抱病到新疆视察慰问的17天时间里，每天工作长达10多个小时，还要忍受疾病的折磨。先后与数百人交谈，会见了近万人。

　　在各种场合，王震都要反复强调民族团结的重要性，语重心长地说："我国是一个多民族的国家，中华民族包括汉族和各少数民族在内，是一个统一的整体。在新疆，居住着维吾尔、汉、哈萨克、蒙古、回、柯尔克孜、锡伯、塔吉克、乌兹别克、塔塔尔、达斡尔、满、俄罗斯等13个民族。他们和中华民族的其他兄弟民族一样，都有自己的光荣历史，都以勤劳、勇敢、智慧和团结著称。""在长期的友好交往中，我国各族人民，共同创造了我们中华民族光荣的历史和灿烂的文化，形成了亲密团结的优良传统。在历史上，各民族之间虽然也发生过不愉快的事情，但都为时短暂；和睦友好相处是悠久的。解放30年来，新疆各族人民的团结是好的，

"文化大革命"结束后，王震与王恩茂在北京合影

友谊是牢固的。当年我奉党中央的命令率领人民解放军进军新疆时，新疆各族人民像对自己亲儿女一样对待子弟兵，使进驻新疆的第一野战军第一兵团顺利执行了改造国民党的起义军队、团结三区革命部队等任务。我们永远铭记新疆各族人民的关怀。这以后，新疆的工作不断取得进展，新疆各族人民的团结不断得到加强。十年浩劫期间，新疆各族人民经历了林彪、'四人帮'猖狂的破坏。但是，经过一番努力，又争得了新的安定团结的局面。我们的团结经历了严峻的考验，犹如天山上的雪莲，在风雪中傲然盛开。"同时，王震严肃地说："要认真贯彻执行党的民族政策。要在各族干部和群众中进行马克思主义民族观和宗教观的教育，支持和完善具有中国特色的民族区域自治制度。要大力培养少数民族的科技人才，大力发展边疆民族地区的经济、文化、教育事业，充分尊重少数民族的风俗习惯。要旗帜鲜明地反对大汉族主义和地方民族主义。""发展新疆安定团结的局面，要进一步发扬社会主义民主，健全社会主义法制，建立良好的社会秩序。""我们必须坚决打击扰乱社会治安的打砸抢分子、流氓犯罪分子。不管是什么人，是哪一个民族的，犯了罪，就要受到法律的制裁，在法律面前人人平等，绝不容许姑息迁就，放弃原则，以维护和保障正常的社会秩序、工作秩序、生产秩序。"①

回到北京以后，王震向中共中央递呈了《赴新疆慰问的汇报提纲》。他在该提纲中说："一是要运用各种有效形式，坚持民族团结教育，号召各族人民团结起来，建设繁荣富强的社会主义新疆；二是加强新疆自治区的领导班子建设。从长期坚持在新疆战斗、工作的同志中，选拔熟悉当地情况，懂得生产建设并善于团结各民族及与他们有长期友好合作关系而又年富力强的干部，充实进自治区领导班子。加强对少数民族干部的培养和提拔；三是把工作重点放在建设及开发新疆上，积极利用新疆资源。加强石油、有色金属、黄金等勘探开发，新建一批发电站，横贯塔里木盆地至青海和通往喀什、和田的铁路修建都要陆续进行；四是国家教育部增加高校在新疆的招生名额；增加少数民族青年入伍名额；军队要办好干部子女学校；五是组织少数民族领导干部及技术人员赴内地或出国访问，以开阔

---

① 　王震：《各族人民团结起来，建设富裕文明的社会主义新疆》，1980年10月16日。

1980 年 9 月，王震视察新疆时，接见自治区党政军领导干部

现代生产技术的眼界，有利于新疆的开发建设。"这些建议在后来的工作中，逐步被中央或新疆自治区所采纳。

《赴新疆慰问的汇报提纲》最后说："我请求党中央、中央军委让我以现在的职务、身份，在新疆帮助工作"，"这是出于对林彪、'四人帮'反革命集团的义愤，出于对新疆山山水水的情谊，出于爱国者、革命者和共产主义战士的赤诚之心。"①

10 月 16 日，王震在《人民日报》发表题为《各族人民团结起来，建设富裕文明的社会主义新疆》的长篇文章，并文章在结尾时，满怀深情地说："'革命岂须桑梓地，青山处处埋忠骨。'我希望在新疆工作的同志们，都能一如既往，安心边疆，扎根边疆，把祖国边陲保卫好，把新疆建设好。我虽年过古稀，身患疾病，但是，我的心是和新疆各族人民连在一起的，我期望新疆更加繁荣昌盛。我十分拥护我们党和国家不搞党政军领导干部终身制，在我们党召开十二大的时候，倘若我还活在人间，我将申请辞去党的领导职务，退休到新疆来，和各族人民一道，共同为中华人民共

① 《王震传》（下），当代中国出版社 2001 年版，第 219 页。

1980 年 9 月，王震亲切接见新疆少数民族群众代表

和国的安全、繁荣、昌盛而奋斗到底！如果去见马克思，我已委托战友和亲属，将我的骨灰撒在天山上！在四个现代化实现之日，同新疆各族人民共享欢乐，同庆胜利。"

·第五章·

◎"我年纪大了，又有病，但是我还要讲新疆的历史。以前乌斯满匪帮到处流窜骚扰，给新疆各族人民带来多大危害呀！新疆解放时，各族人民之所以扶老携幼，夹道欢迎中国人民解放军，就是因为他们深受乌斯满匪帮的祸害。关于这一点，我们每年都要讲，要一年一年讲下去。"王震感慨地说。

改革开放后，由于新疆和内地特别是东南沿海物质生活待遇差距的进一步拉大和人们思想观念的变化，同时由于新疆局势一度不稳，部分人不安心新疆，要求调回内地，出现科技人员"孔雀东南飞"的现象。身在北京的王震密切关注着这一现象，多次勉励当年进疆的老同志、支边知识青年、科技人员和复转军人要热爱边疆、安心边疆、扎根边疆，在社会主义现代化建设的新时期，继承和发扬我党艰苦奋斗的优良传统，为屯垦戍边大业作出新的贡献。

1963—1966年，八万多上海知识青年唱着"告别黄浦江，高歌进新疆"的歌曲千里迢迢来到西北边陲的新疆。经过10余年的艰苦奋斗，垦区发生了翻天覆地的变化：过去是荒无人烟，现在是绿洲、工厂、医院和学校成片；过去是靠人拉肩扛，现在是农业机械化程度达到70%以上，职工劳动强度大大减轻；过去每人每月一斤细粮，现在大米白面的比例增加几十倍，肉类敞开供应，每人每年吃瓜果三四百斤，蔬菜更便宜。过去生活艰苦甘愿在这里扎根奋斗，如今条件好了反而牢骚满腹，许多人唱起

《回乡曲》："宁饮浦江水，不食塔河鱼"。

于是，从1980年11月初开始，新疆阿克苏地区数千名上海支边青年，聚集阿克苏市区并冲击机关，围攻干部，游行演讲甚至绝食，掀起一股"回城风潮"。

11月15日晚8时半，得知情况的王震打电话给自治区党委书记汪锋："请转告阿克苏上海支边青年，闻他们聚众闹事，甚表不安……我将请求数日内到阿克苏调研。上海知青是我亲自办理入疆的，我要自始至终对国家的支边青年依法负责到底！"

11月19日，王震向中共中央、国务院递交的报告中说："我本人请求前往进行安抚，不管其闹事头头威胁'工老头来就叫他有来无回'那一套。总之要遵循国家政策法纪，妥善处理。"考虑到王震刚刚做了膀胱癌手术，10月中旬才从新疆回到北京，身体比较虚弱，中共中央没有批准王震的请求，决定由国务院派出工作组前往。经国务院工作组的工作，事态有所缓和，但依然没有从根本上得到控制。

1980年12月26日至1981年1月5日，中共中央召开由胡耀邦主持的关于新疆问题座谈会，讨论阿克苏上海知识青年闹事问题。

在会上，王震直言不讳地说："从1949年起，从一些人口稠密的城市调一些青年去支持边疆建设。青年人志在四方，这是一件很有意义、很光荣的事情。""我是自己跳出来管这件事的。""应该肯定50年代新疆的民主改革、土改、镇反、内部清查，起了很大作用。没有这些斗争，就会天天闹地震。""新疆这几年……不能说没有林彪、'四人帮'的爪牙胡作非为，阴魂不散，要重视它。但百分之九十几以上是好人，经过宣传教育，都可以和我们一道走。"会议批准了王震再次赴新疆解决阿克苏上海知青闹事问题的请求，决定成立以王震为团长的中央赴新疆巡视团，到新疆帮助工作。

就在这个特殊时期，新疆一小撮民族分裂主义分子也伺机而动。1981年初，新疆南部的叶城县又发生骚乱事件，借口宗教问题，煽动群众游行示威、冲击机关，殴打干部，扬言要建立所谓"伊斯兰共和国"。

在危急时刻，1981年1月8日，时任中央政治局委员、中央军委常委的王震又一次率团来到新疆。

在 10 多天的时间里，王震不顾老年慢性支气管炎的发作，走遍冰天雪地的天山南北。他每到一地都强调：要坚持四项基本原则，要加强民族团结，要维护安定团结。他还说："现在一说到专政，就有人怕扩大化。我们当然要注意不要重犯扩大化的错误，但对唯恐天下不乱的打砸抢分子，要坚决实行专政。"

经过深入的调查研究，在新疆维吾尔自治区党委召开的干部大会上，王震非常生气地说："现在社会上还有一些打砸抢分子，冲击机关，破坏社会秩序、工作秩序、生产秩序。中央已经下了命令，对闹事地区实行军事戒严，对于这些林彪、'四人帮'残余分子，如果他们继续坚持罪恶立场，就要把他们抓起来，对他们实行专政。现在一说到专政，就有人怕扩大化。我们当然要注意不要重犯扩大化的错误，但对唯恐天下不乱的打砸抢分子，对妄图破坏祖国统一的民族分裂主义分子，要坚决实行专政。究竟他们有多少人？他们的罪行是这样明显，难道还看不清楚吗？"接着，王震循循善诱地说："我年纪大了，又有病，而且得的是癌症，说起来吓人哪！但是我还要讲新疆的历史。以前乌斯满匪帮到处流窜骚扰，给新疆各族人民带来多大危害呀！新疆解放时，各族人民之所以扶老携幼，夹道欢迎中国人民解放军，就是因为几十年他们深受乌斯满匪帮的祸害。关于这一点，我们每年都要讲，要一年一年讲下去，历史学家以及我们的老同志，要把这些写成书，写成历史传下去。"①

1 月 14 日，王震召集阿克苏、石河子和巴音郭楞蒙古自治州的上海支边青年董庭金、倪毫梅、张雪花、孙士俊、毛家伟、张俊发等 8 名代表开座谈会。

待大家坐定后，王震问道："你们是干部，是年轻的小将，对'造反有理'这个口号，你们的看法怎么样？"

"闹事不对。"倪毫梅回答。

"是犯法！"王震严厉地说："闹事的头头要惩罚。没有无产阶级专政的权威，中国就要成为一盘散沙。1958 年的浮夸风纠正了，后来又是 10 年浩劫，现在又闹事，1000 多人绝食，还组织了什么队？"

① 《王震传》（下），当代中国出版社 2001 年版，第 220 页。

"打狗队。"毛家伟回答。

"简直是岂有此理！我们一些团场，还发户口，发路费。"

"我们还花钱会了餐，开了欢送会。"张俊发接着说。

"还开欢送会？"王震一听就愤怒了，"国家每年花几个亿支援边疆建设，而你们现在这样干，对国家不负责任，也害了一些上海青年。有些农垦局，一闹就这样——"王震做了一个举手投降的姿势，"这像话吗？你们说说！"

过一会儿后，王震的情绪缓和了下来，回顾当年动员上海知识青年进新疆的过程时说："上海解放前是'冒险家的乐园'，但却是穷人的地狱，一逢天灾，就要饿死许多人。你们是我动员来的。那时三年经济困难时期，城市很多人没有饭吃，得了浮肿病。我请示了毛主席、刘主席、周总理和邓小平总书记，一来减轻上海的人口压力，二来开发建设和保卫边疆，对付国外霸权主义。你们来新疆10多年了，用自己的智慧、汗水，建立了美好的家园，日子会越来越好。小平同志讲了，到20世纪末，我国人均收入要达到1000美元。一对夫妇生一个孩子，3000美元，算是小康人家。你们的29团人均收入多少？"

"300美元。"刘双全局长回答。

"还差一大截！"王震接着说："青年人要有志气，有抱负，有作为。你们都30多岁了，还闹着回到爸爸妈妈身边去。在上海，兄弟姐妹多的，成天争阁楼，吵架，太没有出息了嘛！红军二万五千里长征，后来抗日，解放全中国，谁想到要回家？当然那时情况不同，回了家，蒋介石要砍脑壳，差不多是有家难归……现在闹着要回上海。回上海干什么？当无业游民？这些闹事的头头，说我王震是'人贩子'，当初用'头顶葡萄架，脚踩哈密瓜，羊肉当饭吃，牛奶当奶茶'的谎话，把他们骗来的。这是事实吗？"

"不是事实。"董庭金回答。

王震接着说："我说了，你们是建设边疆的一支重要力量。为边疆建设流血流汗，是你们这一代人肩负的重任，把新疆建设成小上海嘛！自然，有些问题要解决，南北疆的工资差额要拉平，青年要结婚，房子要修一些的。尽管我们国家还很贫穷，但要采取积极的态度。闹事是解决不了

1981年5月21日，中央巡视团团长王震同志等在石河子接见老红军、干部及各条战线代表合影留念

问题的。"

王震轻轻咳嗽了一声，望着代表们说："我老了。交班也要交给那些有社会主义觉悟的、作风过得硬的青年。不然，我死不瞑目啊！"

过了几天，王震在会见农垦局长刘双全时，特地询问道："现在情况怎么样了？"

"王老，他们听了您的讲话，安定下来了。"刘双全回答。

王震又叮嘱说："这还远远不够，还要细致地做思想政治工作！"他长长地舒了一口气，又说："要进行理想、纪律教育，无故要走的一个不准放。回来的，要妥善进行安置。"

对王震两次视察新疆以及在期间的讲话，新疆各族干部群众、农垦职工、解放军指战员都反响强烈，欢欣鼓舞，许多人纷纷给中央写信表示坚决拥护。

1981年5月上旬，新疆伽师县发生反革命武装叛乱事件，公开扬言要用枪杆子建立"伊斯兰共和国"。根据王震请求和中共中央决定，5月16日至24日，王震率领中共中央巡视团在党的十一届三中全会后第三次

1981 年 8 月，王震陪同邓小平等视察新疆

来到新疆指导工作。

　　王震还多次邀请邓小平暑期到新疆度假。1981 年 8 月 10—19 日，王震和中共中央书记处书记王任重陪同中共中央副主席、中央军委主席邓小平到新疆"休假"。这是在党的十一届三中全会后，在不到一年的时间里，王震撑着患了癌症的身体，第四次抱病来到新疆巡视。就在临出发的当天上午，他还在解放军总医院作了膀胱镜检查，给膀胱注射了治疗癌症的药物。当时，王震的心率最快时每分钟曾达 160 多次，医生让他最少要休息半个月。可王震深知这次到新疆的重要性，下午便出发。他陪同邓小平到乌鲁木齐市、石河子、吐鲁番等地，与各族干部群众、农垦战士、解放军指战员广泛接触。途中，他还向邓小平详细介绍了新疆的有关情况和自己的一些看法。

　　8 月 16 日，邓小平在与新疆维吾尔自治区党委第二书记、乌鲁木齐军区政治委员谷景生谈话时说："要把我国实行的民族区域自治制度用法律形式规定下来，要从法律上解决这个问题，要有民主区域自治法。新疆稳定是大局，不稳定一切事情都办不成。不允许搞分裂，谁搞分裂处理谁。"他还说：要注意培养和选拔少数民族干部。

"选拔少数民族干部的标准，是德才兼备。干部问题具有极端重要性，少数民族地区工作能不能搞好，关键是干部问题。对思想作风正派，坚决维护祖国统一和民族团结，又有突出工作表现和一定资历的同志要大胆提拔上来，甚至放到很高的领导位置上。"①

同年 10 月 19 日下午，胡耀邦主持中共中央书记处同志同新疆维吾尔自治区党委和乌鲁木齐军区领导进行了谈话，并又一次讨论了新疆工作问题。会上，宣布了中共中央关于调王恩茂任新疆维吾尔自治区党委第一书记，全面主持新疆党政军工作的决定。会议纠正了中共中央和新疆维吾尔自治区工作中的一些错误认识和做法，号召"自治区各级党委务必谦虚谨慎，戒骄戒躁，不断了解新情况，解决新问题，迎接新任务。对工作中所遇到的每个重要问题，都要在深入调查研究，摸清情况的基础上，深思熟虑，妥善处理。全区各民族干部，要进一步发挥亲密团结、共同战斗的优良传统；特别是汉族干部，要牢固地树立长期地在新疆工作，全心全意为新疆各族人民服务的思想"。

1981 年 8 月，王震陪同邓小平参观石河子农业科学研究所

① 《新疆工作文献选编》，中央文献出版社 2010 年版，第 252 页。

　　在短短的一年的时间里，王震撑着患癌症的孱弱病体，先后四次来到新疆巡视，走遍天山南北。他无论走到哪里，都要强调民族团结和边疆的稳定，鼓励大家争做团结的模范；而对于一小撮破坏祖国统一、破坏民族团结的坏人，则要坚决地、毫不留情地进行打击。这样，由于境内外敌人的挑动和工作上的失误所造成的新疆的紧张局势，终于恢复了平静。

·第六章·

◎ 1981年1月王震视察新疆时，情绪非常激动，态度严肃地说："新疆生产建设兵团是新疆军区的后备军，是保卫边疆、建设边疆的主要力量。解散生产建设兵团就是完全错误的……什么抢了'饭碗'、占了'资源'，这是完全错误的！有人还要追什么'后台'，我就是'后台'，我就是农垦的'后台'！"义正词严的讲话，对当时非常猖獗的民族分裂主义分子是有力的回击，鼓舞了新疆各族人民尤其是兵团广大军垦战士。

长达十年的"文化大革命"，使新疆生产建设兵团的各项事业遭到严重的挫折和破坏。一大批各级领导干部被揪斗、打倒，许多单位出现夺权和武斗事件，各级领导机关处于瘫痪状态，制造了大量的冤假错案，造成耕地面积减少，粮食总产量下降，财务严重亏损。

1975年3月25日，兵团被迫撤销，成立新疆农垦总局。兵团撤销后，屯垦戍边、发展经济和维护新疆稳定的特殊作用明显削弱。直到粉碎"四人帮"后，由于生产建设兵团被撤销的体制问题未能解决，在一段时间内，各方面的工作仍然处于混乱状态。

王震是新疆现代屯垦事业的开创者，又是新疆生产建设兵团的缔造者。新疆军区生产建设兵团自1954年成立后，对于发展自治区各民族的经济、文化建设，防御霸权主义侵略，保卫祖国边疆都作出了巨大贡献。1962年，苏联霸权主义制造了伊塔事件，煽动位于中苏边境县市数万名边民外逃。事件发生后，生产建设兵团迅速组织军垦战士，分赴边境县市，担负警戒，稳定局势，充实了边防。到1965年，生产建设兵团累计开垦荒地1000多万亩，当年的工农业生产总值达6.6亿元，占新疆的三分之一。但在"文化大革命"期间，生产建设兵团受到严重破坏，人心涣散，生产下降，由盈转亏，直到1975年生产建设兵团体制被撤销。这不仅给国家和新疆增加了负担，还严重地削弱了边防。王震非常忧心！

粉碎"四人帮"后，王震就开始思考建议中共中央适时恢复新疆生产建设兵团问题。新疆局势出现不稳定问题后，进一步坚定了王震建议中共中央迅速恢复生产建设兵团的决心。

1978年2月，国家农垦总局派出工作组对新疆农垦管理体制等有关问题进行调研，提出恢复生产建设兵团的建议。但由于当时对生产建设兵团有不同的认识，这一建议没有能够实现。作为分管新疆工作的中央领导和生产建设兵团的创立者，王震力主恢复新疆生产建设兵团。

1980年前后，新疆局势连续出现问题，恢复和发展壮大新疆生产建设兵团便成为王震一直关心的一件大事。从1980年9月至1981年5月，在200多天的时间里，王震为新疆生产建设兵团的恢复做了大量工作。对于"文化大革命"期间新疆农垦事业遭到的重大破坏和损失，王震异常痛心和愤慨。因此，为恢复农垦的大好局面，恢复新疆生产建设兵团，他满怀激情地奔走呼号。

1980年9、10月间，王震率领中共中央慰问团在新疆各地的讲话中，除了强调各族人民的团结、边防的巩固、四化建设外，还强调农垦的重要地位和作用。

10月5日，王震在阿克苏接见当年跟随自己进军新疆开发塔里木依然留在原农一师工作的老红军、老八路和老标兵时说："屯垦戍边是我们老祖宗留下来的。我们的农垦方针是正确的。希望老同志保持和发扬艰苦创业的光荣传统，安心边疆工作……在开发边疆、保卫边疆中作出更大的贡献。"这次讲话不仅是对老同志的安慰和鼓励，也是为尽快恢复被撤销的兵团体制，作了一次舆论上的准备。

1981年1月，王震在党的十一届三中全会后第二次视察新疆工作，在自治区党委召开的厅局和师以上干部参加的大会上，联系新疆的历史和现实讲到兵团的问题时，情绪非常激动，态度严肃地说："我这个人的革命生涯，就是从南泥湾开荒，到全国农垦，还是开荒。在华南，我们的老师叶剑英同志是农垦局局长。农垦这件事，就是在'文化大革命'期间我也管着。以后，把我下放到江西，也就是在一个农场，虽然是'走资派'，但我仍然是一个很有权威的场长。直到现在，那个农场的广大职工仍然和我保持密切的联系，不断往来。""我这个人也比较粗鲁，谁要是再破坏农垦事业，我可告诉你呀！你小心招架着我这个人就是了。有人说生产建设兵团破坏了5000万亩草场，这不要紧，这个问题还在专门讨论研究。研究情况怎样，要搞清楚。当然，现在再不能开草场了。但是也绝不允许破坏生产兵团。要不然我就宣布戒严，戒严可是有点吓人呢！戒严就是要抓人，就是要实行武装保护。"

"新疆生产建设兵团是新疆军区的后备军，是保卫边疆、建设边疆的主要力量。解散生产建设兵团就是完全错误的……生产建设兵团搞了农业、畜牧业、工业、商业，还有交通运输业，这些办得完全对，什么抢了'饭碗'、占了'资源'，这是完全错误的！有人还要追什么'后台'，我就是'后台'，我就是农垦的'后台'！"义正词严的讲话，对当时非常猖獗的民族分裂主义分子是有力的回击，鼓舞了新疆各族人民尤其是兵团广大军垦战士。同时，这次讲话，实质上是在厅局领导干部中为恢复生产建设兵团体制作了一次动员。

在这段时期内，王震先后四次往返于北京和新疆，进行深入的调查研究，做了大量的稳定新疆和增强民族团结的工作。他关心屯垦事业的发展，旗帜鲜明地反对民族分裂，维护祖国统一，积极向中共中央如实汇报，并呼吁尽快恢复新疆生产建设兵团。

1981年1月30日，在全面了解和掌握情况后，王震正式在向中央军委主席邓小平递呈的报告中说："新疆农垦现在有200万人，屯垦在全疆各地。""主力屯垦于准噶尔（天山北）、塔里木（天山南）两大盆地，建设起70多个边境团级农场，担负生产和边防警备。""应恢复……新疆生产建设兵团，实行农工商联合企业，归中央农垦部和自治区双重领导。"

邓小平经过慎重思考后，于1981年7月1日作出批示："请王震同志牵头，约集有关部门领导同志，对恢复生产建设兵团的必要性，作一系统

1981 年 8 月 13 日，王震陪同邓小平在石河子垦区视察

的报告，代为中央拟一决议，以凭决定。"①

　　8 月 10 日，邓小平应王震的邀请到新疆，一下火车，就对前来迎接的新疆自治区领导说："我们明后天就到石河子垦区去看看。"于是在 8 月 13 日，邓小平在王震、王任重的陪同下视察了军垦新城石河子，对阡陌相连的绿洲，高耸入云的林带和丰收在望的棉田异常兴奋。回到北京后不久，邓小平在一次中央会议上强调指出："新疆生产建设兵团要恢复。新疆生产建设兵团是稳定的一支重要力量。""新疆生产建设兵团，就是现在的农垦部队，是稳定新疆的核心。"②

　　于是，遵照邓小平的指示，王震约集国家农委党组和新疆自治区党委给中共中央起草《关于恢复新疆生产建设兵团的报告》（以下简称《报告》）。经过王震多次亲笔修改和国家农委党组、新疆自治区党委多次讨论并通过。1981 年 9 月 22 日，《报告》终于正式成文。《报告》提出："从维护祖国的领土完整和建设社会主义的富裕文明的新新疆的战略考虑出发，建议

---

①　《新疆工作文献选编》，中央文献出版社 2010 年版，第 246 页。
②　同上，第 252、253 页。

党中央、国务院、中央军委恢复新疆生产建设兵团体制。"

1981 年 12 月 3 日，中共中央、国务院、中央军委根据上述报告，联合发文，决定恢复新疆生产建设兵团，并指出"生产建设兵团屯垦戍边，发展农垦事业，对于发展自治区各民族的经济、文化建设，防御霸权主义侵略，保卫祖国边疆都有十分重要的意义"。① 由此，被撤销 6 年的新疆生产建设兵团得到恢复。

1982 年 6 月 1 日，自治区党委主持召开隆重的庆祝恢复新疆生产建设兵团大会，王震结束对罗马尼亚的休假和访问之后，特意在新疆停留，代表中共中央、全国人大常委会、国务院、中央军委专程到新疆出席大会，并作重要讲话时深刻指出："生产建设兵团是一支产业大军，是一支有组织、有训练的强大的警备新疆的国防军的后备力量。"要加强政治思想教育，坚决贯彻'劳武结合、屯垦戍边'的方针，随时保持高度警惕，防御帝国主义、霸权主义的武装侵略和颠覆破坏。为保卫祖国边疆，保

1982 年 6 月，王震代表中共中央、全国人大常委会、国务院、中央军委在庆祝恢复新疆生产建设兵团大会上讲话

① 《新疆工作文献选编》，中央文献出版社 2010 年版，第 254 页。

1984 年 7 月 2 日，王震在五家渠接见新疆生产建设兵团领导（从左至右依次为：史骥、陈实、王震、阳焕生、赵予征）

卫社会主义的四化建设，保卫世界和平，履行爱国主义和国际主义的义务”。“要严格贯彻执行党的民族政策，加强同新疆各族人民的团结。要教育农垦广大干部、职工与新疆各族人民和睦相处，团结一致，共同建设和保卫边疆。要与地方农牧企业、农牧社队相互支援、相互学习，共同发展，共同富裕。”“广大复员、转业军人、知识青年和专家技术人员要树雄心、立壮志，在新疆辛勤创业，保卫自己祖国的寸土尺地，把自己的宝贵年华献给新疆的建设事业。”①

　　第二天，王震在接见新疆生产建设兵团企业负责人座谈会全体代表和兵团、各师部分领导及兵团机关处以上干部时，满怀深情地说：“中华人民共和国成立三十多年了，当年 20 多岁的小伙子，现在也五六十岁了。我也到了退休年龄了，今年下半年开党代会，我准备辞去一切职务，到你

---

① 《民族政策文选》，新疆人民出版社 1985 年版，第 326—327 页。

们这儿来离休。我这个人好讲真话，爱管闲事。你们既然信仰马克思主义，就得像奥斯特洛夫斯基说的：'要把整个生命和全部精力献给世界上最壮丽的事业——为人类解放而斗争。'"

生产建设兵团体制得以正式恢复后，兵团从此重新走上顺利发展的正确轨道。但王震对恢复后的新疆生产建设兵团依然特别关心。

为使恢复后的新疆生产建设兵团事业不断发展和壮大，跟上全国改革开放的步伐，使新疆生产建设兵团的百万职工尽快富起来，王震鼓励新疆生产建设兵团进行大刀阔斧的改革，指示在发展国营经济的同时，放手发展集体经济和个体经济，提出政策一定要放宽，从而促进了新疆生产建设兵团改革和广大职工致富奔小康的步伐。

1989 年，为解决新疆生产建设兵团在发展中遇到的许多困难，得到各方面的重视和支持，王震又亲自给江泽民总书记、李鹏总理写信，建议对新疆生产建设兵团实行计划单列。1990 年 3 月 13 日，国务院下发了《关于调整新疆生产建设兵团计划管理体制和有关问题的通知》，批准对兵团实行计划单列。自此，新疆生产建设兵团不仅可以向国务院各部门直接请示、报告工作、联系有关业务，而且还可以有外贸出口权，以及其他优惠政策。

在中共中央、国务院、中央军委和新疆维吾尔自治区党委、政府以及王震的大力支持下，经过 50 多年的发展和建设，新疆生产建设兵团已成为新疆维吾尔自治区的重要组成部分，在万古荒原上兴建的城镇、团场如一串串明珠镶嵌在天山南北。

·第七章·

⏱ 王震接过去一看，立刻又大声喊起来："为什么和我说的不一样啊！"说着又拿起笔，在纸上补写了一句："争取赶上石河子农科所地膜植棉由产 210 斤的好成绩。"随后有力地签上了自己的名字：王震。

1981 年 1 月 12 日，新疆维吾尔自治区昌吉回族自治州党委副书记兼农垦局局长、党委书记王寿臣带着新湖农场场长黄金山和副场长张守廉等到乌鲁木齐市延安宾馆王震的住处汇报工作。

当时，虽然党的十一届三中全会早已召开，可新疆各方面工作依然没有转移到正轨上来，农垦团场还有一些人静坐、绝食、大闹"回城"。农场刚刚调整的领导班子，被闹事者团团围住，有事不能办，有会不能开，连续几个月吃睡不得安宁。刚开始推行的生产责任制又被取消，一些新湖农场的干部职工麻木到极点；即使清醒的人也感到有力难出，有话难说。

汽车在颠簸中飞驰，大家无心交谈，每个人的心里都非常难受。

到王震住的地方，大厅里灯火辉煌，但此时的气氛却异常严肃。当王寿臣向王震汇报新湖农场的情况时，王震却没有发火，只是有力地拍拍沙发的扶手，长叹一声道："唉，这都是'文化大革命'造成的罪恶呀！"

当汇报到棉花产量只有五六十斤时，王震突然站起来，一边重复着"五六十斤"这个数字，一边用手揪起自己的耳朵。

坐在一旁的国家水电部副部长兼海河水利委员会主任陈实解释说："你们搞明白没有，王老说你们的产量太低，就像一株棉花只结两个桃子。"大家都被王震风趣的动作逗乐了。

"吃社会主义能行吗?"王震的神态变得深沉而又严肃:"石河子农学院搞地膜植棉,你们看了没有? 每亩单产 270 斤,要增加多少利润呀! 你们六师新湖农场要搞 3.5 万亩地膜棉花,一亩也不能少。"

"地膜植棉我们都知道,就是太费工。"

"费工怕什么? 我们中国人多,外国人搞不起,我们搞得起。今天在座的有没有学农业的?"

王寿臣指着身边的张守廉向王震介绍说:"这位新湖农场副场长就是 1962 年从八一农学院毕业的。"

"噢,你是农学家。"王震笑着亲切地问张守廉:"地膜植棉你见过没有?"

"见过。"

"相不相信?"

"相信。"

"有什么好处?"

"播种早,延长生长期,多数棉桃是伏前和伏期桃,能够多收霜前花,产量高,经济效益好。"

"是呀。"王震兴奋地说:"我们现在搞生产不能只讲苦干,还要讲科学种田。地膜植棉一可以提前播种,保暖、抗旱、早结铃;二可以抑制杂草,提高产量。你们新湖农场距离石河子实验站有多远的路程?"

"60 多公里。"王寿臣回答。

王震又问道:"你们有吉普车吗?"

"有。"

"那你们去请老师,去现场学习,回来再给职工教。就像当年练兵那样,先单兵教练,再搞班教练、排教练。现在要把钱省下来,买地膜和磷肥。按你们今年的生产计划,每个职工能够拿多少的奖金?"

"30 元。"黄金山回答道。

王震紧接着说:"那么一点点,太少。要拿 300 元多好,至少要拿 100 元。你算算看:3.5 万亩地膜棉花,单产 270 斤,增产 200 多斤。每人 3 亩,就是 600 多斤,40% 奖给个人,就是 240 斤,折合 480 元。这样的话，职工就可以富裕起来，至少是一部分职工可以先富裕起来，你们赞成不赞成？"

"赞成！"大家都异口同声地回答。

大家在和谐的气氛中正在议论地膜植棉的好处和如何推广这项新技术，忽然王震大声喊道："拿纸来！拿笔来！"

房间里顿时鸦雀无声，用一种惊愕的目光相互询问道："干什么？"

王震说："写一个东西，大家都签字。空口无凭，立字为据。"

大家都非常吃惊，面面相觑，陈实副部长已经拟好一个稿子，上面写着：

"新湖农场植棉二万五千亩，使用地膜技术措施。单产争取 150 斤以上，利润争取 150（万）元以上。1981 年 1 月 12 日。"

王震接过去一看，立刻又大声喊起来："为什么和我说的不一样啊！"说着又拿起笔，在纸上补写了一句："争取赶上石河子农科所地膜植棉亩产 270 斤的好成绩。"随后有力地签上自己的名字：王震。

接着，国务院农垦部副部长张修竹和王寿臣、张守廉和财务科长王存厚分别在这份具有历史意义和决定新湖农场经济发展的"军令状"上签字。

轮到黄金山签字时，只见汗珠已经从前额流下来。

签完字，王震高兴地和大家一一握手，还连声叫着："黄金山！黄金山！小鬼！小鬼！"

也许是由于当时特殊的氛围，这份"军令状"中，在利润争取 150 元时少写了一个"万"字，但并没有影响新湖农场奋进的脚步。

这一年，新湖农场因地制宜全面推行各种生产承包责任制，把农场的亏盈、生产的好坏，和个人利益有机地结合起来，使每个基层单位和个人，都感到有奔头，有希望。从而把自己的命运和农场的事业紧密联系在一起。同时，在总结经验的基础上，又提出"调整布局，稳定面积，以水定地，主攻单产，农、林、牧、副、渔全面发展"的指导方针，采取"小麦、甜菜南迁，棉花杂粮北调"的措施，解决了水土平衡的问题。

年底的成果比上年翻番，经营效益由上年的亏损 391 万元而转为盈利 418.5 万元，终于摘掉长达 18 年亏损的帽子，跨入全国国营农场的先进行列。

10月28日，新湖农场以农场党委名义拟写了一封2400字的信，将这一喜讯告诉长期关心新湖农场、远在北京的王震："新湖农场棉花种植面积41054亩，单产皮棉36.8公斤，总产1510.7吨。

王震收到汇报信后，异常兴奋，立即转交陈实副部长处理。

12月10日，《人民日报》在头版刊登题为《王震以老军垦的名义签订合同鼓励职工搞好生产，新湖农场全面丰收首次盈利》的文章。

从此以后，新湖农场的棉花种植面积逐年增加和扩大，迎来一个又一个丰收年。

·第八章·

◎ 王震赞许地点点头后，问殷延福："这块棉花几月几日播种的？行距多大？施肥多少？保苗多少？"殷延福都一一作了确切的回答。

王震接着说："你们要科学种田，把地膜棉花种好，管好，提高单产，增加利润，这样农场就会发展起来，职工就富裕了。"

1981年5月，王震率领中央巡视团到军垦新城——石河子市巡视工作，陪同前往的有国家水利部副部长、党组成员兼海河水利委员会主任陈实和乌鲁木齐军区司令员萧全夫、新疆维吾尔自治区革命委员会副主任兼自治区农垦总局局长谢高忠等新疆党政军领导。

21日早晨，王震在石河子市第一招待所的草坪上详细观看紫泥泉种羊场的军垦细毛羊，下午就到基层巡视农场。

在一片杨树掩隐的新疆建设兵团农业科学研究所，王震拄着拐杖察看所有的地膜栽培实验小区。一块块实验田，覆盖着透明的塑料薄膜，嫩绿的幼苗破膜而出，长得特别茂盛。

随后，王震到石河子总场一分场三连察看大田地膜。车到地边后停下来，三连连长殷延福迎上去给王震敬一个军礼："王老，您好！"

王震上前一步握着殷延福的手："我听说你们的地膜棉花种植面积大，长得也不错，所以我就来看看。"

殷延福引王震走进棉田，对王震说："第一年试种，现在长得还可以。"

王震用手杖指着绿油油的棉田说："好，很好！到地头里看看。"王震在棉田里蹲下来，抚摸着茁壮的幼苗，满脸笑容地问殷延福："这块地多大面积？"

"400 亩。"

"你们是怎样铺的地膜？"

在一旁的陈实插话说："用人工铺的。这个小连长决心很大，很有办法，我来看过两次，每次都集中 100 人铺地膜。"

"好啊！"王震兴奋地用手杖在棉田上空一划："日本人 30 年代就搞地膜种植。我们 60 年代在东北试种，现在新疆也种植了。"转过身对陈实说："去年农科所实验，不是每亩单产皮棉 270 多斤吗？我看新疆的条件比日本好，土质肥沃，一定能够把地膜种植搞好。"

话音刚落，陈实对王震说："今年石河子种植了 4000 多亩地膜棉花，长得都非常好。"

王震赞许地点点头后，转过身问殷延福："这块棉花地几月几日播种的？行距多大？施肥多少？保苗多少？"殷延福都一一作了确切的回答。

王震接着说："你们要科学种田，把地膜棉花种好，管好，提高单产，增加利润，这样农场就会发展起来，职工就富裕了。要把棉花固定给专人管理，要有责任制。一定要管好，争取亩产 200 斤，明年大力推广。"

春风习习，斜阳依依。王震精神矍铄，丝毫没有倦意。陈实

向为解放新疆建设新疆献身的烈士们致以崇高的敬礼

王震

一九八二年肯一日

王震的题词

1984 年 7 月，王震视察新疆生产建设兵团农六师来到五家渠

担心身体虚弱的王震受凉，将自己的风衣给王震披上，王震一边推脱，一边说："不要紧，不要紧。"

回到石河子第一招待所，王震没有休息，会见了垦区团以上干部，作重要讲话。

王震回顾当年部队进驻新疆、开荒生产的情况。又讲到科学种田，要求每人掌握一门生产技术，还特别强调："从现在起，做好明年推广地膜棉花生产的各项准备工作。明年石河子要种 20 万亩地膜棉花。除了留下部分棉田作比较外，绝大部分采用地膜栽培。你们有 20 多万职工，劳力充裕，有什么做不到呢？地膜栽培省水、高产，经济效益好，为什么不采用呢？"

·第九章·

◎ 王震语重心长地说:"国营农场要搞科学种田,办家庭农场,同时要认真研究农副产品的深加工问题,重视发展第三产业。地膜植棉就是我带人从日本学来的,在你们新湖农场推广了。现在你们又用地膜种西瓜、甜瓜,这很好,还要进一步研究利用。"

1985 年 10 月初,秋高气爽,地处西北边陲的新疆到处洋溢着收获的喜悦。

9 月底,中共中央顾问委员会副主任、中央代表团团长王震率领中共中央代表团成员国家计委主任徐青、中共中央办公厅副主任冯岭安、湖北省人大常委会主任林少南、国家民委副秘书长兼办公厅主任高锐等一行到乌鲁木齐参加新疆维吾尔自治区成立 30 周年庆祝活动。9 月 30 日,王震在干部大会上回顾自治区成立 30 年取得的巨大成就后强调:"开发新疆,建设新疆,必须进一步加强民族团结,发展新型的社会主义民族关系,这是新疆的大局。新疆境内的各兄弟民族是休戚相关、命运与共的血肉关系,谁也离不开谁。我们不仅要加强汉族同各少数民族之间的团结,而且还要加强维吾尔族同其他少数民族间的团结。我们提倡各民族不分大小,都要互相帮助,共同进步。要加强军队、生产建设兵团同地方、同各族群众的团结,加强各民族干部之间、新老干部以及本地干部同外来干部之间的团结,不管哪个民族的干部,都要树立起正确的民族观点,正确处理民族问题,带头把民族关系搞好。还要特别注意加强对各族青少年的民族团

1985 年 9 月 29 日，以中共中央顾问委员会副主任王震任团长的中央代表团，到新疆参加自治区成立三十周年庆祝活动，受到新疆各族人民的热烈欢迎

结教育，使民族团结的思想从小就在他们的脑子里扎根，使民族团结的优良传统代代相传。"①

10 月 7 日下午，刚结束新疆维吾尔自治区成立 30 周年的庆典活动，在新疆维吾尔自治区党委第一书记王恩茂和新疆生产建设兵团司令员陈实的陪同下，不顾疲劳来到新疆生产建设兵团农六师师部所在地——五家渠考察了军垦事业。

王震在接见新疆生产建设兵团和农六师领导干部时，高兴地说："五家渠这个地方非常好，水足树多，离乌鲁木齐又近，发展前途非常大！"

接着，王震微笑着对王恩茂、陈实说："我只要一见到外国朋友就向他们宣传，新疆五家渠是个好地方，吃住都很方便，欢迎你们去做客，去谈生意。这样才能把我们的经济搞活。"

说到这里，王震问道："你们说是不是这样啊？"

---

① 《新中国民族工作大事概览》，华文出版社 2001 年版，第 655 页。

王震为新疆生产建设兵团题词

　　王恩茂和陈实等点头称是后，王震严肃地说："现在党中央经济工作的中心就是改革、翻番、富民。富民不是指的哪一个人富裕了，哪一个单位富裕了，而是全民都要富裕起来。你们兵团现在的政策还要放宽，你们的经济搞得还不十分灵活，家庭副业和庭院经济还没有真正搞起来。有些干部很懒，不是积极去扶持农民致富，我很生气。职工家家户户都养猪、养羊、养鸡、养鸭没有？你们干部带头养了没有？我还要下去了解民情，和农场职工家属谈谈，听听他们的真心话，不能光听你们这些'当官做老爷'的人汇报。"

　　旋即，话题又一转，王震又说一个笑话："当年我家里养了几只小鸡，母亲说小鸡没有鸡妈妈养不活。我们就认真饲养，结果还是养活了，并且都招待了去我们家的客人。"听到这里，大家都会心地笑了。

　　王震语重心长地说："你们要学习江西和广东的军垦农场，人家都养了不少鸭子，除了卖鸭肉，还可用鸭绒、鸭毛发展轻工业，做鸭绒棉衣和鸭绒被褥。你们看，我这套棉衣就是他们做的，又轻又暖，才花100多元。你们还要发扬党和军队的光荣传统，立足本地资源条件，发展适合我们条件的工副业。美国那一套，我们现在照搬还学不起；日本人的办法倒有许多可学的。你们还要牢牢记住，要充分发挥国营农场大农业的优势，必须坚持社会主义道路，不能只顾发财，忘记了四项基本原则。国营农场要搞科学种田，办家庭农场，同时要认真研究农副产品的深加工问题，重视发展第三产业。地膜植棉就是我带人从日本学来的，在你们新湖农场推广了。现在你们又用地膜种西瓜、甜瓜，这很好，还要进一步研究利用。"

王震对新疆生产建设兵团的工农业情况非常了解，大事讲到了，小事了解得很清楚。他问新疆生产建设兵团副司令员兼农六师师长王寿臣："你们这里的大蒜长得怎么样？"

"古木萨尔的大蒜品质很好。奇台农场前儿年种了很多，销售渠道不畅，卖不出去，职工的生产积极性不高。"王寿臣回答。

"你们可以搞深加工，把鲜大蒜加工成咸蒜酱、蒜片、蒜面销售到国外去。"王震说完又问旁边的唐秘书："我让你联系，叫北大荒153农场派技术人员到兵团传授栽培山葡萄的事，你联系了没有？"

"已经联系过。"唐秘书说："也派人到日本进行考察，不过他们去的时候北大荒的葡萄还没有成熟。"

说起山葡萄，王震兴致勃勃地从沙发上站起来，用手比画着说："山葡萄一亩可产两吨，这种葡萄耐寒，非常适合新疆的气候，种了山葡萄就可以大量酿造葡萄酒。你们五家渠可以种上几万亩，搞个山葡萄基地，创个名牌葡萄酒厂。日本大资本家三德里和松下对这件事就很感兴趣，他们感兴趣，我们为什么不感兴趣？"

王震坐下来，看看王寿臣和在座的六师干部张奎魁、张生生和黄金山，笑着说："你们六师工作搞得不错。"

"还没有完全做好！"王寿臣说。

最后，王震语调铿锵地说："你们目前要好好做点调查研究，研究研究怎样才能坚持四项基本原则，才能减轻职工负担，才能使广大职工致富奔小康？"

·第十章·

◎ 王震说:"现在有一些人,一讲放宽政策,就只想个人发大财,其他的就什么也不顾了。土地承包给个人,但土地还是国家的,而不是私有的;拖拉机可以承包给个人,但拖拉机也还是国有的。农忙季节要服从调动,不能坑害农工。你们还要好好研究,怎样才能更好地为承包户服务。"

"王老,您请的客人我已经接来。"秘书走进青湖宾馆的会客厅,来到王震的身边轻身说。

"快,请她进来。"王震高兴地对秘书说。接着,又对几位在座的人说:"你们先休息一会,我要接待一位重要的客人。"

1985 年 10 月 7 日下午,王震来到新兴城市——五家渠后,除吃饭睡觉外,还没有休息过,不停地询问各方面的情况。他请来的这位特殊客人究竟是谁呢? 当时,大家都非常纳闷。

秘书从一辆蓝色的"巡洋舰"里接下来一位 50 多岁的妇女同志,当她走进大厅,大家才知道王震请来的客人是一位家属——宾馆招待员孙建杰的母亲。

后来,大家才知道,当王震知道孙建杰的母亲是个家属,就对小孙说:"明天请你母亲来。"

"我母亲是一个家属,不会说话。"小孙为难地对王震说。

"不会说瞎话,会说实话。"王震哈哈大笑起来。

　　小孙当时想，王震这么大年纪，身体又不好，一天大事都忙不过来，哪有时间找家属谈话，他就没有把这事放在心上，觉得王震说过可能也就忘记了。因此，他也没有给母亲讲。让人没有预料到的是，第二天一早，王震就让秘书去请小孙的母亲。当车停在小孙家门口，说明来意后，全家都惊呆了，但又很高兴。没有想到一个普通老百姓，能够被国家领导人接见，真是非常幸运。

　　小孙的母亲上车的时候还对家里人说："还没有见王老，我的心就跳得发慌，见了面说不出话怎么办？"

　　"你别怕，俗话说'大官好见，小鬼难缠'，见了王老你替我们问好。王老问你啥，你就有啥说啥。"

　　当小孙的母亲走进大厅，王震从沙发上站起来。小孙的母亲一把拉住王震的手，激动得眼泪汪汪，连声问候道："王老您好！王老您好！"

　　王震拉着她的手，让坐在自己身边，亲切地问："你叫什么名字，是哪里人？"

　　"我叫赵希芳，山东文登人。"

　　"是哪一年进新疆的？"

　　"1952 年。"

　　"1952 年来的山东姑娘，对新疆建设有贡献。"王震若有所思地笑了笑，又问："现在家里几个孩子？他们都干什么？"

　　"4 个。两个儿子，两个女儿。一个儿子在部队当副连长，一个在这个宾馆当服务员；一个女儿是师广播站的播音员；一个还在上中学。"

　　"你们五家渠职工的生活怎么样？"

　　"比前几年好许多。我现在没有肉就不好做饭。"

　　王震爽朗地笑了，接着问："职工住的是土块房子，还是楼房？"

　　"现在五家渠职工大多数住砖房，也有一部分住土坯房的。"

　　"你家住的是什么房？有几间？"

　　"我家住四间砖房。我们单位现在也开始盖楼。我还不想住楼房，我有关节炎，怕爬高上低的不方便。"

　　"你们单位领导团结不团结？"

　　"这几年不搞运动，谁也不整谁，干部都在想办法让职工尽快富裕起来。只有争权夺利的干部闹不团结。"

"干部子女有走后门的吗?"

"现在什么都实行考试,走后门的事比过去少了许多。我们老家有句古话:'鱼过千条网,网网还有鱼',这种事也不是一点没有。"

"听说五家渠不让养猪,你养了没有?"

"我没有养。但只要把卫生搞好还是让养的。"

"你家在银行有多少存款?"

"2000 多元。"

"如果国家办工厂,需要你集资几百元,你愿不愿意拿出来?"

"我愿意!"赵希芳说:"王老啊,请您放心,我们老职工这个觉悟还是有的。"

王震满意地笑了。临走时,他微笑着对赵希芳说:"我给你留个地址,以后你们五家渠有什么情况,群众有什么反应就直接给我写信。我感谢你。"

刚送走赵希芳,秘书又走进来对王震说:"您请的农业机务人员到了,现在谈不谈?"

王震不假思索地说:"谈呀,快请他们进来吧。"

为了解农场承包后的机耕情况,王震又专门邀请了 101 团几位机务承包户了解情况。

王震逐一询问了他们的姓名、年龄、籍贯和家庭情况,大家分别都作了回答。王震说:"今天把你们请来,是想了解一下国营农场的机务情况,拖拉机是卖给私人好,包给私人好,还是集体管理好?"

快人快语的韩宗林首先回答说:"各有利弊。卖给私人容易滋长拖拉机手的不正之风,包下去能够调动积极性。"

"听说拖拉机承包后,出现'没有烟,犁不到边;没有肉,犁不透;没有酒,犁不走'的现象,是不是这样?"王震不解地问道。

大家都会心地笑了。

有人说:"这种情况存在,但是个别现象。也有先进事例,李甲楚承包机车后立了约法三章:一按标准保证质量;二不吃承包户招待饭;三承包户没有现金也有求必应……"

王震抿着嘴笑了："李甲楚同志有觉悟，大家应该向他学习。"

在一旁的李甲楚不好意思地说："我做得还不够。"

说到这儿，王震皱着眉头说："现在有一些人，一讲放宽政策，就只想个人发大财，其他的就什么也不顾了。土地承包给个人，但土地还是国家的，而不是私有的；拖拉机可以承包给个人，但拖拉机也还是国有的。农忙季节要服从调动，不能坑害农工。你们还要好好研究，怎样才能更好地为承包户服务。"

王震又问在一旁的新疆生产建设兵团副司令员兼农六师师长王寿臣："101团管多少地？种植面积多少？"

"实际种植面积7万亩。"

"都用的什么拖拉机？"

"耕地大部分用'东方红75'；收割的时候用一部分国产康拜因，也有进口的'东德512'。"

听完王寿臣的介绍后，王震循循善诱地说："你们无论如何不要忘记国营农场的优势和特点，不要忘记坚持社会主义道路。在这个基础上去完善各种承包责任制，使国家、集体、个人都富裕起来。你们大家说这样对不对？"

大家热烈鼓掌表示赞成。

·第十一章·

◎ 徐文芝如数家珍，把党的农村经济政策放宽之后，自己在植树、种菜、养猪、养牛方面每年收入达上万元的情况向王震说了一遍。

王震听到这里，连连用手杖点着地，高兴地笑着说："你们放心，党的政策是铁打的，党的富民政策是不会变的。"

1985年10月8日，秋雨蒙蒙，金色的田野仿佛披上一层轻柔的薄纱。

王震乘坐一辆米黄色的面包车，忘情地欣赏着西北塞外绚丽的田园风光，脸上洋溢着喜悦的笑容，兴致勃勃地和大家交谈着，询问着……

一大清早，冒着绵绵秋雨，王震带着大家登上五家渠猛进水库大坝，接着又先后参观五家渠机械厂、五家渠水泵厂和五家渠皮革厂。

午餐后，王震一定要去农场看看职工家庭生活情况。

车轮滚动在泥泞的道路上，甩起一团团泥巴。

下午4时50分，面包车停在五家渠市一零一团酿造厂一个农户的小院门前。这时雨过天晴，秋高气爽，凉风习习。王震穿一件蓝色布面的皮大衣，头戴一顶镶嵌着各种彩图的维吾尔族花帽走下汽车。

下车后，王震拄着一根黑色的手杖，健步走进这家庭院。当主人咸玉龙、朱凤香夫妇走出房门搀扶时，王震微笑着说："我身体还可以。"

进屋坐在沙发里，王震和蔼可亲地和朱凤香唠起家常来。

"你干什么工作?"

"在加工房作曲子。"朱凤香爽快地回答。

"你们的曲子化不化验?"

"化验,我们单位有专门的化验室。"

"你们还有化验室?"王震带着惊奇的神色,从沙发上站起来高兴地说:"你们做的醋质量怎么样?"

"挺好。"朱凤香高兴而又自豪地回答:"我们厂生产的龙河牌香醋,去年还被评为全疆食醋第一名;今年自治区30周年大庆时又被评为优质产品。"

"好,好!"王震夸赞地说:"就是要创名牌产品,这样生产出来的产品才会有广阔的市场前景。"

在党的富民政策下,咸玉龙积极发展家庭养殖业、种植业和加工副业,养猪、养蜜蜂又种瓜果蔬菜,业余时间还从事缝纫加工。1983年自筹资金盖了5间新房,室内家具齐全,年人均收入达到1300多元。

王震走出房间,面对宽敞的院落,盛开的鲜花和茂盛的苹果树、李子树、葡萄藤和整齐的蔬菜地,问咸玉龙:"你是山东人吧?"

"就是。"咸玉龙微笑着回答。

"种大葱了没有?"王震刚问完,在场的同志都哈哈地笑起来。

"就在这儿和你们全家合个影。"王震提议说。

临上车时,王震又关切地问朱凤香:"你们的孩子学习好不好?"

"还可以。"朱凤香回答说。

"把你们种的果子和蔬菜,送点给老师们吃,他们为国家培养人才,为你们培养后代是非常辛苦的。"

庭院里又传出一阵欢乐的笑声。

王震还给咸玉龙家赠送三件礼物:电子台历、特制茯茶和精制方块糖。

走出咸玉龙的家,王震又向隔壁的兰仲国家走去。兰仲国和爱人徐文芝正在后院喂奶牛。徐文芝听说王震前来,慌忙迎上去:"王老您好!"

"你是四川大嫂?"王震笑着停下脚步,感慨地说:"我们新疆生产建设兵团就是一个五湖四海、团结和睦的大家庭。"

王震坐在沙发上，把兰仲国的女儿兰志敏叫过来坐在自己的身边，如同见到自己的亲孙女一样，亲切地问道："姑娘，你今年多大？"

小兰腼腆地低下头，在这位令人尊敬的"大人物"爷爷面前，真不知道说什么好，只是甜甜地笑笑。母亲徐文芝赶忙为小兰解围说："爷爷问你多大？"

小兰抬起头笑着对王震说："爷爷，我今年 20 岁。"

"什么文化呀？"王震又亲切地抚摩着她的辫梢。

"高中。"

"还要继续叫她上学。"王震转过脸对兰仲国夫妻说："自费能够上得起吗？"

"可以。"兰仲国回答得非常干脆。

徐文芝如数家珍，把自己从党的农村经济政策放宽之后，自己植树、种菜、养猪、养牛每年收入达上万元的情况向王震说了一遍。接着，又兴奋地告诉王震说："今年的庭院经济可以收入 5000 多元，家里还增添了 700 多元的双卡收录机，1700 多元的彩色电视机，以及洗衣机和其他家具……"

王震听到这里，连连用手杖点着地，高兴地笑着说："你们放心，党的政策是铁打的，党的富民政策是不会变的。"

"过几年我们还要盖一砖到顶的小洋楼，欢迎王老您再来。"兰仲国充满自信地说。

"好，好，我一定来。"王震说完又问徐文芝："你家几个孩子？"

"4 个。"

"有点多了，再不要生了。"王震风趣地说。

"就是多了，我们违反了计划生育的政策。不过，当时还没有提倡计划生育。"徐文芝和大家都笑了。

"孩子都干些什么工作？"

"有种地的，有当兵的。"

"当什么兵？"

"武警。"

"那好。"王震激动地从沙发上站起来，手杖敲着地说："你们家'三队'① 都占全了。你们要告诉你们的孩子，为新疆各族人民办好事，是我们党的宗旨，是我们党的光荣传统。"

兰仲国夫妇微笑着点头。

"到你们家后院看看去。"王震来到兰仲国家后院，看着三条肥壮的黑白花奶牛正在围栏里吃草问道："这三头牛配种了没有？"

"配了。"兰仲国回答道。

王震义对王寿臣说："你们这样安排职工的生活很好！"

"群众还编了一个顺口溜说：'前有院，后有圈，中间有个金銮殿'。"王寿臣对王震说。

"哈哈哈"，王震双手扶着手杖开怀大笑："群众中真有能人，编得还比较实际啊！"

王震离开新疆以后，兰仲国精心做了一个玻璃小柜，里面放有王震赠送给自己的三件礼品和一张与王震合影的照片，自豪而兴奋地说："我们要永远把它作为珍贵的纪念，不忘记王老热爱新疆各族人民的情怀。"

---

① 工作队、生产队、战斗队。

尾　声

　　1991 年 8 月中旬，王震最后一次到天山南北的农村牧区和生产建设兵团农场视察，一路话语一路情。在即将离开新疆，机舱即将关闭时，王震慢慢地弯下腰来深深地鞠了一躬，向新疆大地、向新疆各族人民告别。谁知这一别，竟成永诀。

　　1993 年 3 月 12 日，王震与世长辞。噩耗传到新疆，天山垂首，塔河含悲，新疆各族人民沉浸在巨大的悲痛之中。4 月 5 日，遵照王震生前的遗嘱，骨灰由家人撒在了天山皑皑的雪峰之间，实现了自己生前的郑重诺言，用自己的言行谱写了一曲爱国主义的壮歌，为新疆各族人民树立了热爱祖国、热爱新疆的光辉榜样。

王震与新疆

◎ 在离开乌鲁木齐时，王震特地穿上维吾尔族传统的绿白相间的彩条袷，戴上维吾尔族花帽，在机舱门口，久久地挥手向送行的人们致意。

在机舱门即将关闭时，王震慢慢地弯下腰来深深地鞠了一躬，向新疆大地、向新疆各族人民告别。谁知这一别，竟成永诀。

1991 年 8 月，骄阳如一团火球炽烤得巍峨雄伟的博格达雪峰银光四射，清澈的天山雪水沿着如一丝飘带的水渠，酣畅地翻滚着白浪，吟诵着悦耳的歌声倾泻而下，静静地滋润着大山脚下广袤的大地。

8 月 16—24 日，时任中华人民共和国副主席的王震，在原中共中央顾问委员会常委萧克、全国人大常委会副委员长廖汉生、赛福鼎·艾则孜，全国政协副主席王恩茂、马万祺和李长春的陪同下飞抵乌鲁木齐，以八十三岁高龄最后一次回到自己曾经战斗过并准备为之奋斗终生的新疆，看望新疆各族人民、人民解放军和武警官兵。

这次，王震不顾年事已高，越天山、过戈壁、走绿洲，先后视察了乌鲁木齐、石河子、喀什、巴音郭楞四个地州市。

在炎炎烈日下，王震深入天山南北的田间地头、农牧民家庭、新疆生产建设兵团农场、石油探区、驻疆部队调查研究，转达党中央、国务院、中央军委对新疆各族军民的亲切慰问和殷切期望，亲切看望离休老干部、老红军、老农垦、老劳模、老知识分子和各族干部群众。

当王震乘车游览乌鲁木齐市，目睹乌鲁木齐市的巨大变化时感到十分欣慰，抚今追昔，深有感触地对时任新疆维吾尔自治区党委书记宋汉良、自治区主席铁木尔·达瓦买提说："乌鲁木齐建设很有成就，这是一座很漂亮、很有特色的城市。为了绿化，我和陶峙岳、张治中都爬过妖魔山。现在乌鲁木齐的楼房修得很好，但是还要多种树、多搞公园绿地。"

8 月 18 日上午，王震乘火车前往棉花吐絮、瓜果飘香的军垦新城——石河子。在火车站，120 余名少年军校儿童列队鼓乐齐鸣，高呼"欢迎王爷爷"。这位亲自规划石河子垦区建设的老将军，情不自禁地流出了欣喜

1988 年 4 月，王震在第七届全国人民代表大会第一次会议上当选为中华人民共和国副主席

的热泪，不断地对孩子们说：听党的话，做毛主席的好孩子。看到车站的树在和风旭日下摇曳生姿，似乎也在欢迎贵客的到来。他又喃喃地对兵团党委政委郭刚和市（农八师）领导说：车站要多栽些树！

在去石河子市区的数里长街上，花红柳绿，笑语飞扬，聚集着数以万计的欢迎人群，有的老军垦为再一次见见自己的老首长，虽然腿脚不便，但早早叫儿孙们搬来座椅，坐在路口等候。

历史和新疆各族人民都永远铭记，40 余年前，王震与新疆军区副司令、生产建设兵团司令员陶峙岳和新疆军区生产建设兵团副政治委员、党委第二书记张仲瀚亲自踏勘玛纳斯河西岸，在戈壁荒原上组织兴建军垦新城——石河子。

如今，在几代军垦建设者的心血和汗水浇铸下，这座现代化的美丽城市被誉为"戈壁明珠"，闻名中外。

1991 年 8 月，王震在石河子垦区会见自治区和兵团领导

　　王震没有忘记这些把青春年华、把子孙献给西北边疆的军垦者们，他感慨万千地接见了新疆生产建设兵团北疆地区几个师的领导和部分离退休老军垦，不仅与部分老军垦促膝谈心，还同农垦第二代、第三代座谈。他饱含激情地说："你们的父母、爷爷、奶奶走过的道路是完全正确的道路，是无比光明无限光荣的道路。希望你们要把这一传统发扬光大，永远安心边疆，扎根边疆，建设边疆，保卫边疆！"

　　下午 3 时许，王震一行乘面包车穿过绿树掩映的市区和重重碧绿的田畴，来到 143 团场 9 连 240 亩棉花丰产田前。这是他第三次来到这里。第一次他请苏联专家迪托夫来这里指导实验种植棉花成功，打破了北纬 45 度以北不能种植棉花的禁区，开创了北疆垦区大面积种植棉花的历史；第二次是他访问日本时看到用地膜育秧种菜增产，就写信让团里引进日本地膜技术种植棉花，获得丰产，并推广到全兵团。这一次来，他兴致勃勃地到棉花田里仔细察看，听到了地膜棉花亩产可达 120 公斤的高产喜讯后立即在田头的林带里接见了劳动模范和先进工作者代表。他深情地说："你们这些老军垦搞生产很有作为，对社会主义建设出了力。兵团和地方都是搞社会主义的，要互相帮助。"还特地握着哈萨克族劳动模范达艾山说："少数民族和汉族职工要进一步加强团结，共同为建设社会主义新新疆出力流汗。"

接着，王震又来到园艺二连蟠桃园。园里硕果累累，压弯了枝头。欢迎的人们轻快地唱着《南泥湾》，穿着白布衣、灰布裤，愉快慈祥的王震也一同唱起来："花篮的花儿香，听我来唱一唱"，似乎回到了昔日的军垦创业时代，为南泥湾艰苦创业精神在新疆日益发扬光大而感到无限欣慰。他问领唱李春爱老师："你是哪里人？"回答的是一个声音："河南—新疆人""我们都是农垦接班人"。王震指着同行的李长春说："这是来慰问你们的河南省长。今年河南遭了大灾，我是请长春同志来这里安排'劳务输出'的，新疆、河南要互相帮助支持呀！"在场的河南职工都表示，一定要扎根新疆，建设和保卫社会主义新疆。这时，团长秦显汉请王震和随行人员品尝蟠桃："这是西王母吃的仙桃，过去我们农垦职工吃不上，吃这桃能益寿延年，祝王老长寿。"

王震风趣地说："孙悟空到过你们这儿吗？""这果子味道好，一亩地种多少株桃树，一公斤桃卖多少钱？"秦显汉回答："亩种 220 株，产鲜桃 2.5—3.5 吨，每公斤卖 3.5 元。"

陪同的全国人大常委会马万祺说："在港澳，一公斤蟠桃要卖十六七美元哩！"

王震接着说："马万祺先生是澳门总商会会长，我这次是特请马老来新疆指导发展社会主义市场经济的。""垦区也要同港澳和外国公司发展经济联系。日本有个'三得利'公司，垦区经济搞活了，也可以'三得利'；国家、集体、个人都得利。苹果可以搭火车去北京卖，蟠桃放几天会烂，要好好解决包装问题，用飞机运到港澳去卖。我想请马老当一名'推销员'。"风趣的话语引得大家都笑了。

早在 1986 年 5 月 21 日，《人民日报》发表了王震为《当代中国的农垦事业》一书写的序言《艰苦奋斗　勇于开拓》中讲道："我是农垦战线的一个老兵，离开农垦的岗位将近 20 年了，但我的心是同农垦事业、农垦战士紧紧连在一起的。回顾 30 多年来我国农垦事业的发展，喜看今日

晚年的王震

国营农场欣欣向荣的大好形势，我们永远不会忘记新中国农垦事业的创业者：一是人民解放军几十万官兵，遵照毛泽东主席发布的人民革命军事委员会命令，先后几批成建制地转入生产建设，一手拿枪，一手拿镐，屯垦戍边，成为新中国第一代农业生产大军的主体；二是千千万万的内地有志青年，响应党的号召，怀着好儿女志在四方的豪情壮志，离开城市，告别亲人，投入开发边疆的伟大行列。当年那些风华正茂的创业者，几十年如一日，为开发边疆、发展我国的农垦事业呕心沥血，成为各级农垦部门的领导和骨干。他们不求名、不求利，把自己的青春年华、聪明才智都毫无保留地献给了中国的农垦事业。现在许多人鬓须已白，他们的子女绝大部分继承父母辈为之奋斗了一生的事业，继续在那里建功立业。创业是艰难的，也是光荣的。中国农垦事业创业者的英雄业绩，已经载入史册；他们的创业精神，永远值得后来者学习。"①

王震来自农村、来自人民，他时刻铭记农村、铭记人民。如同他每次回到新疆，都要深入到天山南北的农村牧区，到少数民族群众和牧民家里嘘寒问暖。

21日中午，王震一行乘飞机到达丝绸古城喀什，开始视察南疆工作，看望各族军民和兵团农垦职工。下午，王震乘坐的面包车奔驰在南疆的喀什地区疏附县的乡间公路上。公路两旁，茂密的林带纵横交错，平展的田野里稻浪翻滚，呈现出一派丰收的喜人景象。

王震来到帕哈太克里乡维吾尔族农民吐尔逊·沙木沙家里去做客。只见屋前院里一串串碧绿透亮的葡萄缀满枝头，一张"勤劳致富"的大红奖状醒目地贴在门口。

王震熟练而自然地按维吾尔族人民的风俗在花毯上盘腿而坐。

女主人布沙热姆·伊明端来一盘葡萄和甜瓜请王震品尝。

一边品尝着新鲜的葡萄、甜瓜，一边了解生产、生活情况。

王震关切地询问道："你们家里几口人？"

"9口人，公公婆婆和一个亲戚和我们住在一起。"

"今年收成如何？"

---

① 《新中国民族工作大事概览》，华文出版社2001年版，第667—668页。

王震全家合影

"我们全家承包 14 亩果园，还养 8 头牛、11 只羊，去年收入 14000 元，今年收入估计可以达到 16000 元。"

听完主人的介绍，王震十分兴奋，欣然表示祝贺。

这时，女主人端来自己今天特地烤制的几个特大的热馕送给王震。

当王震高兴地接过女主人送给自己的热馕，这一当地维吾尔族人民最喜爱的传统食品时，微笑着说："我要把这些馕带回北京去，送给中央领导同志品尝。"

顿时，满屋充溢着一片欢乐的笑声。

王震深情地说："我这次来新疆，是慰问新疆各族人民，慰问解放军指战员和武警部队官兵，希望同志们能把我这个老同志的情感和意愿，向广大指战员和各族人民传达。"

就在这一年，塔里木盆地的石油勘探开发取得重大突破，举世瞩目。对此，王震非常关注。新疆维吾尔自治区党政领导宋汉良、铁木尔·达瓦买提陪同王震乘飞机察看塔里木石油探区。在飞机舱里，王震抑制不住激动的心情，手持望远镜，一遍又一遍地俯瞰塔里木石油勘探开发的壮观景象。

在石油新城——库尔勒，中国石油天然气总公司和塔里木石油勘探开发的负责同志王涛和邱中建，向王震详细汇报了勘探开发的工作进展情况。

王震对塔里木石油勘探开发取得的丰硕成果感到十分欣慰，深有感触地说："塔里木这个地方，是我们伟大祖国的一块宝地。一千多年前，张

王震最后一次到新疆，和新疆各族人民在一起

1991 年 8 月，王震和新疆宗教界人士亲切交谈

骞、班超通西域，就在这里探险了，历史上有许多外国探险家来过塔里木，但都没有把地球上这块宝地搞清楚。不入虎穴，焉得虎子。你们石油、地矿职工继承了我国工人阶级特别能战斗的精神，战斗在人迹罕见的大沙漠，涌现了一大批王铁人式的先进人物，找到了大油田，说明中国的工人阶级了不起！毛主席曾生动地把地质工作者称之为'土医生'。你们要不断提高诊断地球内部结构的'医术'，早日把新疆的石油储量搞清楚。希望你们不怕吃苦，勇攀科技高峰，使勘探开发塔里木的石油事业不断发展前进。"①"塔里木盆地的石油勘探开发，对全国具有重要意义，同时将有力地带动和促进新疆民族经济的迅速繁荣和发展。"

23 日下午，在和新疆党政军领导干部话别的座谈会上，他站在历史的高度，深刻地指出："新疆的各项事业，只有在中国共产党的领导下，在社会主义制度下，在中华人民共和国的大家庭里，才能取得新的成就，

---

① 《情系天山——党和国家领导人在新疆》，中共党史出版社 1995 年版，第 119 页。

王震的英灵永远和新疆各族人民在一起

才会有光明的前途""希望我们各族干部要坚定不移地带领各族干部，建设社会主义现代化的新疆"。"新疆是一个多民族地区，搞好民族团结，是保持新疆稳定，搞好各项工作的前提。在搞好民族团结中，既要抓好加强民族团结的一面，也要同一切破坏民族团结，破坏祖国统一的民族分裂主义分子作坚决的斗争；要加强民族团结，加强军政军民团结，加强地方和兵团团结，把新疆的事情办好。各族军民、各族人民群众无论是当地的还是从内地来的，都要紧紧地拥抱在一起，同心协力建设边疆、保卫边疆。"最后深情地说："我在 1980 年曾经说过，现在我重申，如果去见马克思，我已委托战友和亲属将我的骨灰撒在天山上，永远同各族人民守卫在社会主义祖国的西北边疆。"

24 日上午，在离开乌鲁木齐时，王震特地穿上维吾尔族传统的绿白相间的彩条袷袢，① 戴上维吾尔族花帽，在机舱门口，久久地挥手向送行

---

① 袷袢是维吾尔族男子的长袍，右任斜领，无纽扣，用长方巾扎腰。

的人们致意。

在机舱门即将关闭时，王震慢慢地弯下腰来深深地鞠了一躬，向新疆大地、向新疆各族人民告别。谁知这一别，竟成永诀。

早在 1983 年 9 月 10 日，王震曾写下遗嘱："我写于后的话，请留作未来要用之时采用勿误。我半辈子是享受中国人民解放军总医院的最好治疗的，余若遇不治之病，则请让安详寿终，勿予抢救，是嘱。寿终之后送太平间作病理、生理解剖。凡可作科研标本者，取下作科研用，余下送去火化。骨灰撒在天山上，永远为中华民族站岗，永远向往壮丽的共产主义。"

1993 年 3 月 12 日 15 时 34 分，王震在广州病逝。

噩耗传到新疆，各族人民沉浸在悲痛和哀思之中。

天山低首，塔河呜咽，大漠悲怆。

逝世后，王震捐赠眼角膜的遗愿得以实现。这是国际奥比斯组织与世界许多国家领导人签订的协议中，第一个承诺的实现者。国际奥比斯组织认为，这是王震将军给人类留下的永恒的光彩。

4 月 5 日，是中华民族传统的清明节。上午 11 时 30 分，一架银灰色的小型运输机从乌鲁木齐机场腾空而起，向着巍峨挺拔，银装素裹的天山飞去。12 时整，王震的子女和身边工作人员手捧着骨灰，伴随着一朵朵鲜艳的月季、黄菊、玫瑰，伴随着将军的骨灰，从 5000 多米的高空缓缓撒落在大雪初霁、晶莹夺目的天山之巅……

一个伟大的灵魂永远地和新疆连在一起。

巍巍天山葬忠骨，王震永远与天山同在。

附录：王震在新疆生平大事年表

1949 年　41 岁

10 月初　毛泽东指示王震："你们到新疆的主要任务是为各族人民多办好事，你们要以替历史上压迫少数民族的反动统治者还债的精神去那里工作。"

10 月 6—8 日　在酒泉与彭德怀等会见了陶峙岳，共同商讨新疆和平解放的大计。

10 月 7 日　彭德怀、王震、许光达等在酒泉会见了陶峙岳，听取关于起义部队动态和地方现状的汇报，商定起义部队的整编方案。

10 月 9 日　主持第一兵团党委会，就进军新疆后各项政策和注意事项发表重要讲话。会上宣读向新疆进军的命令。在第二军党委扩大会议上作《关于西北形势、解放新疆的斗争特点与任务的报告》。

10 月 12 日　中共中央致电彭德怀、甘泗淇和西北局，指示成立新疆党的领导机关——中共中央新疆分局。由王震任书记，徐立清任副书记，罗元发、张贤约、饶正锡、王恩茂、郭鹏、曾涤、邓力群为委员。

同日　第一兵团先头部队第二军第四师，在军长郭鹏、政治委员王恩茂、副军长顿星云的率领下，离开酒泉向新疆进发。华东野战军支援的汽车团和苏联支援的运输机随后抵达酒泉帮助运送进疆部队，第二、第六军各部队此后分陆地和空中数路大军，向新疆展开了气势磅礴的大进军。

进军前夕，彭德怀在酒泉作了周密部署。第一野前委下达了《对一、二兵团入新工作的指示》，命令第六军进驻新疆北疆和东疆地区，第二军进驻南疆地区。第一兵团党委召开了扩大会议，王震在会上作了进军新疆各项政策的报告。

同日　新疆省临时政府派出代表团到达酒泉，向彭德怀、王震汇报新疆情况，欢迎解放军早日进疆，并请示解决财政经济困难诸问题。

10月16日　第二军第四师先头部队抵达鄯善。当部队到达县城以东数十里时，当地国民党驻军第六十五旅第一九四团三营分官兵叛变，阻挡人民群众欢迎解放军，制造了杀害县长和抢劫市民财产、烧毁民房的严重事件。郭鹏军长请示王震司令员后，命令部队将该营营部及机枪连、第九连全部解除武装，随即经吐鲁番向南疆进军。

10月24日　王震就关于第二军向南疆进军的部署电告郭鹏、王恩茂，并致电彭德怀、张宗逊，请求指示。

11月7日　王震司令员及第六军军长罗元发、副政治委员饶正锡等一行40余人，从酒泉经哈密抵达迪化。8日，迪化军政各界举行盛大欢迎会，王震在讲话中宣告中共中央新疆分局成立，代表中共中央新疆分局和进疆人民解放军全体指战员向新疆各族各界人士对解放军的热烈欢迎与爱护，表示恳切的谢意。

11月10日　王震司令员由包尔汉主席陪同，在省临时政府召集各机关负责人讲话。王震司令员在讲话中，说明中共中央新疆分局当前工作方针和解放军进入新疆后的接管原则。这些原则是：不设军管会，原省政府执行中央人民政府的命令；起义部队迅速改编；原各机关负责人不动；由人民解放军一兵团各机关、部队派出军事代表协助办理移交事宜，由六军副政治委员饶正锡担任接管驻迪化各机关的总代表。

同日　王震、徐立清就陶峙岳请示起义部队整编方案致电彭德怀，请求指示。

11月12日　为答谢伊、塔、阿三区军民对进疆人民解放军的慰劳，王震司令员向中共中央报告后飞赴伊宁民族军总部，代表人民解放军向三区民族军致以兄弟部队的慰问。王震到达伊宁后，与在伊宁工作的邓力群会了面，参加了三区革命5周年纪念大会，积极支持新任新疆保卫和民族同盟主席与三区政府的主要领导人赛福鼎·艾则孜与其他领导成员，大力促进各民族的团结；接见三区民族军派赴南疆工作的有关事宜，勉励他们

253

与解放军紧密合作建设新新疆。同时，前往阿合买提江·哈斯木等5位烈士家中吊唁，向烈士家属致以亲切的慰问。19日，毛主席复电王震，电称："你们赴伊犁及所采取的态度是正确的。"

11月13日　王震、徐立清致电彭德怀，报告在迪化经与陶峙后协商后，拟立即改编起义部队，并详告了商定的整编原则。

11月19日　中共中央致电彭德怀、王震和中共中央西北局，对在新疆建立中国共产党组织问题作出重要指示。

11月22日　中共中央致电彭德怀、张宗逊、阎揆要，报告第二、第六军进军情况。

11月23日　赛福鼎·艾则孜等15人由伊宁抵达迪化，等待彭德怀抵达迪化，共商改组新疆省政府，成立新疆军区以及军队改编等问题。王震、包尔汉等到机场迎接，并举行盛大欢迎会，欢迎三区代表。

11月27日　彭德怀司令员从酒泉飞抵迪化指导新疆工作。王震、陶峙岳、包尔汉、赛福鼎·艾则孜、邓力群以及苏联驻迪化领事馆萨维诺夫总领事、叶谢夫副总领事等到机场欢迎。

11月28日至12月3日　彭德怀、张治中、王震邀请各民族民主阶层，各驻军代表及迪化各民族人士代表召开会议，就改组新疆省临时政府，整编军队和解决财政经济问题等，进行民主协商。

12月6日　王震主持召开新疆省财经委员会首次会议，讨论新疆财政经济问题。

12月7日　三区民族军驻乌苏步兵第一团，由团长乌尔告夫·伊斯哈克夫率领奉命进驻迪化。王震、徐立清、邓力群、罗元发、张贤约和起义部队参谋长陶晋初等赴城郊热烈欢迎。

12月13日　彭德怀、王震在迪化召开第一兵团师以上干部和起义部队高级将领会议。宣布将由第一兵团派出大批干部到起义部队工作，自上而下建立党的各级组织和政治工作制度。

12月16日　中央人民广播电台广播了经中共中央批准和当日经中央人民政府第十一次政务会议通过的新疆省人民政府组成人员名单。包尔汉为新疆省人民政府主席，副主席为高锦纯、赛福鼎·艾则孜。王震为省政府委员兼财政经济委员会主任。

12 月 17 日　彭德怀主持召开新疆省人民政府成立大会及第一次全体会议，宣布新疆省人民政府正式成立，同时在会上讨论通过了《新疆省人民政府委员会目前施政方针》。这一施政方针，是中共中央新疆分局和新疆省人民政府在彭德怀、王震领导下，根据中国人民政府协商会议通过的《共同纲领》，结合新疆具体情况，经过广泛征求意见后制定的。后经中央人民政府政务批准公布，成为新疆各族人民的行动纲领。

同日　新疆军区宣告成立。中共中央革命军事委员会任命彭德怀为新疆军区司令员兼政治委员，王震为第一副司令员。

同日　人民解放军第一兵团部队、三区民族军和起义部队在迪化举行会师仪式，彭德怀、张治中，王震等亲临检阅。

12 月 20 日　根据中央人民政府革命军事委员会命令，新疆起义部队改编为中国人民解放军二十二兵团。司令员陶峙岳，政治委员王震（兼）。

12 月 21—23 日　迪化市工人代表会议召开，市总工会筹委会成立。中共中央新疆分局书记王震出席会议并讲话，号召工人阶级组织起来，团结技术人员开展大生产运动。

12 月 29 日　根据中央军委命令，新疆起义部队改编为中国人民解放军第二十二兵团在迪化举行成立大会。陶峙岳任兵团司令员，王震任政治委员。在兵团成立大会上，陶峙岳宣读了中央军委命令并率起义官兵代表隆重宣誓。王震作了重要讲话，指出：兵团成立后，将建立党的政治工作制度，团结原有军官，进行思想教育，对部队中的特务人员进行集训改造，以使这支部队不仅在形式上，而且在思想、行动上与人民靠拢，成为名副其实的人民军队。

同日　王震就关于新疆军队生产的计划，向彭德怀作了书面报告并请求指示。

12 月 27—31 日　新疆第一批少数民族干部加入中国共产党。27 日，赛福鼎·艾则孜由王震、邓力群介绍入党，包尔汉由王震、徐立清介绍入党。21 日，迪化的新党员入党宣誓大会在分局西大楼隆重举行，徐立清主持仪式，王震发表了在新疆地区建立共产党组织和在少数民族中发展党员的具有历史意义的重要讲话，并带领新党员宣读入党誓词。

1950 年　42 岁

1 月　王震偕同陶峙岳、张仲瀚、陶晋初、王季龙等一行到玛纳斯河西岸现场勘查，并当即决定将此地作为第二十二兵团第九军第二十五师、第二十六师的开荒生产基本垦区。同时，根据彭德怀副总司令要在玛纳斯河西岸（或东岸）建设一座新城的指示，决定将第二十二兵团机关迁驻石河子，在这里建设一座现代化的新兴城市。

1 月 15 日　中共中央西北分局复电新疆分局王震、徐立清：同意在喀什成立军事管制委员会，以王恩茂为主任，阿不都克里木·买合苏木、买买提明·伊敏诺夫为副主任，郭鹏等 16 人为委员。

1 月 16 日　王震在新疆省财政经济委员会上作了《新疆军队生产建设工作的方针与任务》的报告。指出：驻疆部队一方面守卫祖国边防，警卫新疆全境，肃清土匪特务，严防间谍和反革命分子的阴谋破坏；另一方面从事生产建设，克服财政困难，减轻国家和人民负担，改善部队生活。为此，首先要发展农业生产，依靠全体官兵，用自己的双手，开垦土地，就地取得生活资料。

1 月 21 日　彭德怀、王震发布了中国人民解放军新疆军区命令（新产字第一号），就部队参加生产劳动的有关问题作了指示。

2 月 1 日　人民解放军第十七师发布《关于修建迪化市和平渠的动员令》，全师指战员立即投入修建和平渠工程。3 月 1 日，第六军生产委员会布置修渠任务，军区直属单位亦陆续投入。修渠工作中，王震代司令员、第六军军长罗元发、政治委员张贤约、第十七师师长程悦长同指战员一起，在冰天雪地之中，用爬犁从天山脚下，往工地拉石头。迪化市居民纷纷投入拉石头行列，加速了和平渠建设。该渠于 1951 年 5 月 1 日建成通水。迪化、昌吉 5 万亩土地得到灌溉。

2 月至 3 日上旬　王震、涂治等一行赴南疆视察。在喀什视察期间，王震曾在当地群众大会上发表讲话，对危害人民利益的某些宗教特权进行了揭露和批判。

2 月 25 日　第二十二兵团第九军第二十五师（今新疆生产建设兵团农七师）在迪化老满城召开生产动员大会，王震在会上发表了慷慨激昂的讲话："生产是医治战争创伤，增加国家财富、建立革命集体家庭、减轻人民负担的唯一途径。我们要保持劳动人民本质，人人拿起锄头，个个扶起犁把，争做劳动英雄，在大生产中立功！"

2月27日　新疆学院（现新疆大学前身，1942年林基路等共产党员在这所大学曾主持过工作，传播过共产主义思想）举行开学典礼。王震、包尔汉（兼院长）亲临讲话。

3月5日　王震、陶峙岳等就整编新疆起义部队情况，向彭德怀、习仲勋、张宗逊、甘泗淇作了书面报告。

3月11日　王震在新疆省人民政府第七次行政会议上报告了视察南疆情况，会议就南疆工作作出了有关决定。

3月中旬　根据人民解放军总部的指示，新疆军区成立剿匪指挥部，王震亲自担任总指挥，以第六军主力，开展了大规模的剿匪平叛斗争。

3月29日　中共中央新疆分局委员、南疆区党委书记王恩茂致电王震，联系阿克苏县阿訇会议和南疆其他地方的情况，就有关执行宗教政策的问题提出重要意见。

4月1日　根据毛泽东主席1949年12月对西北民族工作的指示和新疆要在3年内培养出一万名本地民族干部的指示，由中共中央新疆分局直接领导的分局地方干部训练班举行第一期开学典礼。王震、包尔汉等到会祝贺并讲话。分局地干班成立时由徐立清兼主任。该训练班成立半年后改为中共中央新疆分局干部学校，1954年1月改为中共中央新疆分局党校，1955年10月改为自治区党委党校。

4月4日　王震复电王恩茂并转报中共中央和西北局，电文说："我认为你关于宗教问题的看法，以及政策策略的基本精神是对的。同意你认真严肃地纠正那些'左'的偏向。"

4月5日　王恩茂致电王震，表示完全拥护毛主席提出的关于对待富农策略的指示，并根据这一指示精神，对新疆社会改革的若干问题提出重要意见。

4月9日　中共中央西北局复电王震，电称："王恩茂同志的电报很正确。望各地党委紧紧掌握这个电报所指出的原则，就可以使新疆工作顺利开展。"

4月11日　新疆省人民政府召开各部门负责人及科学技术工作者座谈会，王震到会介绍军队生产情况，并宣布：由于广大指战员的勤劳勇敢，不怕艰苦地劳动，原定开荒60万亩的计划将会超额完成。

4月16日　阿合买提江·哈斯木、伊斯哈克伯克·穆努诺夫、阿不都克里木·阿巴索夫、达列力汗·苏古尔巴耶夫、罗志5位烈士遗体由苏联运回伊宁后，在伊宁隆重举行公祭安葬仪式。王震等赴伊宁悼念志哀。

5月3—8日　迪化、哈密两专区暨迪化市哈萨克族人民代表会议在迪化召开。王震出席会议并作了关于中国共产党的民族政策的重要讲话。

5月16—31日　中国共产党新疆第一届党代会在迪化召开。王震代表中共中央新疆分局作《关于分局六个月来的工作检讨总结与今后工作任务》的报告。会议结束时，王震作总结报告。会议一致通过了王震的报告和总结。

6月20日　新疆省人民政府致电新疆军区领导人王震、徐立清、赛福鼎·艾则孜、张希钦为全体剿匪指战员，为剿匪斗争取得重大胜利，向他们表示祝贺和致敬。

6月24日　中共中央新疆分局召开委员会，王震传达党的七届三中全会关于为争取国家财政经济状况基本好转而斗争的精神和部署的八项任务，同时传达了中央对新疆工作的意见。

6月26日　新疆军区再次发布战报，宣布军区剿匪部队自3月5日以来，经过两个月的剿匪斗争，毙、伤、俘匪共4700余名，解放受裹胁的哈萨克族同胞1.5万余人，大股匪徒已击溃。同日，新疆省人民政府致电新疆军区领导人王震、徐立清、赛福鼎·艾则孜、张希钦，向体指战员表示祝贺和致敬。

6月　中共中央新疆分局纪律检查委员会成立，王震、徐立清先后兼书记。

7月1日　王震在省级党政军干部会议上作《庆祝"七一"和党在新疆的工作任务》的报告。指出：为巩固已取得的成绩，必须克服工作中的某些缺点和某些社会改革的急躁偏向。当前的任务，是要集中力量进行经济文化建设和大力培养本地民族干部。

8月上旬　为了解玛纳斯河流域的水土资源情况，开发石河子，王震再次来到石河子，和陶峙岳一起进行了为期 5 天的踏荒调查。对石河子新城的新址勘察定点，经过专家和群众座谈论证，决定以石河子老街南 1 公里处为中心建设石河了新城。

8 月 15—20 日　省人民政府首届专员、县长联席会议在迪化召开。总结 8 个月的政府工作，确定各级人民政府的工作任务，包尔汉作《新疆省人民政府八个月工作概况和今后任务》报告，王震到会并讲了话。

8 月 28 日　王震就新疆剿匪、部队生产问题向朱德总司令作了书面报告，并请求指示。

9 月 11 日　中央人民政府西北少数民族访问团沈钧儒、萨空了、鹏斯克一行 26 人，在西北军政治委员会民族事务委员会主任汪锋陪同下抵达迪化。新疆党政负责人王震、包尔汉、高锦纯等到机场迎接。

9 月 14 日　朱德总司令致信王震，对王震 8 月 28 日的报告作了答复，并就进军西藏的问题作了指示。

9 月 22 日　王震、徐立清向第二十二兵团司令员陶峙岳等将领及指战员致贺函，庆祝和平起义一周年。

9 月 25 日　在新疆军区大礼堂隆重举行了第二十二兵团授旗仪式，王震在典礼上代表中央军委宣读了军委授旗授印命令，将八一军旗和第二十二兵团印信授予第二十二兵团司令员陶峙岳，并在会上讲了话。

同日　在新疆和平解放周年纪念日，王震、陶峙岳分别向毛泽东、朱德和彭德怀、张宗逊、习仲勋、甘泗淇发了致敬电。

10 月 1 日　王震在《新疆军区生产简短总结》中指出：由于指战员的忘我劳动，新疆军队生产成绩巨大。春季开垦荒地 85.2 万余亩，超过 60 万亩计划。同时，在迪化、焉耆、库车、伊犁、塔城、喀什、阿克苏、莎车等地修建水渠 32 条，可灌溉土地 127.7 万余亩。自制农具 8.2 万多件。收获各种粮食拆合小麦超过 1 亿斤。此外，还开设了各种工厂和作坊。计有纺织、缝纫、鞋袜、肥皂等工厂 31 处；铁、木、石、砖瓦厂 63 处；造纸、印刷厂 5 座；开采石油 6 处；煤窑 39 处及各种作坊 177 座。

10 月 14 日　王震代司令员在新疆军区召开的技术人员座谈会上发表讲话，强调建设新疆离不开科学技术，离不开知识分子，号召知识分子和工农干部携手合作。

10月18日　王震在南疆焉耆召开了第二十二兵团第二十七师等单位领导参加的省政府公路局会议，研究修筑迪化到库尔勒的南疆公路问题。

10月23日　任人民解放军第二十二兵团党委书记。

11月2日　张治中致函谢王震，对驻疆各部队指战员忘我奉献的精神及取得的生产成绩表示敬意，并表示十分关心驻疆广大指战员的安家问题，同日，王震给张治中写了回信。

11月7日　王震、陶峙岳、赛福鼎·艾则孜就第二十二兵团授旗授印仪式向彭德怀等作了书面报告。

11月13日　任中共中央新疆分局第一书记。

1951年　43岁

2月5日　中国人民解放军第六军召开党代表会议，王震到会作《驻新疆人民解放军的斗争方针与任务》的报告。指出，军队工作的总任务仍是保卫国防，巩固治安，同时认真执行全国政协共同纲领，支持各兄弟民族实行民族区域自治，积极参加各项经济建设。

3月初　王震由迪化专程来到第二十二兵团政治部驻地景化，传达中央关于新疆镇压反革命运动的指示。

3月8日　王震致电毛主席、习仲勋，报告新疆在讨论民族区域自治试行条例时各阶层的反映。提出中共中央新疆分局拟在推行民族区域自治之前，进行几个方面的工作：（1）积极培养实行民族区域自治所需要的干部；（2）召开分局扩大会议，吸收省人民政府委员，各厅、处中的少数民族党员干部参加，通报情况，研究实行民族区域自治的意见；（3）做好群众工作，认真宣传和执行党的民族政策。

3月18日　王震、辛兰亭就新疆财政问题与西北局财经委员会和中央财经委员会提出报告，认为人民解放军进疆后一直处于战争状态，财政供给虽然尽了一切力量，但赤字仍然很高。1950年新疆货币与人民币比价改变和1951年比价再次改变使部队的存款损失巨大。指战员的伙食津贴及保健费等都已存入军人合作社用以积累生产资金，虽然中央对新疆财政给予了补贴，但部队生活还是极为艰苦。因此，建议在此次比价改变之前，将部队的存款汇入关内购买货物，或由中央补贴部队存款损失，并请西北局财经委员会在财政供给上考虑上述困难，给予支持。

3月28日　王震、张邦英致电习仲勋并中共中央，报告伊犁50人座谈会情况和问题，建议4月初召开一次分局扩大会议，解决在民族政策问题上统一思想认识的问题。

4月　王震在陶峙岳等人陪同下，到石河子第二十二兵团直属生产队视察春耕生产，看到拖拉机刚刚翻起的黑色土壤，王震高兴地说："标准的颗粒结构土壤，比南泥湾的好，大有希望，大有希望！"当拖拉机开过来时，王震招手停车，在关心地询问驾驶员之后，纵身跳上驾驶室，开动机车耕地，犁出的地又平又直，令在场的人赞叹不已。王震跳下机车对驾驶员说："你们要开好铁牛，发挥南泥湾精神，多开荒地，建设新疆，多为新疆人民做好事。你们还要为农民做示范，为社会主义大农业开路，将来你们就是西北地区农业的开路功臣……"

4月13—19日　中共中央新疆分局以统一民族政策思想为中心任务的分局扩大会议在迪化召开。会议期间，王震作了重要讲话，集中说明了中国共产党所坚持的政策，是全国政协共同纲领规定的民族区域自治政策，这是中国各民族平等互助、团结发展的正确政策。

与会代表经过讨论，一致认为，对伊犁50人会议上一些人提出的错误主张，应当加以批评。代表们认为，人民解放军进入新疆，使新疆得到解放，各族人民进入了新的民主时代，在政治上实现了民族平等。新疆各族人民当前的要求是发展生产，反对封建地主阶级的压迫和剥削，并没有成立"维吾尔斯坦共和国"的要求。各族人民是拥护中国共产党的领导，拥护全国政协共同纲领，欢迎人民解放军和汉族干部的帮助的。

会议结束时，王震代表中共中央新疆分局作了讲话。指出：这次会议有高度的原则空气，正确地开展了批评与自我批评，一致拥护中央的民族区域自治政策，使少数民族干部与汉族干部在马克思列宁主义、毛泽东思想原则下得到了统一。他要求全体党员为加强新疆各族人民的团结而努力，为建设各民族团结、和睦、友好的大家庭而奋斗。

4月29日　迪化各族各界人士8万余人在人民广场举行公审大会，审判美帝国主义武装间谍、叛乱匪首乌斯满及解放前在迪化杀害中共中央委员陈潭秋，中共党员毛泽民、林基路、乔国桢等同志的凶手李英奇、富宝廉、张光前、刘汉东等。公审大会由包尔汉任审判长，王震到会发表了讲话。

5月15日　第二军第六师第十八团在库尔勒修建的"十八团渠"举行放水典礼，王震亲自参加了放水典礼。这是驻疆部队最早建成的一条渠道，长42公里，可灌溉土地20余万亩。

6月5日　中共中央分局向各区党委、市委、军区党委通告由中共中央及西北批准的中共中央新疆分局委员会及各部委人员组成名单。分局委员会由王震、徐立清、张邦英等18人组成，并以王震、徐立清等6人组成党委会。王震同时兼任职工委员会书记。至此，中共中央新疆分局自1949年10月成立后，各工作机构逐步健全。

6月17日　赛福鼎·艾则孜致函王震、包尔汉、高锦纯，报告在北京休养期间受到朱德、李维汉接见，并传达了中央领导同志对新疆工作的意见。

8月1日　第六军在哈密修建的红星一渠和二军在焉耆修建的解放一渠同时落成开闸放水，王震亲自为红星一渠剪彩开闸。

10月31日　与赛福鼎·艾则孜进京，刘少奇、周恩来就新疆人民民主同盟的历史作用和新疆社会民主改革问题作重要指示。

11月23日　空军第四航空预科总队800名学员，响应中央军委"建设边疆，保卫边疆"的号召，10月20日从四川成都出发，经过一个多月的长途行军，抵达新疆首府迪化市。12月2日，新疆军区在新疆大剧院举行欢迎大会，张希钦参谋长代表军区首长讲话，表示热烈欢迎；12月10日，王震在中共中央新疆分局礼堂西大楼接见全体进疆学员，勉励他们同新疆各族人民一道，团结奋斗，建设新疆。

11月29日　王震在西北军政治委员会第四次会议上作了重要发言。总结了两年来的生产成绩，号召新疆各族人民和人民解放军积极参加生产建设，支援中国人民志愿军。

12月14日　王震在向毛泽东、中央西北局、西北军区所写的《关于新疆军区1952年生产计划的报告》中，提到计划在1953年到1953年，由军队让出所开发的土地，帮助各族农民办好10个典型示范的集体农庄，培养本地民族的农场管理干部，取得建立集体农庄的经验，为今后农业集体化准备有利条件。

12 月 17 日　毛主席对这个报告亲笔批示："利用军队集体劳动的效能，试办 10 个农民集体农庄的计划，这个计划很好。"并指出："各军区和各地方，凡已有用机器耕种收割的国营农场和个别集体农庄或准备这样做的国营农场或集体农庄，均望将这看作一件大事，用力经营，随时总结经验报告中央。"

12 月 28 日　根据中共中央政治局 10 月扩大会议精神和《关于实行精兵简政、增产节约、反对贪污、反对浪费和反对官僚主义的决定》，中共中央新疆分局决定成立各级节约检查委员会，在新疆普遍开展"三反"运动，并对运行的步骤作了具体规定。分局节约检查委员会由王震任主任，统一领导全省"三反"运动。毛泽东 1952 年 1 月 1 日对此作出批示："新疆分局 12 月 28 日的决定很好，发给各地参考，并在党刊上发表。"

1952 年　44 岁

1 月 5 日　在迪化召开了中共中央新疆分局扩大会议，王震在会上传达了中央政治局和中央西北局扩大会议精神。

1 月 6 日　根据中共中央决定及毛主席在元旦团拜会上的号召，新疆省级党政机关召开反对贪污、反对浪费、反对官僚主义动员大会。王震作动员报告，宣布省级机关"三反"运动正式开起。

1 月 18 日　王震在新疆军区召开的首次生产代表会议上，作了《关于精减节约生产建设的总结报告》，指出：思想战线上的胜利是生产建设胜利的保证。提出了屯垦军农业建设和手工建设的方针任务，号召部队必须明确树立"屯垦军"、"劳动军"的坚强意志和坚持精神，忍受暂时的困苦，厉行节约，发展生产，为建立强大的国防力量和强大的经济力量，创造强盛繁荣的幸福生活，争取更大胜利而奋斗。

4 月 10 日　王震在新疆军区第二步兵学校宣布命令：撤销军区第二步兵学校，在其基础上成立新疆八一农学院。同年 8 月 1 日，新疆八一农学院正式开学，涂治任院长。

4 月 26 日　新疆军区传达了毛主席《关于西藏工作方针的指示》，其中说："我王震部入疆，首先全力注意精打细算，自力更生，生产自给。

现在他们已经站稳脚跟，取得了少数民族的热烈拥护。"

4月28日　中共中央西北局复电王震："你们已将伊犁地区惯匪头目中应当处死的加以处决，群众影响也很好，这样就很对。尚请加强对牧区各方面人士的统一战线工作，加强政策宣传，务使确实保持安定。"

4月29日　中共中央复电西北局并王震：请西北局依据严肃与慎重的原则及新疆牧区的整个情况和经验，对惯匪和反动头子判刑问题做一决定告王震同志并中央。

5月　王震在陶峙岳、张仲瀚等人陪同下，参加了玛纳斯河西岸大渠开工典礼。

5月4日　王震签署了中国人民解放军新疆军区命令，公布4月份团以上干部升调任命。

5月22日　王震致电刘少奇并习仲勋，就新疆宗教寺院土地的处理和牧区改革问题提出请示意见。

5月29日　刘少奇复电王震、习仲勋，对新疆分局汇报的关于土改中寺院土地处理、牧区和半农半牧区社会改革问题及牧区镇反问题作出了答复。

7月15日至8月5日　中共中央新疆分局在迪化召开了第二届党代表会议。

同年秋　王震带领新疆地质队和苏联专家一行来到焉耆，在第二十二兵团第二十七师领导陪同下到吾瓦门以北的山上找铁矿。

9月30日　王震签署了中国人民解放军新疆军区命令，公布团以上政治干部配备。

10月1日　王震为部队参加建设的新疆第一个机械制造厂——十月汽车修配厂开工剪彩。

11月11日　王震签署了中国人民解放军新疆军区命令，公布军区团以上干部任命。

11月23日　王震签署了中国人民解放军新疆区命令，公布10月份团以上干部任命。

11月27日　王震对新疆军区党委扩大会议上就新疆军区军队整编转业和建设国营农场的问题作重要讲话。

12月13日　王震签署中国人民解放军新疆军区命令，公布11月份团以上干部任命。

12月29日　王震签署了中国人民解放军新疆军区命令，公布科、团级以上政治干部配备。

1953年　45岁

1月　为了给国家提供工业原料，确保玛纳斯河流域两万亩棉花丰收，王震再次来到石河子垦区，在陶峙岳、张仲瀚、陶晋初及第二十五师师长刘振世、第二十六师师长罗汝正陪同下，同苏联植棉专家迪托夫签订植棉合同。合同规定王震负责组织领导，陶峙岳、陶晋初负责物资供应，迪托夫负责技术指导，刘振世、罗汝正负责技术措施的贯彻实施，共同确保两万亩棉田亩产籽棉200公斤。由于贯彻合同措施得力，当年玛纳斯河流域2.06万亩棉田平均单产达200公斤。秋后，在石河子召开了庆祝棉花丰收的表彰大会，新疆党政领导前来祝贺（此时，王震将军已离开新疆，未能出席大会）。

8月　中共中央和中央军委决定，王恩茂任新疆军区党委第一书记，王震任第二书记，赛福鼎·艾则孜任第三书记。

1954年　46岁

2月28日　任中国人民解放军铁道兵司令员兼政治委员。

4月16日　代司令员王震签署中国人民解放军新疆军区命令，公布农业部队政治干部任免令。

6月7日　代司令员王震签署了中国人民解放军新疆军区命令，即农业建设第八师干部升调任命。

7月1日　代司令员王震签署中国人民解放军新疆军区整编命令。

7月6日　代司令员王震签署了中国人民解放军新疆军区命令，公布农业、工程部队干部调配任命。

10月　任中国人民解放军副总参谋长。

10月7日　代司令员王震签署了中国人民解放军新疆军区命令，公布成立新疆军区生产建设兵团命令。

10 月 25 日　代司令员王震签署了中国人民解放军新疆军区命令，公布新疆军区生产建设兵团组织机构及所辖部队番号。

11 月 25 日　中共中央代表新疆分局：王震、张邦英、饶正锡、邓力群调离新疆，免去新疆分局委员和分局常委职务。

1957 年　49 岁

1 月 23 日至 2 月 4 日　中共新疆军区生产建设兵团首次代表大会在乌鲁木齐市召开，王震到会并讲话。

2 月 7 日　新疆自治区党委书记处讨论新疆军区生产建设兵团工作，王震参加了会议。会议确定，新疆军区生产建设兵团是国营企业性质的单位。在领导关系上实行以中央为主、地方为辅的双重领导。

1960 年　52 岁

3 月 14 日　到新疆视察新疆军区生产建设兵团。在司令员陶峙岳和新疆维吾自治区人民委员会副主席买买提明·伊敏诺夫陪同下，先后视察了农一师 12、14 场和第三、第四总场。农一师党委在阿拉尔召开万人大会，欢迎王震。时值困难时期，王震与军垦战士吃咸萝卜和玉米面发糕，并为"塔里木农垦大学"题写了校名。

9 月　再次到新疆军区生产建设兵团视察，同新疆维吾尔自治区党委讨论了新疆军区生产建设兵团 1960 年的农业生产情况和 1961 年的生产任务，出席了兵团党委会议，并视察农二师六团、农七师、农八师的 14 个团场和石河子新城。27 日，向中共中央农村工作部写报告，提出重点建设农七师、农八师；将领导机关移到石河子玛纳斯垦区；关于搞自留地等问题。

1961 年　53 岁

1 月 8 日　出席新疆军区生产建设兵团党委扩大会议和农业生产技术会议。在会上作了题为《关于新疆军区生产建设兵团 1961 年生产建设的任务》的报告。

1962 年　54 岁

7 月　新疆军区生产建设兵团党委召开扩大会议，王震到会讲话。会议结束后，王震到塔里木垦区视察。在仔细听取汇报并深入实际调查，发现缺乏新生力量后，给国务院总理周恩来写报告，经过与上海市委协商，动员了数万名知识青年到新疆，充实了兵团的队伍。

1964 年　56 岁

4 月 4 日　到新疆生产建设兵团农一师沙井子垦区和塔里木农垦大学视察，勉励同学们要将书本知识和农垦生产实际结合起来。接见了上海知识青年代表，赞扬他们志在四方，参加边疆建设，服从祖国需要的可贵精神。

5 月　视察了阿勒泰垦区，并在地区干部大会上发表重要讲话。

1978 年　70 岁

11 月　国务院副总理王震一行结束对美国的访问，返回北京途中，在乌鲁木齐作短暂停留。26 日下午，会见了新疆维吾尔自治区党政军领导，勉励大家加快新疆四化建设步伐。

1980 年　72 岁

9 月　出席中共中央召开的新疆工作座谈会。随后，受中共中央委托，到新疆慰问各族干部群众和解放军指战员。出席了新疆维吾尔自治区第三次文学艺术工作者大会；会见了出席新疆维吾尔自治区政协四届常委会第 10 次扩大会议的全体委员；并到阿克苏地区视察，接见农一师的老干部、老标兵。勉励大家保持和发扬艰苦创业的光荣传统，扎根边疆，发展生产，在开发边疆、建设边疆和保卫边疆的事业中作出新贡献。

10 月 16 日　《人民日报》刊登王震文章《各族人民团结起来，建设富裕文明的社会主义新疆》。

11 月 6 日　向中共中央书记处汇报新疆之行情况。

12 月 16—25 日　出席中共中央工作会议。在西北组会议上发言。接着，出席新疆工作座谈会。

1981 年　73 岁

1 月 12—13 日　中共中央政治局委员、中央军委常委王震到新疆视察，先后接见石河子垦区、奎屯垦区、新湖农场和 29 团负责人。听取汇报后，要求积极扩大、推广地膜植棉。史骥、修新民代表奎屯垦区、王寿臣、黄金山代表新湖农场立了"军令状"，奎屯垦区扩大地膜植棉 20 万亩，其中 3.5 万亩亩产达到 75 公斤以上。年底，新湖农场实现指标，并向王震作了汇报。

1 月 14—16 日　王震在乌鲁木齐先后两次接见阿克苏、巴音郭楞蒙古自治州、石河子垦区上海支边青年代表，勉励他们树雄心、立大志，发扬艰苦奋斗的革命传统，加强纪律性，为四化建设创造一个安定团结的局面。2 月 16 日，农垦部转发了《王震同志在新疆同上海支边青年的谈话要点》。

2 月　在新疆维吾尔自治区厅局以上干部会议上讲话时指出："生产建设兵团是新疆军区的后备军，是保卫边疆、建设边疆的重要力量。""生产建设兵团搞了农业、畜牧业、工业、商业，还有交通业，办的完全对。"

5 月中旬　以中共中央政治局委员、中央军委常委王震为团长的中央巡视团来新疆视察。巡视团视察了昌吉、石河子、乌鲁木齐等地区和单位，会见了乌鲁木齐部队负责同志和部分师团以上干部和参加乌鲁木齐读书班的同志时，指出：驻新疆部队在进行四项基本原则教育时，要结合进行爱国主义和热爱祖国大西北的教育，使广大指战员进一步树立安心边疆、开发和建设边疆的思想。

5 月 5—22 日　新疆维吾尔自治区农垦总局召开国营农场经营管理工作会议，会议传达学习全国农垦厅（局）长会议文件和中央有关文件，重点研究和讨论加强经营管理，扭亏为盈问题；会议提出 1981 年的任务就是扭亏为盈，实现利润 6902 万元。王震和农垦部副部长张林池接见了与会全体同志并讲话。

6 月 30 日　王震写信给中央军委主席邓小平，建议恢复新疆生产建设兵团。7 月 1 日，邓小平批示："请王震同志牵头，约请有关部门领导同志，对恢复生产建设兵团的必要性作一系统的报告，并为中央拟一决议，以凭决定。"

8月13—14日　邓小平偕中共中央政治局委员王震、全国人大副委员长王任重视察新疆。在视察石河子八一毛纺厂、农业科学院和石河子总场地膜棉花栽培情况后，接见团以上干部和老红军、劳动模范代表。邓小平在听取新疆党政军主要负责同志对恢复新疆生产建设兵团的意见后指出："新疆生产建设兵团，就是现在的农垦部队，是稳定新疆的核心""生产建设兵团恢复起来确有必要。"

1982年　74岁

6月1日　王震结束在罗马尼亚的休假和访问后到达乌鲁木齐，出席在乌鲁木齐举行的新疆生产建设兵团恢复命名大会，代表党中央、国务院、全国人大常委会和中央军委表示热烈祝贺，并对新疆生产建设兵团恢复后的工作提出了要求。

1985年　77岁

6月20日　王震在北京接见新疆生产建设兵团副司令员谢高忠时，对新疆生产建设兵团工作作了八点指示：一、兵团农业发展潜力很大，要加快发展生产；二、办好家庭农场，减轻职工负担；三、发展多种经营，搞好搞活经济；四、有关兵团企业的接交问题；五、要发展奶牛和养兔；六、提高南疆工人的工资标准；七、集资办兵团合作社；八、关于五家渠建设问题。

9—10月　以中央顾问委员会副主任王震为团长的中央代表团，前来参加新疆维吾尔自治区成立30周年庆祝活动。9月29日上午到达乌鲁木齐时，受到新疆维吾尔自治区党政军领导和乌鲁木齐10余万各族群众的热烈欢迎。

王震及中央代表团出席了乌鲁木齐50万各族群众庆祝大会，宣读了中共中央、全国人大常委会和国务院的贺信；出席了新疆维吾尔自治区党委和自治区人民政府举行的招待会和干部大会，并发表了讲话。期间，王震和中央代表团参观了新疆维吾尔自治区成立30周年成就展览，视察了乌鲁木齐石油化工厂和北疆铁路工地。还到乌鲁木齐南山牧区和阿尔泰慰问哈萨克族同胞，鼓励他们把畜牧业抓好。

1991 年　83 岁

8 月　中华人民共和国副主席王震到新疆视察工作，并看望各族军民。在乌鲁木齐接见了新疆维吾尔自治区党政军领导，视察了乌鲁木齐市的工矿企业，并到石河子新城视察。会见了许多当年和他一起开发新疆、建设新疆的老红军、老军垦、老模范和老知识分子。

后又在赛福鼎·艾则孜陪同下，到南疆地区视察。接见喀什地区的负责同志和各界著名人士，还特意和宗教界人士合影留念，勉励他们为贯彻党的宗教政策努力工作。在新疆视察期间，特别强调坚持四项基本原则和加强民族团结，并再次表示"死后将骨灰撒在天山，永远同各族人民一起守卫社会主义祖国的西北边疆"。

同时，还乘飞机视察了正在开发的塔里木油田。在库尔勒听取了中国石油天然气总公司、塔里木石油勘探开发指挥部负责人的汇报。他赞扬塔里木石油开发取得的成绩，并指出塔里木石油开发对新疆乃至全国经济发展的重要意义。

1993 年　85 岁

3 月 12 日　因病在广州逝世。4 月 5 日，在王震生前的战友、原中共中央书记处书记邓力群、全国政协副主席王恩茂、新疆维吾尔自治区和新疆生产建设兵团有关领导及他的夫人、子女的护送下，王震的骨灰伴着鲜花撒向巍巍天山，实现了他生前的一桩刻骨铭心的夙愿。

跋

　　《王震与新疆》真实地记述王震为尽快安定新疆局势，遵照中共中央和中央军委的命令，于 1949 年 10 月，率领第二、第六军部队向新疆开始气势磅礴的大进军，历时两个多月，终于把红旗插到天山南北、喀喇昆仑雪山、伊犁河谷、帕米尔高原，开创了新疆历史的新纪元。

　　新中国成立后，王震任中共中央西北局委员，中共中央新疆分局书记、第一书记，新疆军区代司令员兼政治委员、新疆省财经委员会主任之后，在另外一个特殊而全新的战场上，剿灭土匪、改造起义部队、建立各级政权，建立地方各级党的组织，大力培养少数民族干部，完成减租反霸和土地改革，积极恢复和发展民族地区的经济、文化等各项事业，为新疆的社会主义革命和建设事业而殚精竭虑；为了确保新疆的长治久安，他积极贯彻毛泽东屯垦戍边的战略思想。1954 年，根据他的建议，中共中央批准驻疆部队的 8 个师集体转业成立新疆军区生产建设兵团。半个多世纪以来，兵团全体干部职工发扬南泥湾精神，艰苦创业，终于从小到大，发展成为一支举世瞩目的新疆经济建设的重要力量、安定团结的重要力量、增强民族团结的重要力量、巩固祖国统一和领土完整的重要力量；他高度重视做好民族团结工作，为加强新疆各民族人民的大团结、建立社会主义新型民族关系做了许多开拓性的工作。他用马克思主义的立场、观点分析和认识新疆的民族宗教问题，提出团结是新疆各族人民的生命线和共同利益；他旗帜鲜明地反对民族分裂主义和非法宗教活动；他十分重视培养少数民族干部，关心少数民族群众的疾苦，和各族人民心连心，同呼吸、共命运；王震离开新疆后，先后 15 次回新疆，始终心系新疆，与新疆各族人民同呼吸共命运，与新疆各族人民心连心，对新疆的社会主义和现代化建设事业的发展倾注了大量的甚至是毕生的心血。他多次表示：我热爱祖国的新疆，热爱新疆各族人民。当我去见马克思的时候，骨灰也要撒在天山上，永远同各族人民守卫社会主义祖国的西北边疆。1993年3月12日，他逝世后，实现了自己生前的郑重诺言，用自己的行动谱写了一曲爱国主义壮歌，为新疆各族人民树立了热爱祖国、热爱新疆的不朽榜样。

于是，当笔者利用业余时间到天山南北各地采访期间，问及各族干部群众："你们最敬佩的人谁?"他们都不约而同地说："王震将军"。

后来，笔者在收集资料中发现，凡是知道王震名字的新疆各族干部群众，都对王震怀着深深的敬意。

作为从事中共党史研究工作的干部，将王震在新疆的各项建设中，特别是在剿灭土匪，改造起义部队，建立各级政权，建立地方各级党的组织，大量培养少数民族干部，完成减租反霸和土地改革，积极恢复和发展民族地区的经济、文化等各项事业的建设中，许多鲜为人知的生动事迹写出来，让全国人民更加全面地了解他爱国爱民的高尚情怀，以及殚精竭虑地为新疆各族人民谋利益的精神，应该是一种义不容辞的责任。因此，笔者就充分利用工作的有利条件，在业余时间，身边经常揣着一个小本子，深入到他的老部下、同事和家人中间进行深入细致的交谈、采访。这些鬓发染霜的老领导、老同志，只要一提起王震、一提到王震深入群众、深入农村牧区和垦区团场，与各族干部群众一同战斗的日日夜夜，无不热泪盈眶。每次采访归来，抚摸着厚厚的笔记本，笔者都惊喜地发现，王震将军虽然已经永远地离开了我们，但是他却为新疆各族干部群众留下了一笔十分宝贵的精神财富。爱护这笔财富，珍惜这笔财富，将这些无价之宝，世世代代传下去，是每一个党史工作者应尽的神圣职责!

王震是一个极富传奇色彩的人物。对于这位新疆解放事业的元勋，新疆社会主义事业的奠基者，新疆屯垦戍边事业的开拓者，反映他光辉一生的书籍和文章很多，但至今却很少有人系统而全面地写王震从1949年10月率领部队进入新疆、建设新疆，一直到1954年11月25日彻底离开新疆。在新疆五年多的时间里以及他离开新疆后始终关心新疆的跨越式发展和长治久安的动人事迹，这不能不说是一件令人感到非常遗憾的事情。

一种历史的责任感催促着笔者，将自己收集到的有关王震将军在新疆的资料进行重新梳跋整理，在繁忙的工作之余，利用节假日休息的时间，断断续续地完成《天山纪事：王震与新疆》这部书稿。

王震在新疆短暂的时间里，留下的只是一些细小的事情，这些事情虽然细小，但却感人至深。为写好王震在新疆工作期间的光辉业绩，还必须对王震有一个比较全面的了解。由此，在动笔前后，笔者先后认真阅读和参考了《王震传》（上、下）、《伟业千秋——王震和新疆》（上、下）、《忆王震》等上百万字有关王震的著作，撰写中对一些重大事件和重要人物，进行重新的梳理、核实和必要的引证，这使笔者对王震在新疆五年多时间里的工作和生活有了更深刻的了解和认识。

王震在新疆工作的时间虽然短暂，但当将这些平凡的小事一件件地连缀在一起时，仿佛又看见王震将军那朴实亲切的笑容，仿佛又看见他来到天山南北的农村牧区和团场的各族干部群众和职工、家属中间……

于此，笔者对国家民族事务委员会、中央党史研究室两位专家付出的辛勤劳动以及中央党史研究室穆兆勇、刘荣刚两位老师及新疆维吾尔自治区党委党史研究员孙新刚主任、原主任陈宇明、副主任王新和、祁若雄、王相坤，张宁书记，袁福来、王春雅、刘向晖、王棣四位处长和单位全体同事提供的热心帮助和大力支持表示衷心的感谢！本书所用材料全部征引自公开出版的书籍、报刊（包括各种回忆录、日记、书信、评论文章及学术研究成果等）。对被征引文章、书籍的作者表示感谢！最后，对为本书出版给予鼎力支持和提供照片的有关单位和个人致以衷心的谢意！

同时，由于水平有限，如有不妥处，敬请读者批评指正，以便及时修订。

2013 年 3 月 28 日

陈伍国定稿于乌鲁木齐市幸福路耕耘斋

责任编辑：王世勇

图书在版编目（CIP）数据

王震与新疆／陈伍国 著 . – 北京：人民出版社，2013.12（2024.4 重印）
ISBN 978 – 7 – 01 – 012606 – 7

I. ①王…　II. ①陈…　III. ①纪实文学 – 中国 – 当代　IV. ① I25

中国版本图书馆 CIP 数据核字（2013）第 225045 号

王震与新疆
WANGZHEN YU XINJIANG

陈伍国　著

人民出版社 出版发行
（100706　北京市东城区隆福寺街 99 号）

北京汇林印务有限公司印刷　新华书店经销

2013 年 12 月第 1 版　2024 年 4 月北京第 3 次印刷
开本：710 毫米 × 1000 毫米 1/16　印张：18
字数：274 千字

ISBN 978 – 7 – 01 – 012606 – 7　定价：76.00 元

邮购地址 100706　北京市东城区隆福寺街 99 号
人民东方图书销售中心　电话（010）65250042　65289539